톡톡!
우리 아이 발달 센터

톡톡! 우리 아이 발달 센터

아주대병원 소아재활의학과 **임신영** 지음

아침사과

추천사

『톡톡! 우리 아이 발달 센터』는 아이들의 발달을 세밀하게 이해할 수 있도록 돕는 실용적인 가이드북입니다. 아이를 키우는 부모라면 누구나 자녀의 성장과 발달 과정이 어떻게 진행되는지 궁금해하고, 때로는 불안을 느낄 수 있습니다. 이 책은 그러한 부모들에게 신뢰할 수 있는 정보를 제공하며, 자녀의 발달을 올바르게 지원할 수 있도록 돕는 친절한 안내서입니다.

제 멘토이신 임신영 교수님은 30년 넘게 소아 발달과 재활을 연구하며, 수많은 아이와 부모를 만나 온 경험을 바탕으로 이 책을 집필하셨습니다. 그만큼 책에는 깊이 있는 전문 지식뿐 아니라, 실제 임상에서 얻은 소중한 통찰과 따뜻한 조언이 가득 담겨 있습니다. 부모들은 이 책을 통해 아이의 각 발달 단계에서 주의해야 할 중요한 신호들을 명확히 이해하고, 아이에게 적절한 도움을 줄 수 있는 실질적인 방법을 배울 수 있습니다.

이 책은 단순히 이론만 나열하지 않습니다. 부모들이 실제 상황에서 쉽게 적용할 수 있도록 구체적인 사례와 실천 방법을 함께 제시하고 있습니다. 또한, 어렵거나 복잡한 내용도 친근한 톤으로 설명되어 있어, 누구나 부담 없이 읽을 수 있습니다.

임신영 교수님의 따뜻한 시선과 깊이 있는 전문성이 어우러진 이 책은 아이들의 건강한 성장을 돕고 싶은 모든 부모에게 꼭 필요한 지침서입니다. 아이의 발달이 궁금하고 걱정되는 부모님, 아이의 발달 진료와 치료를 하는 의료인들에게 이 책이 큰 도움이 되리라고 확신합니다.

신용범(대한소아재활발달의학회 이사장, 부산의대 재활의학 교수)

아이의 발달을 제대로 이해하는 것은 단순히 성장을 돕는 것을 넘어, 아이가 건강하고 행복한 삶을 살아갈 수 있도록 돕기 위한 부모의 역할 중 하나입니다.

급성 질환으로 병원을 방문할 때마다 의사에게 잠깐 묻는 정도로는 자녀의 발달 상태를 정확히 파악하기 어렵습니다. 따라서 부모가 스스로 공부를 하여 일정 수준에 이르는 전문가적 이해도를 갖추는 것이 바람직합니다. 자동차를 직접 운전하지는 않아도 목적지에 안전하게 이르도록 지켜보는 안목이 필요한 이치와 같습니다.

『톡톡! 우리 아이 발달 센터』는 아동 발달 분야의 최고 전문가인 임신영 교수의 30년 임상 경험을 바탕으로, 부모가 자녀의 발달을 체계적으로 이해하고 적절히 대응할 수 있도록 도와주는 책입니다. 부모가 아이의 성장 과정에서 놓치기 쉬운 부분을 짚어 주고, 발달 단계에서 아이를 어떻게 도와야 할지 구체적으로 안내해 줍니다.

이 책은 단순한 이론서가 아니라, 실제 임상 경험과 풍부한 사례를 기반으로 한 실용적 지침서입니다. 부모는 물론, 보육 교사, 치료사, 의사 등 아동 관련 분야에 종사하는 전문가들에게도 큰 도움을 줄 것입니다.

이 책을 통해 자녀의 건강한 발달을 원하는 모든 부모님이 양육에 자신감을 느끼고 자녀의 성장 과정에 더욱 적극적으로 참여할 수 있게 되기를 희망합니다. 그리고 이를 도와줄 파트너로서 『톡톡! 우리 아이 발달 센터』를 강력하게 추천하는 바입니다.

배기수 (조은이웃 소아청소년과 대표 원장,
아주대학교 의과대학 명예교수, 前대한소아청소년과학회 회장)

'한 아이를 키우려면 온 마을이 필요하다'라는 나이지리아의 속담이 있습니다. 모든 부모는 아이를 키우면서 다양한 어려움을 겪게 되고, 많은 사람에게 도움을 얻는다는 뜻을 담고 있지요. 그러나 현대에 이르러서는 부모가 육아와 관련한 도움을 청할 곳이 마땅치 않을 때가 많습니다.

특히 아이의 발달에 관한 고민이 생겼을 때 어디에서 무엇을 물어봐야 하는지조차 결정하기 어렵습니다. 인터넷에는 수많은 경험담과 전문가들의 이야기가 넘치지만, 때로는 상반된 이야기에 방향을 잃기 쉽습니다.

『톡톡! 우리 아이 발달 센터』에는 임신영 교수님의 30년에 걸친 학술적 성취와 임상적 경험이 조화롭게 담겨 있습니다. 그리고 아이의 발달과 관련해 많이 하는 질문들과 놓쳐서는 안 되는 중요한 100가지들을 설명하고 있습니다. 또한 부모의 눈높이에 맞추되, 의학적으로 정확한 내용만을 전달하려고 노력하고 있습니다.

아이의 발달에 고민이 있는 부모, 아이의 발달 과정을 잘 챙기고 싶은 부모, 발달에 관해 공부하는 모든 학생에게 이 책을 추천합니다.

김종규(서울의료원 재활의학과 주임 과장)

『톡톡! 우리 아이 발달 센터』는 부모들이 자녀의 발달 과정을 깊이 이해하고, 그에 맞는 실천을 통해 자녀의 건강한 발달을 지원할 수 있도록 돕는 뛰어난 책입니다.

아이를 키우는 과정에서 부모는 자녀가 성장하는 각 단계에서 겪는 변화와 발달을 이해하고, 그에 맞는 적절한 지원을 제공하고 싶어 합니다. 그러나 발달에 관한 다양한 정보들이 넘쳐나는 가운데, 무엇을 어떻게 실천해야 할지 막막할 때가 많습니다. 바로 이 점에서 이 책이 부모들에게 큰 도움이 될 것입니다.

임신영 교수님은 30여 년의 경력을 자랑하는 소아 발달 전문가로, 수많은 아이를 치료하며 얻은 깊은 경험을 바탕으로 이 책을 집필하셨습니다. 교수님의 풍부한 경험과 전문 지식이 이 책 곳곳에 녹아 있어, 부모들이 자녀의 발달을 제대로 이해할 수 있도록 돕습니다. 특히, 아이의 발달을 제대로 지원할 수 있는 구체적인 방법을 알기 쉽게 제시하며, 부모들이 자녀 발달에 적극적으로 참여할 수 있도록 합니다.

이 책은 단순히 발달에 관한 이론적인 설명에 그치지 않고, 부모들이 실생활에서 적용할 수 있는 실용적인 정보를 제공합니다. 각 발달 단계마다 필요한 지원을 어떻게 해 주어야 하는지에 관한 구체적인 조언과 방법을 제시해 부모들이 쉽게 따라 할 수 있도록 합니다. 또한, 아이들의 발달과 관련한 각종 신호들을 명확히 알려 주어, 부모들이 미리 문제를 인지하고 적절히 대응할 수 있게 합니다.

임신영 교수님의 친근하고 따뜻한 문체는 부모들에게 부담 없이 다가가며, 이 책을 읽는 동안 부모들은 자녀의 발달 과정을 잘 이해할 수 있는 것은 물론, 자녀를 올바르게 지원할 방법이 무엇인지 확신을 가질 수 있습니다.

아이의 발달을 제대로 이해하고 지원하고 싶은 부모라면, 이 책을 통해 필요한 정보를 얻고, 자녀의 성장과 발달을 더 적극적으로 챙길 수 있을 것입니다.

『톡톡! 우리 아이 발달 센터』는 자녀 발달과 관련한 실질적인 지침서를 찾고 있는 모든 부모에게 강력히 추천할 만한 책입니다. 이 책을 통해 부모들은 자녀의 발달을 보다 깊이 이해하고, 그에 맞는 실천을 통해 아이가 건강하게 자랄 수 있도록 돕게 될 것입니다.

홍지연(푸르메재단 넥슨어린이재활병원 부원장)

―――――― 들어가는 말 ――――――

『톡톡! 우리 아이 발달 센터』는 처음 부모가 된 분들이 아이의 작은 변화에 설레면서도 낯설고 불안한 순간과 마주했을 때 그분들의 곁에서 조용히 길을 비추어 주고 싶은 마음에서 태어났습니다.

소아재활의학과 전문의로 30여 년간 진료실에서 아이들과 부모님을 만나며, '꼭 병원에 오지 않아도 되는 상황이었지만 걱정되어 내원하신 경우', '간단한 설명만으로도 불안을 덜 수 있었던 경우', '좀 더 일찍 개입이 필요했지만 시기를 놓친 안타까운 사례들'을 반복해서 마주해 왔습니다.

그러한 현실 속에서, 부모님들이 꼭 알아 두시면 좋을 정보들을 쉽고 정확하게 전달할 방법을 고민해 왔고, 그 마음이 이 한 권의 책으로 모였습니다.

진료 중 부모님들에게 자주 받은 질문들, 반복해서 설명해 드려야 했던 상황들, 그리고 소아 환자를 진료하는 동료 의사들의 실제적 문의를 중심으로 내용을 구성하였습니다.

아이를 키우다 보면, 모든 것이 처음이라 조심스럽고 막막하게 느껴지는 순간들이 있기 마련입니다. 그럴 때마다 이 책이 작지만 든든한 위로가 되고, 앞으로 나아갈 방향을 비추어 주기를 바랍니다. 또한 아이의 발달을 함께 고민하는 치료 전문가에게는 현장에서 바로 활용할 수 있는, 기본에 충실한 지침서가 되기를 바랍니다.

2018년 8월, 조심스럽게 첫 문장을 쓰기 시작해 2025년 1월, 마침표를 찍기까지 6년 반의 시간이 흘렀습니다. 생각을 정리하고 글을 다듬는 긴 여정을 묵묵히 지켜봐 준 가족에게 깊이 감사드립니다. 『톡톡! 우리 아이 발달 센터』가 한 권의 책으로 세상에 나올 수 있도록 응원과 도움을 아끼지 않으신 모든 분께 진심 어린 감사의 마음을 전합니다. 진료실에서 만난 사랑스러운 아이들과 부모님께도 따뜻한 고마움을 전합니다.

그리고 언제나 저를 믿고 응원해 주셨고, 이 책을 누구보다 보고 싶어 하실 사랑하는 부모님께 이 책을 바칩니다.

2025년 7월
임신영

CONTENTS

추천사   004
들어가는 말   008

Part 1
발달 단계와 체크포인트

1. 우리 아이 발달의 이해: 5가지 핵심 영역   018
2. 대운동 발달: 정상 단계와 도움의 신호   022
3. 소운동 발달: 정상 단계와 관찰 포인트   026
4. 언어 발달: 성장 단계와 조기 발견 신호   031
5. 인지 발달: 단계별 가이드   035
6. 사회성 발달: 친구를 사귀는 법과 부모의 역할   039
7. 조산아 발달 가이드: 건강한 성장을 위한 첫걸음   043

Part 2
손과 소근육 발달

8. 손가락 빠는 아이: 자연스러운 행동인가요?   050
9. 한쪽 손을 더 쓰는 아이   054
10. 왼손잡이 아이 이해하기: 강점을 살리는 방법   057
11. 엄지손가락이 구부러져 있어요!   061

Part 3
다리 발달과 자세 체크

12. 아이들의 다리 발달과 걸음걸이 문제: 오다리, X자 다리, 팔자걸음, 안짱걸음 066
13. 까치발 걸음 070
14. 우리아이의 발 건강, 어떻게 챙길까요? 074
15. 다리 길이가 다른 아이 081

Part 4
척추와 자세 건강

16. 조기 척추 측만증 086
17. 척추 건강을 위한 운동 091

Part 5
언어 발달과 조기 발견

18. 언어 지연 100
19. 발달성 언어 장애 107
20. 선택적 함구증 113
21. 반향어! 말을 그대로 따라 하는 아이 118
22. 말더듬의 이해 122

Part 6
인지 발달과 학습 지원

23. 천재와 영재   128
24. IQ 검사 이해하기   132
25. 지적 장애와 경계성 지능   137
26. 난독증   141

Part 7
피부 건강과 관리

27. 몽고반점   148
28. 연어반   151
29. 신생아 지루성 피부염   154
30. 침독   157
31. 이 앓이   160
32. 귀젖 관리: 부모를 위한 가이드   163

Part 8
눈 건강과 발달

33. 아동기 사시: 부모가 꼭 알아야 할 정보   168
34. 색맹과 색약   172

Part 9
아동용품과 안전 가이드

35. 신생아 및 영유아 옷 선택　　　　　　　　　　　　178
36. 속싸개와 스와들업　　　　　　　　　　　　　　　181
37. 우리 아이 베개 사용법　　　　　　　　　　　　　185
38. 아기 목 튜브의 오해와 진실　　　　　　　　　　　189
39. 카 시트 사용법: 안전한 자동차 여행을 위한 가이드　　192
40. 유아 의자 및 도구 사용법: 안전하고 효과적인 선택과 사용법　196
41. 신생아 용품 안전 가이드: 스윙, 바운서, 보행기, 아기띠　200

Part 10
아이와 우유 이야기

42. 산양유에 관한 오해와 진실　　　　　　　　　　　208
43. A2 우유에 관한 오해와 진실　　　　　　　　　　212
44. 우리 아이에게 맞는 우유 찾기　　　　　　　　　　215
45. 아기가 목말라 할 때! 물? 우유?　　　　　　　　　218
46. 생우유는 몇 살부터 먹을 수 있을까?　　　　　　　221

Part 11
실전 육아 솔루션

47. 우리 아이 목 건강: 사경의 이해	226
48. 사두와 단두	231
49. 소두증	237
50. 대두증: 아기의 머리가 너무 큰 걸까?	241
51. 두혈종: 신생아의 머리에 생기는 출혈	246
52. 영아 산통	251
53. 안면 비대칭	256
54. 허벅지 주름 비대칭	260
55. 엉덩이 딤플	265
56. 신생아 쇄골 골절: 알아두면 안심되는 이야기	269
57. 신생아 귀 교정	272
58. 경기 발작과 열 경기의 응급 처치	275
59. 영유아 건강 검진 발달 선별 검사	278
60. 모로 반사	282
61. 터미 타임: 아기를 위한 특별한 시간	285
62. 터미 타임을 할 때 아기 목이 기운다면	288
63. 관절에서 뚝 소리가 나는 이유: 기포의 비밀	291
64. 한쪽으로만 뒤집는 아기	295
65. 기는 모습이 이상해요	298
66. W자 앉기의 오해와 진실	302
67. 긴급 상황! 아이 낙상 대처 가이드	308
68. 영아 돌연사 증후군	314
69. 머리 박는 아이	318
70. 과잉보호의 문제점	321
71. 기질에 따른 맞춤 육아법	326
72. 조기 미디어 노출의 영향	332
73. 디지털 미디어 사용법	336
74. 배변 훈련법	340
75. 도수 치료: 손끝으로 건강을 지키는 기술	346
76. 성장판 검사	349

Part 12
발달 장애와 특별한 지원

77. 영아 연축	356
78. 레녹스-가스토 증후군: 부모가 알아야 할 뇌전증 이야기	360
79. 주의력 결핍 과잉 행동 장애	364
80. 자폐 스펙트럼 장애	370
81. 자폐 스펙트럼 장애 아동을 위한 ABA 치료법	376
82. 서번트 증후군: 특별한 재능을 가진 사람들	381
83. 인터넷 게임 장애: 예방과 치료 가이드	384
84. 회피적 제한적 음식 섭취 장애: 아이가 음식을 거부하는 이유와 해결책	390
85. 거식증: 원인, 진단 그리고 해결책	395
86. 폭식증: 신경성 폭식증과 폭식 장애	401
87. 뇌성마비	406
88. 뇌실 주위 백질 연화증: 조산아 부모가 알아야 할 사항	410
89. 보바스 치료법	414
90. 성인 뇌성마비 환자의 건강 관리	417
91. 다운 증후군	422
92. 터너 증후군	427
93. 클라인펠터 증후군: 키가 크고 마른 아들에게 여성형 유방이 나타난다면?	433
94. 신경섬유종증 1형: 부모가 꼭 알아야 할 정보	437
95. 틱 장애	443
96. 투레트 증후군	449

Part 13
건강한 임산부와 태아 발달

97. 알코올이 아기의 발달에 미치는 영향	456
98. 담배가 태아에 미치는 위험험	460
99. 카페인이 태아에 미치는 영향	464
100. 임산부 엽산 섭취 가이드	468

Part 1
발달 단계와 체크포인트

1
우리 아이 발달의 이해: 5가지 핵심 영역

아동의 발달은 대운동, 소운동, 언어, 인지, 사회성의 5가지 영역을 배우는 과정입니다. 각각의 영역은 아이의 전반적인 성장과 발달에 매우 중요합니다. 특히 언어 발달, 사회성 발달과 인지 발달은 서로 긴밀하게 연결되어 있습니다.

대운동 발달

대운동은 큰 근육을 사용하여 신체를 움직이는 능력입니다. 예를 들어, 걸음마를 떼거나 공을 차는 활동은 대운동을 통해 아이가 몸을 조화롭게 쓸 수 있도록 돕습니다. 걷기, 뛰기, 점프하기 등의 활동은 신체 조정 능력과 균형 감각을 키우며, 아이가 새로운 동작을 시도하고 환경과 활발히 상호 작용을 할 수 있도록 기반을 제공합니다.

소운동 발달

소운동은 손과 손가락의 미세한 근육을 사용하는 능력입니다. 퍼즐 맞추기, 작은 물건 집기, 그림 그리기와 같은 활동은 소운동 발달을 도와줍니다. 이는 학습과 일상생활에 필요한 기술을 익히는 중요한 기초가 됩니다.

언어 발달

언어 발달은 의사소통을 위해 언어를 이해하고 사용하는 능력을 키우는 과정입니다. 언어의 이해, 말하기, 발음, 대화 능력은 서로 밀접히 연결되어 있습니다.

- **언어의 이해:** 말하는 사람의 의도를 파악하고 그 의미를 이해하는 능력입니다. 간단한 단어와 문장에서 시작해 점점 복잡한 표현까지 이해할 수 있게 됩니다.
- **말하기:** 아이는 알고 있는 단어와 문장을 조합해 의사소통을 합니다. 초기에는 간단한 문장에서 시작해 점차 더 길고 복잡한 문장을 사용합니다.
- **발음:** 올바른 발음은 효과적인 소통을 위해 중요합니다. 정확한 발음은 말하기와 대화 능력의 기초를 강화하며, 명확한 소통으로 이어집니다.
- **대화 능력(화용):** 사회적 상황에서 적절하게 대화하는 능력입니다. 질문, 응답, 상호 작용을 통해 대화의 흐름을 발전시킵니다.

인지 발달

인지 발달은 아이가 사고하고 문제를 해결하며 세상을 이해하는 방식을 배우는 과정입니다. 블록 쌓기와 숨겨진 물건 찾기 같은 활동은 논리적 사고를 자극하며, 그림 퍼즐 맞추기나 간단한 실험 놀이로 창의력을 키울 수 있습니다. 이러한 활동을 통해 기억력과 집중력이 자라나고, 새롭고 복잡한 개념을 점진적으로 이해하는 능력이 발달합니다.

사회성 발달

사회성 발달은 다른 사람과 상호 작용을 하며 관계를 형성하는 능력을 키우는 과정입니다. 놀이를 하며 차례를 기다리거나 갈등을 해결하는 경험은 사회성을 키우는 데 유용합니다. 친구와의 놀이를 통해 협력과 갈등 해결 능력을 배우며, 자신의 감정을 이해하고 타인의 입장을 고려하는 방법을 익힙니다. 이는 건강한 인간관계를 형성하는 데 매우 중요한 역할을 합니다.

발달 단계별 주요 특징과 부모가 알아야 할 관찰 포인트

	발달 단계의 주요 특징	부모가 알아야 할 관찰 포인트
0~6 개월	• 반사 운동(손을 움켜쥐거나 입에 넣는 행동) • 눈과 머리를 따라가며 시선 이동 • 소리나 얼굴에 반응하기 시작 • 첫 번째 미소를 보이거나, 기분에 따라 울거나 웃음	• 반사적인 반응 외에도 눈을 따라 보거나 움직이는 모습을 확인해 보세요. • 울음 외에도 다양한 소리(쯧쯧, 웃음)를 내는지 점검해 보세요. • 몸의 움직임이 비대칭적이지 않고 아이가 균형을 잘 잡는지 유심히 살펴보세요.
6~12 개월	• 첫 기기(배 밀기, 네발로 기기 등) 시작 • 고개를 들고 스스로 앉으려는 움직임 • 간단한 단어 시도('엄마', '아빠')	• 스스로 기기나 앉기 등을 시도하는지 확인하고 균형 감각을 키울 환경을 제공해 주세요. • 말을 시도하거나 흉내를 내는지 점검해 보세요.
1~2세	• 걷기 시작, 물건을 손에 쥐고 놀이하기 • 간단한 명령 이해 및 수행 • 첫 단어 또는 간단한 문장 사용	• 균형 감각이 잘 발달하고 있는지 살펴보고, 언어 발달이 느리다면 전문가와 상담하세요.

	발달 단계의 주요 특징	부모가 알아야 할 관찰 포인트
2~3세	• 주도적으로 옷을 입으려고 시도 • '내 것' 개념 이해 • 놀이를 통해 소통 시작	• 자기표현을 할 때 과도한 공격성이나 강한 감정을 보이지 않는지 살펴보세요. • 친구나 가족과의 의사소통이 원활한지 점검하세요.
3~5세	• 언어 능력 급격히 발달, 문장으로 생각 표현 • 상상력이 풍부해지고, 놀이를 통해 감정을 표현 • 자아 존중감과 독립성 강화	• 발음이나 문법 사용에 어려움이 있다면 전문가와 상담해 보는 것이 좋습니다. • 아이의 상상력 발달 정도와, 현실과 상상의 구분 능력을 함께 관찰해 보세요.
5~7세	• 사회적 규칙 학습, 친구들과 협력 및 경쟁 • 문제 해결 능력과 논리적 사고 발달 • 독립적인 학습과 강한 호기심	• 갈등 해결과 협력 태도를 관찰하세요. • 아이가 집중력이나 문제 해결 능력에 어려움을 겪는다면 전문가 상담을 고려하세요.

부모님을 위한 꿀팁! 이럴 땐 이렇게!

1. 아이의 발달 속도가 또래와 다르다고 느껴져도, 지나치게 걱정하기보다는 침착하게 행동을 관찰하세요. 아동 발달에는 개인차가 큽니다.
2. 지속적으로 우려된다면 소아청소년나 소아재활의학과에서 전문가 상담을 받아 보세요. 조기 발견과 적절한 지원은 아이의 성장에 큰 도움이 됩니다.
3. 운동 발달을 위해 공놀이, 달리기 같은 야외 활동을, 소운동 발달을 위해 퍼즐 맞추기나 블록 놀이를 추천합니다.
4. 언어 발달을 촉진하려면 아이와 대화할 때 풍부한 표현을 사용하고, 함께 책을 읽으며 상상력을 키워 주세요.
5. 무엇보다도 아이의 작은 성취에도 칭찬을 아끼지 마세요. 긍정적 격려는 아이의 자신감을 키우는 열쇠입니다.

부모님의 작은 노력이 아이의 밝은 미래를 만듭니다!

대운동 발달:
정상 단계와 도움의 신호

대운동 발달은 아이가 앉기, 서기, 걷기, 달리기와 같은 큰 움직임을 통해 신체를 자유롭게 조절하고 탐험할 수 있게 되는 중요한 과정입니다. 아이의 대운동 발달 단계를 이해하고, 필요할 때 적절한 도움과 지지를 제공함으로써 부모는 아이가 건강하고 자신감 있게 성장하도록 도울 수 있습니다.

대운동 발달이란?

대운동 발달은 몸의 큰 근육을 사용해 움직이는 능력을 키우는 과정입니다. 이는 뒤집기, 기기, 걷기와 같은 활동을 통해 아이가 자유롭게 움직이며 세상을 탐험하도록 돕습니다. 신생아는 뇌와 신경계가 미숙하고 근력이 약하며 균형 감각도 발달하지 않았습니다. 시간이 지나면서 신경계와 근육이 발달하고, 대운동 기능도 점차 향상됩니다. 이 과정은 머리에서 발 방향으로 진행되며, 발달 속도와 시기는 아이마다 다를 수 있습니다.

주요 발달 단계

- **목 가누기:** 생후 3~4개월에 목을 잘 가누게 됩니다. 신생아도 엎드린 자세에서 잠깐 고개 들기가 가능하지만, 심하게 늘어뜨린다면 어딘가 이상이 이상이 있을 수 있으니 주의가 필요합니다.
- **뒤집기:** 4개월경에 시작되며, 짜증을 내다가도 어느 순간 뒤집기를 자유롭게 할 수 있습니다.
- **앉은 자세 유지하기:** 생후 6개월에는 손으로 짚어서 앉을 수 있습니다. 그 후에는 코어 근육이 발달하여 손으로 짚지 않아도 앉을 수 있습니다.
- **스스로 앉기:** 생후 8~9개월경에는 누운 상태에서도 스스로 앉을 수 있습니다.
- **기기:** 5~6개월에 비행기 자세를 취하며, 배 밀기 단계를 거쳐 네발 기기로 발전합니다. 배 밀기는 팔로 몸을 밀며 배가 바닥에 닿은 상태에서 이동하는 단계입니다. 반면, 네발 기기는 손과 무릎으로 몸을 지탱하며 이동하며 배 밀기보다 속도가 빠르고 효율적입니다. 이 단계를 반드시 거치지 않는 아이도 있습니다. 예를 들어, 일부 아이는 비대칭적으로 기거나 엉덩이를 이용해 이동하기도 하며, 이는 발달의 자연스러운 변형으로 볼 수 있습니다.
- **서기:** 10~11개월경 침대 난간 등을 잡고 서기를 시도하며, 이후 스스로 서려고 시도합니다.
- **걷기:** 12개월경 가구를 잡고 걷게 되며, 균형을 잡으며 독립 보행을 합니다. 처음에는 뒤뚱거리지만 시간이 지나면서 점차 안정적으로 걷게 됩니다.
- **계단 오르내리기:** 16개월경 난간을 잡고 한 걸음씩 계단을 오를 수 있습니다. 30개월경에는 난간 없이 계단을 오를 수 있으며, 42~47개월경에는 난간 없이 계단에서 내려올 수 있습니다.
- **뛰기와 점프:** 30개월 전에 뛸 수 있으며, 36개월 전에 두 발 점프, 5세 이전에 한 발 뛰기가 가능합니다.

대운동 발달 점검 신호

아이가 지속적으로 비틀거리거나 넘어진다면, 전문의에게 진단을 받아야 합니다. 다음과 같은 발달 점검 신호가 보인다면 소아청소년과나 소아재활의학과에 방문해 그 원인을 확인하고 필요한 조치를 해야 합니다.

- **5~6개월:** 뒤집지 못할 때. 배 밀기 놀이를 통해 뒤집는 동작을 유도해 보세요.
- **8~9개월:** 스스로 앉지 못할 때. 바닥에서 앉는 연습을 돕고 안정적으로 앉을 수 있도록 주변에 쿠션을 배치하세요.
- **15~18개월:** 걷지 못할 때. 손을 잡고 걷는 연습을 하거나 걷기 보조 기구를 사용해 보세요.
- **2세:** 난간을 잡고 계단을 오르지 못할 때. 계단의 낮은 부분에서 놀이를 통해 자연스럽게 적응할 수 있도록 도와주세요.
- **2.5세(30개월):** 뛰지 못할 때. 공을 잡으려는 동작이나 트램펄린에서 점프 놀이를 시도해 보세요.
- **3세:** 두 발 점프를 못 할 때. 두 발로 뛰는 놀이를 하며 점프 근육을 자극해 주세요.
- **5세:** 한 발 뛰기를 못할 때. 한 발로 서 있는 놀이를 통해 균형 감각을 길러 보세요.

집에서 도울 수 있는 활동

집에서도 간단한 도구나 환경을 활용하여 충분히 지원할 수 있습니다. 아래에서 말씀드리는 활동들은 아기의 대운동 발달을 돕고, 아기가 몸을 더 잘 조정할 수 있도록 합니다.

- **배 밀기 장난감 놀이:** 아기가 배 밀기를 잘할 수 있도록 다양한 자극을 주는 장난감을 사용할 수 있습니다. 아기가 장난감을 따라가도록 유도하면

기기 발달을 돕는 데 좋습니다.
- **기기용 매트 활용:** 부드럽고 넓은 매트를 깔아 아기가 마음껏 기어다니도록 하여 대근육 발달을 유도할 수 있습니다.
- **앉기 연습:** 아기가 앉을 수 있을 때 쿠션을 이용해 안전하게 앉을 수 있는 환경을 만들어 주세요. 앉기 자세를 연습하는 데 도움이 됩니다.
- **걷기 연습:** 아기가 걷기를 시작하면, 손을 잡고 걸을 수 있도록 도와주세요. 또한, 안전한 공간에서 걷기와 달리기를 유도하는 활동을 해 주세요.
- **공 던지기와 받기:** 공을 던지거나 굴려서 아기가 공을 받는 활동을 하세요. 손과 눈의 협응력뿐 아니라 대근육 발달에도 좋은 자극이 됩니다.
- **점프 연습:** 아기가 점프할 수 있도록 부드러운 트램펄린이나 쿠션 등을 활용해 점프 연습을 하게 하세요.

부모님을 위한 꿀팁! 이럴 땐 이렇게!

아이의 발달 여정을 응원하며 작은 성취를 함께 축하해 주세요. 첫걸음을 뗄 때 환한 웃음으로 격려하거나, 함께 춤을 추며 즐거움을 나눌 수 있습니다. 이런 순간이 아이의 발달을 자연스럽게 돕습니다.

1. 아이가 발달이 더디다고 느껴진다면, 소아청소년과 전문의를 찾아 조기에 상담하세요.
2. 놀이와 일상생활에서 신체 활동을 격려하세요. 예를 들어, 공놀이나 기기 놀이를 통해 자연스럽게 근육 발달을 도울 수 있습니다.
3. 아기의 발달 과정을 기록해 두세요. 정기적인 기록은 병원 상담 시 유용한 정보를 제공합니다.
4. 아이마다 발달 속도가 다르니 지나치게 조급해하지 말고, 긍정적인 자세로 관찰하며 격려해 주세요.

대운동 기능이 어떻게 발달하는지 잘 알아두세요. 그리고 발달 점검 신호를 주의 깊게 관찰하며 아이의 건강한 성장을 도와주세요.

3

소운동 발달:
정상 단계와 관찰 포인트

　소운동과 자조 기능은 아이의 성장과 일상생활에 중요한 역할을 합니다. 아기가 처음으로 손을 뻗어 장난감을 잡으려는 순간은 새로운 세상을 탐험하려는 첫걸음과 같습니다. 그래서 소운동 발달은 아기가 세상을 탐험하고 자립적인 행동을 배우는 중요한 단계입니다. 손으로 딸랑이를 잡거나, 숟가락을 사용하려는 시도는 아기의 독립성과 자신감 형성에 도움을 줍니다.

소운동과 자조 기능

　신생아는 뇌와 신경계가 미성숙하여 처음에는 물건을 잡기가 어렵습니다. 그러나 시간이 지나면서 신경계와 손 근육이 발달하면서 점차 물건을 잡고 조작하는 능력이 향상됩니다. 이처럼 손을 사용하는 동작을 소운동이라고 하며, 소운동은 대운동에 비해 인지 발달의 영향을 더 많이 받습니다. 아기가 3~4개월이 되면 눈으로 본 물건을 잡으려고 손을 뻗습니다. 처음에는 정확히 잡지 못하지만, 점차 능력이 향상됩니다. 처음에는 숟가락을 사용하지 못하던 아기가 성장하면서 숟가락, 포크, 젓가락까지 사용할 수 있게 됩니다. 옷을 입거나 벗는 등 일상생활 동작, 즉 자조 기능도 점차 발달합니다.

눈-손-입-발 상호 작용

눈, 손, 입, 발의 상호 작용은 발달 과정에서 핵심 역할을 합니다. 이러한 상호 작용은 아이의 물건 탐색과 조작 능력을 키우며, 운동 조정과 인지 발달에도 영향을 줍니다.

- **3개월:** 자기 손을 보고 인식합니다.
- **4개월:** 두 손을 모을 수 있습니다.
- **5개월:** 한 손, 나아가 두 손을 입에 넣어 빨게 됩니다.
- **6개월:** 두 손으로 발을 잡고, 발을 입으로 가져가며 놀이를 합니다.

양손 협응 동작

4~7개월 사이에는 양손을 사용하여 물건을 잡는 협응 동작이 발달합니다. 예를 들어, 한 손으로 상자를 잡고 다른 손으로 장난감을 치는 동작은 좌뇌와 우뇌의 협력 발달을 돕습니다.

주요 소운동 발달 단계

아기의 주요 소운동 발달 단계는 아래와 같이 요약할 수 있습니다.

- **3~4개월:** 아기가 본 물건을 잡으려고 손을 뻗습니다. 처음에는 정확히 잡지 못하지만, 점차 능력이 향상됩니다.
- **5개월:** 딸랑이를 잡아 반대편 손의 도움을 받아 입으로 가져갈 수 있습니다.
- **7개월:** 손 전체로 바닥을 긁으며 물건을 잡는 '갈퀴 동작(raking)'이 나타납니다.
- **12개월:** 엄지와 검지를 사용해 작은 물건(건포도, 시리얼 등)을 잡을 수 있습니다.
- **3세:** 연필이나 크레용으로 수직선을 그릴 수 있습니다.
- **4세:** 원을 그릴 수 있습니다.
- **6세:** 나이프를 사용할 수 있습니다.

주요 자조 기능 발달 단계

아기의 주요 자조 기능 발달 단계는 아래와 같이 요약할 수 있습니다.

- **6개월:** 이유식을 시작하며 빨대와 빨대 컵 사용을 시도합니다.
- **7개월:** 떡뻥 같은 과자를 스스로 먹을 수 있습니다.
- **15개월:** 두 손으로 컵을 들고 물을 마실 수 있습니다.
- **18개월:** 숟가락을 사용하여 음식을 먹을 수 있습니다.
- **3.5세:** 티셔츠를 스스로 입을 수 있습니다.

주요 창의적 도구 사용 발달 단계

아기의 주요 창의적 도구 발달 단계는 아래와 같습니다.

- **12개월:** 색연필이나 크레용을 잡고 낙서를 시작합니다.

- 5~6세: 자기 이름을 쓸 수 있습니다.
- 6~7세: 가위로 복잡한 모양을 자를 수 있습니다. 이후에는 복잡한 레고 조립이나 악기 연주, 정교한 그림 그리기와 색칠하기도 할 수 있습니다.

소운동과 자조 기능 발달의 발달 점검 신호

발달이 6개월 이상 지연되었다면, 발달 지연이라고 볼 수 있습니다. 12개월 이상 지연되었다면, 심한 지연으로 분류됩니다. 이를 구분하려면 다음 사항들을 점검해야 합니다.
- 소운동 지연뿐만 아니라 대운동, 인지, 언어, 사회성 발달까지 함께 지연되고 있는지 확인합니다.
- 팔다리 근력이 약하거나 뻣뻣한 경직이 있는지 확인합니다.
- 엄지가 7개월 이후에도 손바닥 안으로 말려 있는 경우, 근육 발달과 구조적 이상 여부를 점검합니다.

소근육 발달을 돕는 놀이의 예시

소근육 발달을 도와주는 놀이는 아래와 같습니다.
- 블록 쌓기: 손가락의 힘과 조정 능력을 발달시키는 데 유용합니다.
- 퍼즐 맞추기: 손과 눈의 협응력을 높여 줍니다.
- 종이 찢기 및 붙이기: 세밀한 손가락 움직임을 훈련시킵니다.
- 모래 놀이: 손과 손가락의 운동 능력을 기르고, 창의성도 함께 키웁니다.
- 점선 따라 그리기: 나중에 글씨를 쓰는 데 도움이 됩니다.
- 실 끼우기 놀이: 손가락의 힘과 조정 능력을 키웁니다.
- 단추 끼우기 및 풀기: 집중력과 손의 세밀한 운동을 연습합니다.
- 끈 묶기 및 풀기: 손목의 협응력을 강화합니다.

부모님을 위한 꿀팁! 이럴 땐 이렇게!

1. 아이의 발달 단계를 매일 관찰하며 작은 변화에도 귀를 기울여 보세요. 아기의 성장 스토리를 기록하면 더욱 재미있습니다.
2. 다양한 질감과 색깔의 장난감을 활용하는 놀이를 아이와 함께 하면서 아이의 소운동 기능을 자연스럽게 길러 주세요. 예를 들어, 블록 쌓기나 점선 따라 그리기를 시도해 보아도 좋습니다.
3. 아이의 행동이 또래보다 느리게 보인다면 걱정하지 마시고, 전문가와의 상담을 통해 아이의 가능성을 발견해 보세요. 그리고 아이가 발달 단계에 맞는 행동을 보이는지 꾸준히 관찰하세요.
4. 다양한 크기와 질감의 장난감을 제공하여 소운동 발달을 도우세요.
5. 발달 지연이 의심되면 소아청소년과나 소아재활의학과 전문의와 상담하세요.

소운동 발달도 세심한 관찰과 응원이 필요합니다. 발달 점검 신호를 잘 살피며, 아이의 멋진 성장을 함께 응원해 주세요!

언어 발달:
성장 단계와 조기 발견 신호

 어느 신문 기사에서 '어느 정도 말을 알아듣고 반응한다면, 스스로 말을 하지 않아도 48개월까지 기다려 볼 수 있다'라고 했습니다. 그런데 모든 아이가 기다리기만 하면 자연스럽게 말을 하게 될까요? 또래 아이들이 문장을 말하는데 옹알이만 하는 경우, 어떻게 해야 할까요? 언어 치료가 필요할까요? 아니면 기다리면 저절로 말하게 될까요? 이제 아이의 언어 발달이 이루어지는 시기와, 언어 지연이 의미하는 바를 함께 알아보겠습니다.

모국어 발달: 4가지 요소를 나이에 맞게 모두 잘해야 합니다.

- 이해하기
- 말하기
- 정확한 발음
- 대화 능력

모국어의 발달:
4 단원을 나이에 맞게 모두 잘해야 합니다.

아이는 성장하면서 언어를 통해 다른 사람의 생각을 이해하고, 자신이 하고 싶은 이야기를 발음과 억양으로 전달합니다. 모국어 발달은 말을 잘하는 것을 넘어, 정확한 발음과 언어 이해, 대화 능력의 균형이 모두 중요합니다. 언어 발달은 이러한 요소들을 단계적으로 배우는 과정이며, 아이는 각 단계에서 나이에 맞는 발달을 보여야 합니다.

어떤 부모님들은 "우리 아이는 말을 잘 이해하지만, 말은 하지 않아요."라고 말씀하시기도 합니다. 이때 아이가 말을 이해하는 것은 긍정적 신호이지만, 그것만으로는 언어 발달이 충분한 상태인지 판단하기 어렵습니다. 또래 아이들과 비슷한 수준으로 말을 말을 이해하고, 자신의 생각을 표현할 수 있어야 합니다.

아동의 언어 발달 단계

아동의 말하기 발달 단계는 성장에 따라 다르며, 각 단계가 언어 능력의 기초를 형성합니다. 일반적으로 다음과 같은 단계로 발달합니다.

- **생후 6개월 전후:** 아기는 주로 옹알이를 시작합니다. '아', '오', '으'와 같은 소리를 내며 언어 발달의 기초를 마련합니다.
- **생후 9~12개월:** '엄마', '아빠'와 같은 첫 단어를 말합니다. 단어의 의미를 인식하며 부모와의 상호 작용을 통해 소리와 의미를 연결합니다.

- **12개월 전후:** 간단한 단어를 명확히 발음합니다. '물', '먹어' 등 단어와 동작을 연결하며 언어 능력이 확장됩니다.
- **18개월:** 약 20~50개의 단어를 사용할 수 있으며, 짧은 문장을 사용할 수 있습니다.
  - 예 "엄마, 가자!"
- **24개월:** 2단어 문장을 사용하며 어휘가 빠르게 늘어납니다.
  - 예 "엄마 가!", "나 먹고!"
- **36개월:** 더 복잡한 문장을 사용하여 의사소통을 합니다.
  - 예 "나는 이제 학교 가!"

발달 점검 신호

아래 같은 경우는 언어 발달 지연의 신호일 수 있습니다.
- **18개월:** 표현 어휘가 10개 미만이거나 지시적인 몸짓이 없는 경우.
- **24개월:** 표현 어휘가 50개 미만이거나 2 단어 조합을 하지 못하는 경우.
- **36개월:** 표현 어휘가 300개 미만이거나 발음이 부정확해 아이의 말을 50% 이상 이해하기 어려운 경우.
- **48개월:** 'ㅈ' 계열 발음을 하지 못하는 경우.
- **60개월:** 'ㅅ' 계열 발음을 하지 못하거나 비정상적인 발화가 지속되는 경우.

말하기 지연 시 대처법

말하기가 늦어져도 너무 걱정하지는 마세요. 다음 방법으로 부드럽게 도와주세요.
- **청각 검사:** 말을 하지 않는 원인 중 하나는 청각 문제일 수 있습니다. 청각 문제가 없다면 다른 원인을 찾아야 합니다.

- **전문가 상담:** 언어 치료사나 소아 발달 전문가의 평가를 통해 아이의 언어 발달 상태를 정확히 파악하고 필요하면 치료를 시작하세요.
- **언어 자극 제공:** 일상 대화와 책 읽기를 통해 자연스럽게 언어 발달을 이끌어 주세요. 예를 들어, "지금 우리가 물건을 놓았어." 같은 문장을 사용해 보세요.
- **모방과 반복:** 아기가 단어를 말했을 때, 반복적으로 모방하며 단어의 의미를 알도록 해 주세요.
- **환경적 자극:** 다양한 사람과 상호 작용을 하며 경험할 수 있는 환경을 조성하세요.
- **기다림과 격려:** 아기가 말을 시도할 때까지 충분히 기다려 주고, 시도할 때마다 격려와 칭찬을 아끼지 마세요.

부모님을 위한 꿀팁! 이럴 땐 이렇게!

언어 발달 지연이 의심될 때는 소아청소년과에 먼저 방문하세요. 전문의 상담을 통해 정확히 평가받는 것이 중요합니다.

1. 아이와 눈을 맞추며 이야기를 나누고, 일상에서 다양한 대화를 시도하세요.
2. 또래 아이들과 놀이 시간을 갖게 하여 자연스럽게 언어를 배울 기회를 주세요.
3. 언어 발달을 관찰하며 도움 신호가 보이면 바로 전문가의 도움을 받으세요.
4. 스스로 진단하지 말고 전문가의 의견을 우선으로 삼으세요.

언어는 세상과 소통하는 중요한 도구입니다. 부모님의 관심과 응원이 아이에게 큰 힘이 됩니다.

5
인지 발달: 단계별 가이드

아이의 인지 발달은 지식을 습득하고 이해하는 중요한 정신 활동입니다. 그리고 지능은 인지 과정의 일부로, 문제를 해결하고, 변화하는 환경에 적응하는 데 중요한 역할을 합니다. 이번 글에서는 아이들이 성장하면서 나타나는 인지 발달 단계와 주의해야 할 발달 점검 신호를 알아보겠습니다.

인지 발달 단계

인지 발달 단계를 시기별로 분류해서 알려 드릴 테니 참고하시기 바랍니다.

감각 운동기(0~2세)

2세까지의 감각 운동기에는 아기가 신체 행동을 통해 세상을 배웁니다. 그래서 잡기, 빨기, 밟기 같은 활동을 통해 환경과 상호 작용을 합니다. 이 과정에서 대상 영속성을 이해하는데요, 장난감을 숨겼다가 다시 보여 주는 놀이를 통해 아기는 물체가 보이지 않아도 여전히 존재한다는 개념을 배우게 됩니다.

> **부모가 할 수 있는 자극법**
> • **놀이와 상호 작용:** 장난감을 숨겼다가 보여 주며 대상 영속성을 배울 기회를 제공합니다.

- **소리와 빛을 활용한 자극:** 아기가 다양한 소리와 빛을 탐색하며 감각을 키울 수 있도록 유도해 주세요.
- **거울 놀이:** 아기가 거울 속 자신의 모습을 알아보며 인지 능력을 키울 수 있도록 도와주세요.

전조작기(2~7세)

이 시기의 아동은 상징적 사고를 시작하고, 언어를 통해 생각을 표현합니다. 그러나 자기중심적 사고가 강하며, 논리적 사고는 부족하기에 다른 사람의 관점을 이해하지 못하고 자신의 관점이 전부라고 생각합니다. 이 시기의 아이들은 다른 사람의 시각을 이해하지 못하고, 타인의 생각도 자신과 같다고 믿습니다. 이 시기 아동은 이와 같이 3개의 산 건너편에서 보는 풍경이 자신과 다를 수 있다는 것을 이해하지 못합니다. 건너편에 있는 사람도 자신과 같은 산의 모습을 본다고 생각합니다.

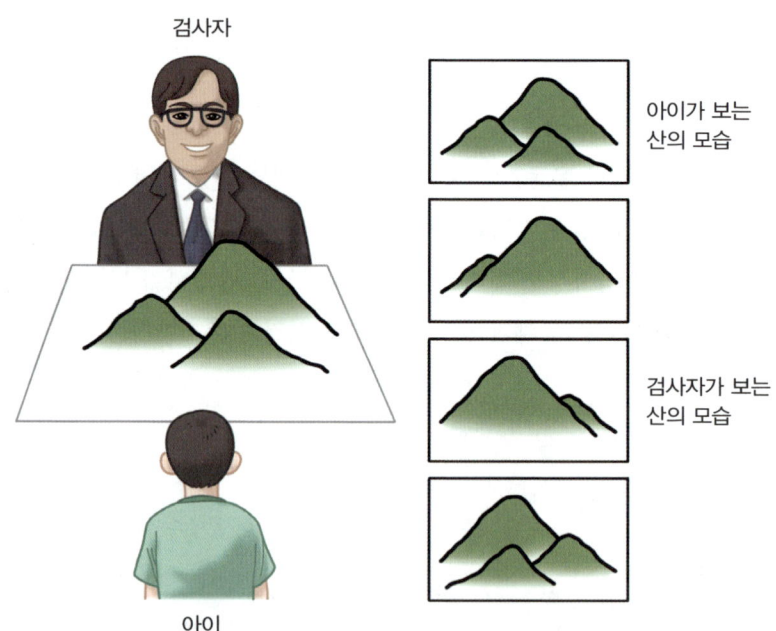

부모가 할 수 있는 자극법

- **역할 놀이:** 인형이나 장난감을 활용해 병원 놀이, 가게 놀이를 하며 상상력을 자극합니다. 예를 들어, 아이가 의사 역할을 하고 부모님이 환자가 되어 아이와 함께 진찰 놀이를 해 보세요. 또는 가게 놀이를 통해 물건을 사고파는 흉내를 내며 언어와 상호 작용을 증진할 수 있습니다.
- **책 읽기와 이야기 나누기:** 그림책을 보며 이야기를 상상하거나 새롭게 만들어 보게 해 주세요.
- **비교와 대조:** 비슷한 물건을 보여 주고 차이점과 공통점에 관해 자연스럽게 이야기를 나눠 보세요.

구체적 조작기(7~12세)

초등학생 시기의 아동은 논리적 사고와 더불어 구체적인 문제 해결 능력을 보입니다. 주변 세계를 이해하며 사물을 분류하고 순서대로 정리하는 능력이 발달합니다.

부모가 할 수 있는 자극법

- **수학적 문제 해결:** 간단한 덧셈, 뺄셈 문제나 패턴 찾기 놀이로 논리적 사고를 키워 주세요.
- **과학 실험:** 간단한 실험을 통해 원인과 결과를 직접 경험하며 이해할 수 있도록 도와주세요.
- **문제 해결 게임:** 퍼즐 맞추기나 미로 찾기 게임으로 문제 해결 능력을 즐겁게 키워 주세요.

형식적 조작기(12세 이상)

중학생 이상이 되면 추상적이고 체계적인 사고를 할 수 있게 됩니다. 자유와 정의 같은 개념을 이해하며, 가설을 세우고 이를 분석할 수 있는 능력이 발달합니다.

부모가 할 수 있는 자극법
- 추론 게임: 문제 해결을 위해 가설을 세우고 검증하는 과정을 돕습니다.
- 심화 학습: 관심 있는 분야(과학, 역사, 문학 등)의 심화 학습을 지원하며, 깊이 있는 탐구를 돕습니다.
- 창의적 문제 해결: 실제 생활 문제를 다양한 방식으로 해결해 보도록 유도합니다.

인지 발달의 발달 점검 신호

다음과 같은 경우는 인지 발달의 발달 점검 신호로 볼 수 있습니다.
- 생후 6개월이 지나도 대상 영속성이 나타나지 않을 때
- 3세가 되어도 소꿉놀이나 역할 놀이를 하지 않을 때
- 7세까지 수나 길이의 보존 개념이 나타나지 않을 때
- 4세 이후에도 간단한 서열화와 분류 능력이 없을 때

부모님을 위한 꿀팁! 이럴 땐 이렇게!

1. 아이가 놀이를 할 때 유심히 관찰하세요. 소꿉놀이나 역할 놀이가 부족하다면 함께 놀이를 시작해 보세요.
2. 숫자와 색깔, 간단한 분류 놀이를 통해 아이의 인지 능력을 키워 주세요.
3. 발달 점검 신호가 나타난다면, 소아청소년과나 소아재활의학과 전문의를 찾아 상담을 받아 보세요.

아이의 인지 발달은 부모님의 세심한 관찰과 적절한 지원으로 향상될 수 있습니다. 궁금한 점이 있다면 전문가와 상의하면 더 나은 해결책을 찾을 수 있습니다!

6

사회성 발달:
친구를 사귀는 법과 부모의 역할

사회성이란 타인과의 상호 작용을 통해 서로의 생각과 감정을 나누는 능력입니다. 예를 들어, 아기가 처음으로 미소를 짓거나 친구와 공을 주고받는 모습은 사회성 발달의 첫걸음입니다. 아동의 사회성 발달은 어떤 단계를 거치는지, 주의 깊게 살펴봐야 할 신호는 무엇인지 함께 알아보겠습니다!

정상 사회성 발달 단계

정상적인 사회성 발달은 다음과 같은 단계를 거칩니다.

- 6~8주: "엄마, 나 웃었어요!" 생후 6~8주가 되면 아기는 친숙한 사람에게 사회적 웃음을 짓습니다. 이 웃음은 단순한 반사가 아니라, 타인과 교류하

려는 첫 신호로 매우 중요한 단계입니다. 이는 신생아의 배냇짓과 달리 타인을 인식하고 반응하는 시작점입니다.

- **4~6개월:** "낯선 사람, 무서워요!" 이 시기부터 아기는 낯선 사람을 경계하며 낯가림 stranger anxiety 을 보입니다.
- **10개월:** "엄마, 어디 가세요?" 친숙한 사람과 잠시라도 떨어지면 불안해하는 분리 불안이 시작됩니다. 이는 아이가 애착 관계를 형성 중이라는 신호로, 자연스러운 발달 과정입니다.
- **6개월~돌 전:** "나 불렀어요?" 자기 이름을 부르면 돌아보는 '호명 반응'이 나타납니다. 아기를 불렀을 때 열 번 중 두세 번만 반응하거나 전혀 반응하지 않으면 호명 반응이 부족한 상태일 수 있습니다.
- **돌 전후:** "짝짜꿍, 곤지곤지, 죔죔!" 간단한 손동작 놀이를 즐기며 칭찬에 기뻐하고 상호 작용을 즐깁니다.
- **24개월:** "나도 인형 놀이 할래요!" 인형을 가지고 노는 상상 놀이를 시작하며, 병행 놀이(친구와 따로따로 노는 시기)에서 벗어납니다.
- **36개월:** "친구랑 같이 놀아요!" 친구 2~3명과 함께 소꿉놀이, 역할 놀이를 할 수 있습니다. 의사 놀이, 엄마 놀이 등 역할에 따라 이야기를 만들어 갑니다.
- **48개월:** "우리 숨바꼭질하자!" 4~6명이 규칙을 이해하며 놀이를 즐깁니다. 이는 학교생활에 필요한 사회성을 갖추는 단계입니다.

사회성 발달 점검 신호

아이의 사회성 발달을 점검할 때는 아래 사항을 참고해 보세요.

- **6~8주:** 사회적 웃음이 나타나지 않음.
- **4~6개월:** 낯가림이 나타나지 않음.
- **10개월:** 분리 불안을 보이지 않음.

- **6개월 이후:** 아이가 이름을 부르는 소리에 전혀 반응하지 않음.
- **18개월 이후:** 호명 반응이 일관되지 않거나 부족함. 예를 들어, 이름을 부를 때 고개를 돌리다 말거나, 한참 뒤에 반응하거나, 10번 중 2~3번만 반응함.

> **아이가 특정 물건에 집착하거나 반복 행동을 보이나요?**
> 이는 발달상의 주의가 필요한 신호일 수 있습니다. 이런 경우, 아이가 자극에 지나치게 반응하거나 특정 패턴을 통해 안정감을 찾으려는 시도로 해석될 수 있으므로 자세히 관찰하고 전문가의 상담을 받는 것이 중요합니다.

사회성 발달을 촉진할 수 있는 놀이법

아이의 사회성 발달은 다음과 같은 놀이로 촉진할 수 있습니다.

역할 놀이

아동이 다양한 역할을 경험하고 다른 사람의 처지를 이해할 수 있도록 도와주는 놀이입니다.

- **가게 놀이:** 아동이 상점 주인, 손님, 계산원 등 다양한 역할을 맡고 상품을 사고 파는 활동을 통해 협력과 의사소통을 배웁니다. 물건값을 계산할 때 간단한 숫자 놀이도 추가해 보세요!
- **의사 놀이:** 의사와 환자 역할을 나누어 건강에 관한 대화나 진료 장면을 연기해 봅니다. 예를 들어, 인형에게 청진기를 대어 보고 "어디가 아픈지 말해 볼까요?"라고 질문하며 상상력을 자극하세요.
- **소방관 놀이:** 소방관이 되어 불을 끄거나 구조 요청을 받는 연기를 통해 문제 해결 능력을 키워 보세요. 가상의 물병으로 불을 끄는 모습을 연기하면 더 재미있어져요! 아동이 다양한 역할을 경험하고 다른 사람의 입장을 이해할 수 있도록 돕습니다.

협동 게임

아동이 다른 사람과 협력하여 공동의 목표를 이루는 경험을 제공합니다.

- **보물찾기:** 여러 명이 팀을 이루어 힌트를 따라가며 보물을 찾는 게임입니다.
- **퍼즐 맞추기:** 여러 명이 모여 퍼즐을 맞추며 협력하는 방법을 배웁니다.
- **감정 카드 놀이:** 아동이 다른 사람의 감정을 이해하고 공감하는 능력을 발달시킬 수 있습니다. 감정 카드(기쁨, 슬픔, 화남, 놀람 등)를 활용하여 아동이 다양한 감정을 표현하고, 각 감정에 맞는 상황을 상상해 봅니다.
- **이야기 나누기:** 아동이 다른 사람의 이야기에 관심을 가지고, 자신의 경험을 공유하며 사회적 상호 작용을 배울 수 있습니다.
- **그림책 읽기:** 등장인물의 감정과 행동을 이야기하며 공감 능력을 키웁니다.
- **배려와 도움 주기:** 아동이 타인에게 배려와 도움을 주는 방법을 배우고, 자발적으로 다른 사람을 도와주는 행동을 학습합니다.
- **물건 나누기:** 놀이 도구나 간식을 친구와 나누는 활동을 통해 배려의 중요성을 배웁니다.

부모님을 위한 꿀팁! 이럴 땐 이렇게!

1. 관찰은 사랑의 시작입니다. 아이가 또래와 어떻게 상호 작용을 하는지 주의 깊게 살펴보세요.
2. 호명 반응을 체크하고, 이름을 불렀을 때 아이가 돌아보는지 관찰하고, 반응이 부족하면 아이와 더 많은 눈 맞춤과 대화를 시도하세요.
3. 발달이 걱정된다면 전문가와 상의하세요. 소아청소년과나 아동발달센터에 방문해 조언을 받는 것이 아이에게 큰 도움이 됩니다.
4. 놀이를 통해 사회성을 키우세요. 간단한 역할 놀이나 손동작 놀이로 아이의 상호 작용 능력을 자극해 주세요.

사회성은 하루아침에 완성되지 않습니다. 부모님의 따뜻한 눈길과 꾸준한 응원이, 아이의 세상과의 첫걸음을 힘차게 만들어 줍니다.

조산아 발달 가이드: 건강한 성장을 위한 첫걸음

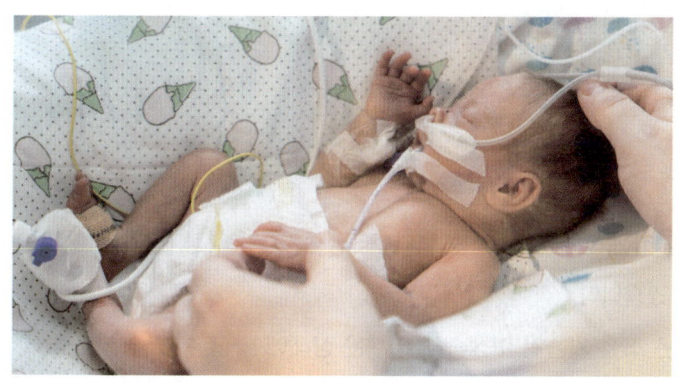

조산아(早産兒)는 출생 후 초기 단계에서 특별한 주의와 발달 지원이 필요할 때가 많습니다. 체계적이고 따뜻한 돌봄은 조산아가 건강하게 성장하고 발달의 중요한 이정표를 잘 이룰 수 있도록 돕는 첫걸음이 됩니다.

아기가 생존할 수 있는 임신 기간

조산아 생존율은 의료 기술의 발전에 따라 꾸준히 늘어나고 있습니다. 예를 들어, 2020년 21주에 태어난 아기가 생존한 기록이 있습니다. 2021년 우리나라에서는 체중 288g으로 태어난 초미숙아가 생존하여 퇴원한 사례가 있습니다. 생후 초기에는 인공 호흡기와 집중 치료가 필요했지만, 꾸준한 재활 치료와 영양 관리로 건강을 회복해 정상적으로 발달하고 있습니다.

전 세계적으로는 국가별 의료 시스템과 자원의 차이에 따라 생존율과 생존 가능 주 수에 차이가 있습니다. 선진국에서는 22~24주 출생 아기의 생존율이 비교적 높지만, 의료 환경이 낙후된 지역에서는 이 시기 생존이 어려울 때가 많습니다. 국제적 협력을 통해 의료 접근성을 개선하면, 이런 차이로 생기는 문제점을 해결할 수 있습니다.

조산아 발달의 특징

조산아들은 아래와 같은 발달상의 특징을 가집니다.

신체 발달

- 조산아는 정상 출생 아동보다 체중 증가, 키 성장, 근육 발달 등이 늦어질 수 있습니다.
- 체온 조절 기능이 미성숙해 저체온 상태에 빠질 수 있습니다.
- 호흡 기능 미성숙으로 호흡 곤란 증후군이나 무호흡이 발생할 수 있습니다.

뇌 발달

- 미숙한 뇌 발달로 발달 지연, 뇌성마비 위험이 있을 수 있습니다.
- 시각과 청각 발달이 지연될 가능성이 있습니다. 이는 자극에 민감하거나 반응이 둔할 수 있음을 의미합니다.

면역 체계

- 감염에 취약하므로 철저한 위생 관리와 예방 접종이 필요합니다.

발달 지연

- 태어난 주 수 및 의학적 상태에 따라 발달 지연이 다르게 나타날 수 있습니다.

- 기본 운동 능력(목 가누기, 뒤집기, 앉기 등)이 지연될 수 있으며, 적극적인 자극과 운동 치료가 필요합니다.

부모가 주의해야 할 발달 점검 신호

① 호흡 곤란(빠르거나 얕은 호흡)이나 무호흡이 발생한다.
② 심박수가 떨어지거나 불규칙하다.
③ 3~4개월 이후에도 고개를 들지 못한다.
④ 뒤집기, 앉기 등이 늦다.
⑤ 체중 증가가 한 달 이상 정체된다.
⑥ 시각적 반응이 미약하다.
⑦ 청각에 과민 반응이 있거나 둔감하다.
⑧ 감염 증상(발열, 식욕 부진, 지속적인 울음 등)이 있다.
⑨ 비정상적인 경련을 한다.
⑩ 몸의 긴장도(이완되거나 지나치게 긴장된 상태)에 이상이 있다.
⑪ 반응 속도가 느린 등의 신경학적 문제가 있다.

조산아에게 흔한 질환

조산아는 다음과 같은 질환에 취약할 수 있으니 주의를 기울이기 바랍니다.

- **감염 및 뇌출혈:** 면역 체계와 혈관이 미성숙해 패혈증이나 뇌출혈이 발생할 수 있습니다.
- **호흡 문제:** 폐 발달 미숙으로 인공 호흡기가 필요한 때가 많으며, 기흉이나 폐출혈 위험이 있습니다.
- **괴사성 장염:** 장 기능 이상으로 발생하며, 조기 진단과 치료가 중요합니다.

- **조산아 망막증:** 시력을 위협할 수 있으며, 초기 치료가 필요합니다.
- **청각 및 시각 장애:** 난청과 시각 이상이 빈번히 발생합니다.

부모가 할 수 있는 지원법

조산아인 아이에게 부모가 할 수 있는 지원은 다음과 같습니다.

- **정기 건강 검진:** 발달 상태를 지속적으로 점검하고 전문가의 지도를 받습니다.
- **발달 지원:** 아기의 발달에 맞는 자극을 제공하고, 필요한 경우 운동 치료를 받습니다.
- **영양 관리:** 모유 수유를 권장하며, 보충식을 제공하여 체중 증가를 모니터링합니다.
- **감염 예방:** 철저한 위생 관리와 예방 접종을 통해 감염을 방지합니다.
- **안정적인 환경:** 조산아는 외부 자극에 민감하므로 안정적이고 편안한 환경을 제공합니다.

부모님을 위한 꿀팁! 이럴 땐 이렇게!

1. 정기 건강 검진으로 조산아의 성장과 발달을 지속적으로 모니터링하세요.
2. 발달 검사와 심화 검사에 적극 참여하여 조기 발견과 치료를 도모하세요.
3. 발달 지연 징후가 보일 경우 소아청소년과나 소아재활의학과에서 발달 치료를 시작하세요.
4. 아이가 정서적, 사회적 어려움을 겪는다면 심리 전문가의 도움을 받아 지원해 주세요.
5. 충분한 영양과 안정된 환경을 제공하며, 감염 예방을 철저히 하세요.

조산아도 부모님의 따뜻한 관찰과 꾸준한 지원 속에서 건강하게 자라날 수 있습니다. 작은 성장도 함께 기뻐하며 아이의 발달 여정을 응원해 주세요!

Part 2

손과
소근육 발달

손가락 빠는 아이: 자연스러운 행동인가요?

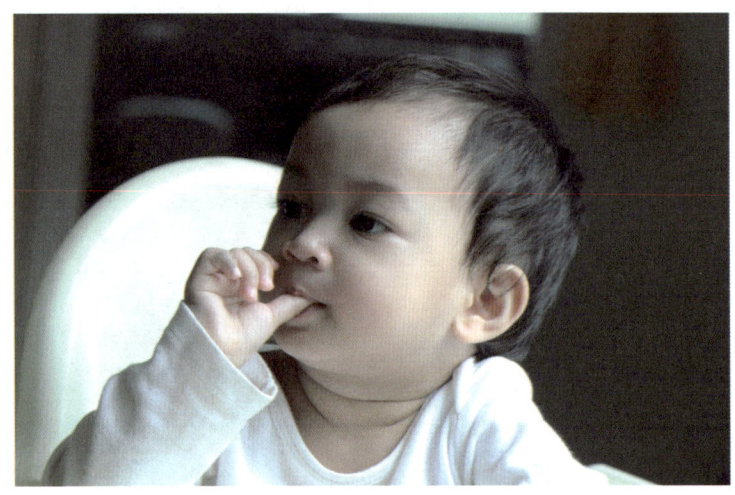

손가락 빨기는 아이들 사이에서 흔히 볼 수 있는 자연스러운 행동입니다. 신생아들은 출생 직후부터 이 행동을 본능적으로 보입니다. 약 90%의 신생아가 출생 후 2시간 이내에 손가락을 빠는 모습을 보인다고 합니다. 이번에는 아이들의 손가락 빨기 습관에 관해 알아보겠습니다.

손가락 빨기의 원인

아이들이 손가락을 빠는 이유는 다양합니다. 그중, 스트레스를 받거나 졸릴 때 손가락을 빠는 경우가 많습니다. 예를 들어, 낮잠 시간 전에 손가락을 빠는 아이가 규칙적인 수면 습관을 들이면서 이러한 행동이 줄어든 사례도 있습니다.

- **자기 위로:** 신생아 시절부터 나타나는 자기 위로 행동으로, 아이에게 안정감을 줍니다.
- **감정 조절:** 피곤하거나 불안할 때 손가락을 빨며 편안함을 느끼는 경우가 많습니다.
- **본능적 습관:** 언제 어디서나 쉽게 할 수 있어 아이들이 선호하는 행동입니다.

손가락 빨기를 멈추는 시기

대부분의 아이는 2~4세 사이에 손가락 빨기를 자연스럽게 멈춥니다. 하지만 스트레스 상황에서는 다시 손가락을 빨 수 있습니다. 이 시기에 부모가 아이에게 적절한 도움을 주면, 습관을 줄이는 데 도움이 됩니다.

- **애착 물건 제공:** 이불이나 부드러운 장난감은 심리적 위로를 줄 수 있습니다.
- **언어 표현 독려:** 언어 능력이 발달하며 감정을 말로 표현하는 것을 돕습니다.
- **신체 활동 독려:** 놀이와 같은 활동은 스트레스를 줄이는 데 효과적입니다.
- **사회적 상호 작용 권장:** 친구들과 어울리는 시간을 통해 안정감을 얻을 수 있습니다.
- **규칙적인 일상 유지:** 일정한 식사와 수면 패턴은 아이에게 안정감을 제공합니다.

손가락 빨기의 부작용

손가락을 오랫동안 빠는 습관이 지속되면 여러 문제가 생길 수 있습니다. 따라서 조기에 대처하지 않으면 장기적으로 영향을 미칠 가능성이 있습니다. 손가락 빨기가 지속된 아이 중 일부는 치아의 부정 교합이나 구강 구조 변형을 겪기도 했습니다.
- 치아와 구강 구조 변화
- 손가락 피부 손상 및 염증
- 세균 감염 위험 증가

6~7세에 영구치가 날 때도 손가락 빨기가 지속되면 치과적 문제가 발생할 수 있으므로 전문가 상담이 필요합니다.

손가락 빠는 행동 중단을 돕는 방법

손가락을 빠는 습관이 지속되지 않도록 아래 사항들을 시도해 보시기 바랍니다.

- **대체 행동 유도:** 손가락 대신 부드러운 장난감을 줘서 다른 행동으로 전환하세요.
- **일관된 규칙 설정:** "손을 입에서 빼고 다른 것을 가지고 놀자"와 같이 일관된 지침을 제공합니다.
- **긍정적 강화:** 손가락을 빨지 않을 때 칭찬이나 작은 보상을 제공해 긍정적 행동을 강화하세요.
- **부드러운 접근법 사용:** 아이의 감정을 이해하고 지지하는 태도를 유지하세요.
- **언어적 지원 제공:** 감정을 표현하도록 돕고, 손가락을 빠는 대신 말을 하도록 유도하세요.
- **안정적인 환경 조성:** 불안한 상황을 줄이고, 편안한 음악이나 부드러운 촉감을 제공해 안정감을 줍니다.
- **전문가의 도움받기:** 습관이 장기화하거나 치아 발달에 영향을 미친다면 전문가와 상담하세요.

부모님을 위한 꿀팁! 이럴 땐 이렇게!

손가락 빠는 행동은 아이가 안정을 찾는 자연스러운 방식일 수 있습니다. 그러나 장기간 지속되면 치아와 언어 발달에 영향을 줄 수 있습니다. 이럴 때 부모는 아이의 필요를 이해하며 대체 행동과 안정감을 제공해 습관을 줄여 주어야 합니다. 영구치가 날 때까지 지속되면 전문가의 진료가 필요할 수 있습니다.

1. 스트레스를 줄이세요: 아이가 스트레스를 받는 환경을 파악하고 이를 완화하려고 노력하세요.
2. 아이를 관찰하세요: 손가락을 빠는 시기와 상황을 기록해 보세요. 이를 통해 원인을 파악할 수 있습니다.
3. 칭찬과 격려를 아끼지 마세요: 손가락을 빨지 않을 때 긍정적인 반응을 보여 주세요.
4. 전문가와 상담하세요: 5세 이후에도 습관이 지속되거나 치아에 영향을 준다면 소아치과나 소아정신과에 방문하세요.

아이는 스스로 편안함을 찾으려 합니다. 부드러운 격려와 따뜻한 지원이 아이의 건강한 성장에 큰 힘이 됩니다.

한쪽 손을 더 쓰는 아이

손 사용 비대칭은 자연스러운 발달 과정의 일부일 수 있습니다. 하지만 한쪽 손만 사용하는 경향이 지속된다면 발달 지연이나 신경학적 문제가 있을 가능성이 있으므로 관찰이 필요합니다.

정상적인 손 사용 패턴

아이들은 출생 직후부터 손을 사용하며, 발달 단계에 따라 손 사용 패턴이 달라집니다. 부모는 이러한 발달 과정을 이해하고 관찰하는 것이 중요합니다.

- **0~3개월:** 신생아는 양손을 다 사용하지만, 손 움직임이 아직 잘 조절되지 않고 무작위로 움직입니다. 이 시기에 한 손을 더 많이 사용하는 경우는 없습니다.
- **3~6개월:** 양손을 번갈아 사용하며, 손으로 물건을 잡는 능력이 발달합니다. 아직 주된 손(우성 수)은 나타나지 않습니다.
- **6~12개월:** 아기는 양손을 사용해 물건을 잡고 조작하는 협응 능력이 향상됩니다. 이 시기에는 한 손을 더 사용하는 경향이 나타날 수 있습니다.
- **12~18개월:** 우성 수가 점차 결정되어 갑니다. 대부분의 아기는 18개월 전후로 우성 수가 뚜렷해집니다.
- **2세 이후:** 손 사용에서 일관성이 생기며, 우성 수가 명확해집니다. 일부 아기는 양손잡이로 남을 수 있습니다.

비대칭 손 사용에서 관찰 포인트

아기의 손 사용에서 비대칭이 나타날 경우, 부모는 다음의 관찰 포인트를 통해 상황을 평가할 수 있습니다.

- **어느 손을 더 자주 사용하나요?** 아기가 한 손으로만 주로 물건을 잡거나 놀이를 한다면 우성 수의 신호일 수 있습니다.
- **양손 협응이 부족한가요?** 블록 쌓기, 물건 옮기기 같은 활동에서 양손 사용이 어렵다면 비대칭적인 손 사용일 수 있습니다.
- **특정 손 선호가 지나치게 강한가요?** 한쪽 손을 지나치게 많이 사용하거나 다른 손을 거의 사용하지 않는 경우, 신경학적 문제가 의심될 수 있습니다.
- **몸의 다른 부분과 불균형이 있나요?** 한쪽 어깨가 더 올라가 있거나 자세가 비대칭적이라면 발달적 불균형을 나타낼 수 있습니다.
- **손의 발달이 지연되었나요?** 또래보다 손 사용이 늦거나 비정상적인 패턴을 보인다면 발달 지연의 신호일 수 있습니다.

우성 수란 무엇인가요?

우성 수는 주로 사용하는 손을 뜻하며, 이는 뇌의 좌우 반구 비대칭성과 관련이 있습니다. 인간의 약 90%는 오른손잡이, 나머지 10%는 왼손잡이 또는 양손잡이입니다. 우성 수는 보통 돌 무렵에 나타나며, 글씨 쓰기, 식사, 도구 사용 같은 활동에서 뚜렷하게 드러납니다. 그리고 다음의 신호가 있다면 발달 전문가의 상담이 필요합니다.

발달 점검 신호

다음과 같은 경우에는 발달 전문가의 상담이 필요할 수 있습니다.
- 또래보다 전반적으로 발달이 느릴 때
- 한 손이나 팔의 힘이 약하거나 움직임에 어려움을 보일 때
- 한쪽 손이나 관절이 굳어 있거나 지나치게 뻣뻣할 때
- 양손 협응이 현저히 떨어질 때

부모님을 위한 꿀팁! 이럴 땐 이렇게!

1. 아기의 손 사용 패턴을 꾸준히 관찰하며 기록해 보세요.
2. 블록 쌓기, 공 던지기, 그림 그리기 등 양손을 사용하는 활동을 권장해 보세요.
3. 적신호가 보이면 소아청소년과나 소아재활의학과에 방문해 전문가의 진단을 받으세요.
4. 또래 아이들과 비교해 행동을 참고하며 일반적 범위를 확인해 보세요.
5. 한쪽 손에만 의존하지 않도록 놀이와 활동을 다양하게 제공하세요.

아기의 손 사용은 발달의 중요한 부분입니다. 부모님의 관심과 적절한 조치는 아이의 균형 잡힌 성장을 돕는 데 유용합니다.

10

왼손잡이 아이 이해하기: 강점을 살리는 방법

왼손잡이 아이들은 전 세계 인구의 약 10%를 차지하며 독특한 신체적, 인지적 특징을 가지고 있습니다. 왼손잡이의 장점을 이해하고 환경을 조성해 주는 것은 아이의 자신감을 키우는 데 큰 도움이 됩니다.

왼손잡이의 특성

왼손잡이 아이들은 다음과 같은 특성을 보입니다.

- **창의성과 독창성:** 왼손잡이는 뇌의 오른쪽 반구를 더 활발하게 사용하는 경향이 있습니다. 예를 들어, 왼손잡이 아이들은 퍼즐을 풀거나 그림을 그

리는 활동에서 독창적인 접근 방식을 자주 보여 줍니다. 이는 창의력, 예술적 능력, 직관적 사고와 관련이 있습니다. 이러한 특성은 미술, 음악, 디자인 분야에서 두각을 나타낼 기회를 제공합니다. 레오나르도 다빈치, 파블로 피카소, 빌 게이츠, 그리고 오프라 윈프리와 같은 창의적인 인물들도 왼손잡이였습니다.

- **문제 해결 능력:** 왼손잡이는 비전통적인 접근 방식으로 문제를 해결하는 경향이 있습니다. 이는 논리적 사고보다 직관적 사고를 활용하기 때문입니다. 이러한 접근 방식은 복잡한 상황에서 유연하게 대처하며 창의적인 해결책을 찾는 데 도움이 됩니다.
- **운동 능력:** 왼손잡이는 스포츠나 신체 활동에서 강점을 보이는 경우가 많습니다. 야구, 테니스, 펜싱 등에서 왼손잡이는 익숙하지 않은 움직임을 통해 경쟁력을 발휘할 수 있습니다.
- **유연한 사고방식:** 오른손잡이 중심으로 설계된 세상에서 살아가면서, 왼손잡이는 자연스럽게 다양한 도전에 적응하며 유연하고 창의적인 사고를 발달시킵니다.

왼손잡이가 오른손잡이보다 IQ가 높다는 명확한 근거는 없습니다. 한편, 자폐 스펙트럼 장애나 조현병을 앓는 사람이 왼손잡이인 비율이 일반인보다 더 높다는 연구 결과도 있습니다.

우성 수와 비우성 수는 어떻게 정해질까요?

우성 수는 유전과 환경의 영향을 받아 결정됩니다. 왼손잡이 부모의 자녀가 왼손잡이가 될 확률이 높다는 연구와, 일란성 쌍둥이에서 우성 수가 일치할 가능성이 더 크다는 연구는 유전의 역할을 보여 줍니다. 전 세계 인구의 약 90%는 오른손잡이로, 이들의 언어 중추는 좌측 대뇌 반구에 있습니다.

반면 나머지 10%는 왼손잡이거나 양손잡이로, 언어 중추가 주로 우측 대뇌 반구에 자리 잡고 있습니다. 이와 관련된 연구는 계속 진행 중입니다.

사회적 환경도 중요한 역할을 합니다. 일부 부모는 아이가 오른손을 쓰도록 유도하기도 하지만, 이는 아이의 자연스러운 발달 과정을 방해할 수 있습니다. 따라서 우성 수는 유전과 환경이 복합적으로 작용하여 결정됩니다.

우성 수는 왜 기능이 더 뛰어날까요?

우성 수는 비우성 수보다 기능적으로 더 발달한 경우가 많습니다. 이는 대뇌 백질 다발의 비대칭성 때문입니다. 두정엽과 전두엽을 연결하는 신경 섬유 다발이 우성 수를 더 빠르고 정확하게 움직이게 돕습니다.

세계 왼손잡이의 날

왼손잡이를 보는 부정적 인식은 과거보다 많이 사라졌지만, 오늘날에도 대부분의 도구와 환경이 오른손잡이를 기준으로 설계되어 왼손잡이들이 불편함을 겪을 때가 많습니다. 이를 개선하고 왼손잡이 인식을 높이기 위해 8월 13일은 세계 왼손잡이의 날로 지정되었습니다. 이날에는 왼손잡이를 위한 워크숍, 전시회, 교육 캠페인이 열립니다. 이를 통해 다양한 사람들이 왼손잡이의 장점을 이해하고 기념할 기회를 가질 수 있습니다.

왼손잡이 아동을 위한 지원법

왼손잡이는 비정상적인 것이 아닙니다. 아이의 특성일 뿐이니 자연스럽게 아이가 왼손을 쓸 수 있도록 지원해 주십시오.

- **왼손잡이를 강제로 교정하지 않기:** 아동이 자연스럽게 왼손을 사용할 수 있도록 격려해야 합니다. 억지로 교정하려는 시도는 뇌 발달에 부정적 영향을 미칠 수 있습니다.

- **적합한 도구 제공:** 왼손잡이용 가위, 펜, 그리고 작업 공간을 제공하여 아이가 일상에서 느끼는 불편함을 줄여야 합니다.
- **필기 지원:** 왼손잡이 아동은 손이 이미 쓴 글씨를 덮을 때가 많습니다. 그러니 노트를 약간 기울여 쓰거나, 손목을 덜 구부리게 지도하면 더 편안하게 글씨를 쓸 수 있습니다. 예를 들어, 노트를 왼쪽으로 30도 기울이거나, 왼손잡이용 펜 사용도 도움이 됩니다.
- **개인화된 학습 방법 제공:** 왼손잡이 아동은 시각 자료와 그림을 활용한 학습 방식에서 더 큰 효과를 볼 수 있습니다.
- **왼손잡이를 위한 환경 조성:** 가정과 학교에서 도구 배치나 공간 활용을 통해 아동의 편의를 고려해야 합니다.
- **긍정적인 피드백 제공:** 아동에게 왼손잡이의 장점을 설명하며 자부심을 키워 주세요. 어려움을 겪더라도 긍정적인 피드백과 지지를 통해 자신감을 심어 주는 것이 중요합니다.

부모님을 위한 꿀팁! 이럴 땐 이렇게!

1. 아이가 왼손잡이라면 억지로 교정하지 마세요. 이는 오히려 스트레스를 유발할 수 있습니다.
2. 왼손잡이 전용 가위나 필기구를 준비하여 아이가 편하게 쓸 수 있도록 하세요.
3. 창의력과 예술성을 발휘할 수 있는 활동을 장려하세요. 미술, 음악, 퍼즐 등은 아이의 강점을 살리는 데 좋습니다.
4. 왼손잡이에 관해 부정적인 말을 들었다면 아이에게 왼손잡이의 강점을 다시 한 번 알려 주어 자존감을 높여 주세요.
5. 스포츠 활동에서 왼손잡이의 장점을 활용할 기회를 제공하세요. 야구나 테니스 같은 스포츠에서 유리한 점을 격려하세요.

아이의 독특한 강점을 긍정적으로 바라보고, 적절한 환경과 지원을 제공해 주세요. 그러면 아이가 자신감을 가지고 성장할 수 있습니다.

엄지손가락이 구부러져 있어요!

우리 아이의 엄지손가락이 구부러져 있다면, '우리 아이는 왜 이럴까?' 하고 걱정되실 겁니다. 물건을 쥐려고 할 때 엄지가 펴지지 않아 힘들어하는 모습을 볼 수도 있습니다. 아이들의 엄지 변형에 관해 알아보겠습니다.

엄지 발달 과정

신생아는 대부분 주먹을 쥐고 있습니다. 그러다가 생후 약 45일이 되면 주먹을 펴고 엄지가 손바닥 밖으로 나옵니다. 정상적으로 발달하는 아이는 생후 7개월쯤 되면 더 이상 엄지가 손바닥 안으로 구부러져 있지 않습니다. 따라서 6~7개월 이후에도 엄지가 계속 구부러져 있다면 발달 이상을 의심해 보아야 합니다.

소아 방아쇠 엄지와 선천성 갈고리 엄지 변형

아이의 엄지가 구부러져 있다면, 이것이 소아 방아쇠 엄지인지 선천성 갈고리 변형인지부터 구별해야 합니다. 이때 엄지의 어느 관절이 구부러져 있는지를 확인하는 것이 중요합니다.

소아 방아쇠 엄지는 엄지의 지간 관절(손가락뼈 사이의 관절)이 제대로 펴지지 않을 때입니다. 선천성 갈고리 엄지 변형은 중수지절 관절이 구부러져 있는 경우입니다.

두 상태는 원인과 치료 방법이 다르므로 각각의 특징을 살펴보겠습니다.

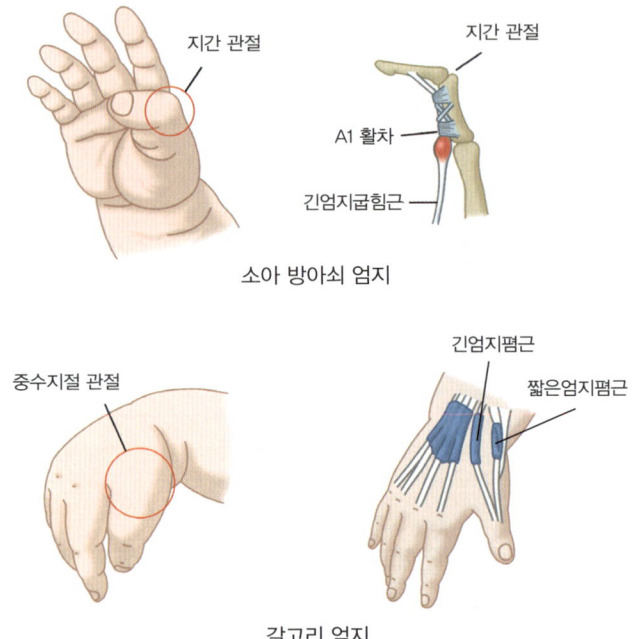

소아 방아쇠 엄지

갈고리 엄지

소아 방아쇠 엄지

소아 방아쇠 엄지는 긴엄지굽힘근$^{flexor\ pollicis\ longus}$의 힘줄이 지나가는 A1 활차^{pulley} 크기가 작아 힘줄이 걸려 발생합니다. 이 때문에 엄지의 지간 관절이 펴지지 않고 구부러져 있습니다.

- **원인:** 힘줄이 지나가는 활차가 좁아 힘줄이 걸려 발생하며, 아이들의 손이 작아 공간이 부족한 것이 주요 원인입니다.
- **유병률:** 1,000명 중 약 3명꼴로 발생하며, 약 25%는 양손에 나타납니다.
- **치료:** 초기에는 보조기를 사용해 손가락을 펴는 자세를 유지해 증상을 완화할 수 있습니다. 심한 경우 조기 수술을 고려합니다.

선천성 갈고리 엄지 변형

선천성 갈고리 엄지 변형은 중수지절 관절이 펴지지 않는 상태를 말하며, 엄지와 두 번째 손가락 사이 간격이 좁아지는 특징이 있습니다. 다른 손가락이나 팔다리에 이상이 동반될 가능성도 있습니다.

- **원인:** 짧은엄지폄근$^{\text{extensor pollicis brevis}}$과 긴엄지폄근$^{\text{extensor pollicis longus}}$의 발달 이상으로 발생합니다.
- **유형:** 강제로 펴면 펴지는 경우, 관절이 굳어 강제로도 펴지지 않는 경우, 다른 손가락도 펴지지 않는 경우 등으로 나뉩니다.
- **치료:** 초기에는 보조기를 사용하며, 효과가 없다면, 수술이 필요할 수 있습니다.

부모님을 위한 꿀팁! 이럴 땐 이렇게!

1. 6~7개월 이후에도 엄지가 손바닥 안으로 구부러져 있다면 소아청소년과에 방문하세요.
2. 아이가 '짝짜꿍'이나 '쥠쥠' 같은 동작을 잘하지 못한다면 손 근육 발달 상태를 확인해 보세요.
3. 소아 방아쇠 엄지의 경우, 30도 이상 구부러져 있거나 통증이 있다면 재활의학과나 정형외과 전문의에게 상담을 받아 보세요.
4. 선천성 갈고리 엄지 변형이 의심되면 재활의학과나 정형외과 상담을 통해 추가적인 이상 여부를 확인하세요.

엄지는 일상생활에서 아주 중요한 역할을 합니다. 조기에 관심을 갖고 적절하게 도와주면, 아이는 보다 건강하고 자유롭게 손을 사용할 수 있게 됩니다.

Part 3
다리 발달과 자세 체크

12
아이들의 다리 발달과 걸음걸이 문제: 오다리, X자 다리, 팔자걸음, 안짱걸음

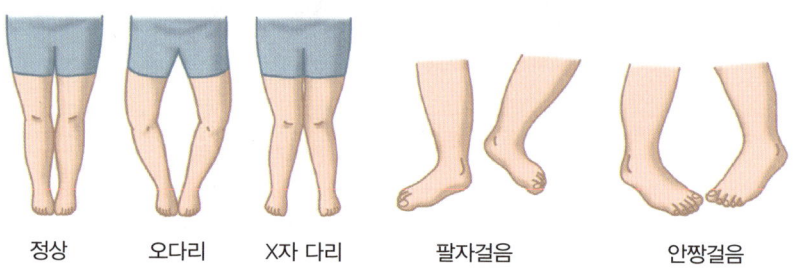

정상   오다리   X자 다리   팔자걸음   안짱걸음

어린아이들의 걸음걸이와 다리 모양은 성장 과정에서 다양한 변화를 겪습니다. 대부분은 자연스럽게 교정되지만, 때로는 전문적인 진단과 치료가 필요하기도 합니다.

다리 모양과 특징, 원인, 관리법

이번에는 오다리, X자 다리, 팔자걸음, 그리고 안짱걸음의 특징, 원인, 관리 방법을 알아보겠습니다.

오다리(외반슬): 무릎 사이가 벌어진 O자 모양 다리

- **특징:** 오다리는 발목을 붙였을 때 무릎 사이에 간격이 생기며, 3세 이상에서 간격이 6cm 이상이라면 오다리를 의심할 수 있습니다.
- **원인:** 오다리는 다리가 바깥쪽으로 휘어져 무릎 사이에 간격이 생기는 상

태로, 생후 2~3세까지는 자연적으로 교정되는 생리적 현상일 수 있습니다. 그러나 구루병, 블런트씨병, 뼈 형성 부전증 같은 병적 원인으로 발생할 수도 있습니다.

- **관리법**

  자연 교정: 대부분 2~3세까지는 자연스럽게 교정됩니다.

  치료: 구루병이나 블런트씨병 등 병적 원인이라면, 비타민 D를 보충해 주고, 교정 보조기 사용합니다. 수술이 필요한 경우도 있습니다.

X자 다리(내반슬): 무릎이 붙는 X자 모양 다리

- **특징:** 무릎이 안쪽으로 휘어져 무릎이 붙지만, 발목 사이에 간격이 생기는 상태입니다. 이는 단순히 다리 모양의 문제로 끝나지 않습니다. 무릎과 발목의 정렬이 깨지면 체중이 불균형하게 분배되고, 관절에 과도한 스트레스가 가해질 수 있습니다. 장기적으로는 관절염과 같은 질환으로 이어질 가능성도 있습니다.

- **원인:** X자 다리는 무릎이 붙고 발목이 떨어지는 상태로, 3~4세 무렵에 나타나 7~8세쯤 교정되는 일이 많습니다. 그러나 비만, 구루병, 또는 관절 구조의 선천적 결함이 원인일 수 있습니다.

- **관리법**

  자세 교정: 아이가 다리를 꼬는 버릇이 생기지 않도록 주의를 기울이고, 체중 관리를 통해 다리에 가해지는 부담을 줄입니다.

  운동: 무릎 주변 근육을 강화하는 운동이 도움이 됩니다.

  치료: 심한 경우 교정 보조기나 수술적 치료가 필요할 수 있습니다.

팔자걸음(외반 보행): 바깥쪽으로 벌어진 발 모양

- **특징:** 팔자걸음은 걸을 때 발끝이 지나치게 바깥쪽으로 벌어지는 모습으로 나타납니다. 정상적인 걸음에서는 발끝이 약간 바깥쪽으로 벌어지는데, 평

균 각도는 5~10도입니다. 그러나 발끝이 10~15도로 벌어진다면, 가벼운 팔자걸음으로 간주할 수 있습니다. 큰 문제는 없을 수 있지만, 교정이 필요할 때도 있습니다. 발끝 각도가 15도 이상 벌어진다면 관절 문제, 근육 불균형, 또는 골격 이상이 원인일 가능성이 크기 때문에 정밀한 평가와 치료가 필요합니다.

- **원인:** 팔자걸음은 발끝이 바깥쪽으로 벌어지는 걸음걸이로, 가족력, 잘못된 자세, 비만 등이 주요 원인으로 작용합니다. 허벅지 뼈나 정강이뼈의 회전 이상, 근육 불균형, 외상 등도 영향을 미칠 수 있습니다.
- **관리법**

  운동: 발뒤꿈치부터 발끝 순으로 걷는 연습과 고관절 근육 강화 운동을 시행합니다.

  신발 선택: 발에 맞고 충격 흡수가 잘되는 신발을 착용합니다.

  치료: 심각한 경우 보조기 사용이나 수술이 필요할 수 있습니다.

안짱걸음(내반 보행): 안쪽으로 모이는 발 모양

- **특징:** 안짱걸음은 발끝이 안쪽으로 향하며 걷는 모습으로, 아이가 W 자세로 자주 앉는다면 안짱걸음과 관련이 있을 가능성이 큽니다.
- **원인:** 안짱걸음은 허벅지 뼈의 과한 내회전, 정강이뼈의 과한 내회전, 또는 발의 내회전 같은 구조적 문제가 주요 원인입니다. 대부분 성장 과정에서 자연히 교정되지만, 특정 상황에서는 치료가 필요할 수 있습니다.
- **관리법**

  운동 및 스트레칭: 고관절과 정강이뼈의 회전을 개선하기 위한 운동을 합니다.

  W 자세 교정: 아이가 W 자세로 앉지 않도록 지도합니다.

  치료: 보조기를 사용해 치료하지만, 수술적 교정이 필요할 수 있습니다.

부모님을 위한 꿀팁! 이럴 땐 이렇게!

1. 아이의 다리와 걸음걸이를 주기적으로 관찰하세요. 성장 과정에서 자연히 교정되지 않거나 점점 심해진다면, 정형외과나 재활의학과 전문의의 진단을 받으세요.
2. 아이가 걷는 모습을 자주 관찰하고 기록해 보세요. 예를 들어, 영상으로 걸음걸이를 촬영하여 변화를 점검할 수 있습니다.
3. 적절한 운동과 바른 자세를 생활화하도록 도와주세요. 놀이를 통해 자연스럽게 교정할 수 있습니다.
4. 아이에게 맞는 신발을 신기고, 걷는 습관을 점검하세요. 발에 무리가 가지 않도록 유의하세요.

건강한 다리와 올바른 걸음걸이는 아이의 자신감 있는 성장을 위한 소중한 밑거름이 됩니다. 부모님의 따뜻한 관심과 꾸준한 응원이 아이에게 큰 힘이 되어 줄 것입니다.

13
까치발 걸음

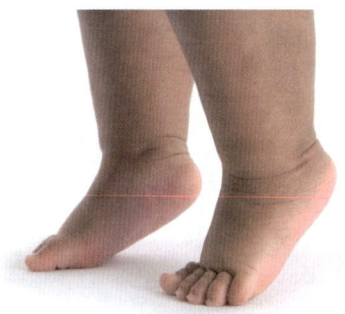

　아이들의 걸음걸이에서 흔히 볼 수 있는 까치발 걸음을 알아보겠습니다. 이 현상은 단순히 귀엽고 독특한 걸음걸이로 끝나는 것이 아니라, 성장과 발달 과정에서 중요한 신호가 될 수 있습니다.

까치발 걸음이란?

　까치발 걸음은 아동이 발끝으로 걷고 발뒤꿈치가 땅에 닿지 않는 상태입니다. 이 걸음은 주로 어린 아동에게 나타나며 대개 시간이 지나면서 자연스럽게 개선됩니다. 그러나 지속되거나 심해지면, 문제가 될 수 있습니다. 까치발 걸음은 주로 3세 이하 아동에게 나타나며 대개 시간이 지나면서 자연스럽게 사라집니다. 하지만 발달 지연이 있는 아동에게는 까치발 걸음이 더 자주 관찰됩니다.

까치발 걸음의 원인

까치발 걸음은 다양한 원인으로 나타날 수 있습니다. 주요 원인은 다음과 같습니다.

- **발달적 요인:** 걸음걸이를 배우는 초기 단계에서 발끝으로 걷는 습관은 정상일 수 있으며, 시간이 지나면서 개선됩니다.
- **근육 발달 부족:** 하체 근육과 발목 근육 발달이 부족하면 발끝으로 걷게 될 수 있습니다.
- **아킬레스건 단축:** 발꿈치에 붙은 아킬레스건이 짧거나 경직되면 발뒤꿈치가 바닥에 닿지 않을 수 있습니다.
- **기타 근골격계 문제:** 근육 긴장, 발목 비대칭 등이 원인일 수 있습니다.
- **신경학적 문제:** 뇌성마비 등 신경학적 장애가 관련될 수 있습니다.
- **심리적 요인:** 불안감이나 자신감 부족이 원인이 될 수 있습니다.

자폐 스펙트럼 장애와 까치발 걸음

자폐 스펙트럼 장애 아동에게서 까치발 걸음이 더 자주 나타납니다. 예를 들어, 정상 발달 아동의 경우 36개월에 2%만이 까치발 걸음을 보이지만, 자폐 아동은 6세에도 20%가 까치발 보행을 보입니다. 까치발 걸음이 자폐와 관련될 가능성이 있는 요인으로는 다음이 있습니다.

- 발뒤꿈치가 지면에 닿는 자극에서 느끼는 불편함
- 근력 저하 또는 저 긴장도로 나타나는 자세 보상
- 전정 기능의 이상

치료의 필요성

까치발 걸음은 대부분 자연스럽게 개선됩니다. 그러나 특정 상황에서는 적절한 치료가 필요합니다. 치료는 아이의 걸음걸이가 근골격계 발달, 신경 건강, 심리적 안정에 영향을 미칠 수 있기 때문에 중요합니다. 다음과 같은 경우에는 전문가의 상담을 권장합니다.

- 3세 이후에도 지속된다면: 근육 발달 부족이나 근골격계 이상을 의심해야 합니다.
- 심각한 통증이 동반된다면: 즉각 치료가 필요합니다.
- 기타 발달 이상 징후가 있다면: 전문가의 상담을 받아야 합니다.
- 5세 이후에도 변화가 없다면: 근육 발달이나 신경학적 문제가 있을 수 있으므로 치료를 시작해야 합니다.

치료 방법

까치발 걸음의 치료는 원인에 따라 달라집니다. 주요 치료 방법은 다음과 같습니다.

- **물리 치료:** 근육 강화 운동과 스트레칭을 통해 발뒤꿈치를 바닥에 내릴 수 있도록 돕습니다.
- **보조기 사용:** 발꿈치를 내릴 수 있도록 돕는 장치를 착용합니다.
- **수술적 치료:** 아킬레스건 단축이 심하다면, 수술이 필요할 수 있습니다.
- **심리적 치료:** 심리적 요인이 원인이라면, 상담이나 행동 치료를 병행합니다.

예방과 관리법

- **적절한 신발 착용:** 지지력이 좋은 신발을 착용하도록 합니다.
- **운동과 스트레칭:** 하체 근육을 강화하고 발목을 유연하게 하는 운동을 꾸준히 시행합니다.
- **정기 관찰:** 아동이 3세 이후에도 까치발 걸음을 보이면 전문가의 진료를 받습니다.

까치발 걸음의 발달 점검 신호

까치발 걸음이 병적일 수 있어, 다음과 같은 상황에서는 주의가 필요합니다.

- 뇌성마비, 자폐 스펙트럼 장애, 근이영양증 또는 근육병의 가족력이 있는 경우
- 발달 지연이 동반된 경우
- 한쪽 발만 까치발 걸음을 하는 경우
- 통증이 동반된 까치발 걸음
- 최근에 시작된 까치발 걸음
- 5세 이후에도 지속되는 경우

이러한 증상이 보인다면 전문가의 진단을 받아야 합니다.

부모님을 위한 꿀팁! 이럴 땐 이렇게!

1. 까치발 걸음이 지속된다면: 5세 이후에도 지속되면 병원에 방문하세요.
2. 통증이 동반되거나 최근 시작되었으면: 정형외과나 재활의학과에 방문해 정확한 평가를 받아 보세요.
3. 발달 지연이나 가족력이 있는 경우: 소아청소년과나 소아재활의학과 전문의의 발달 평가를 받으세요.
4. 수술 후 관리: 재활 치료와 꾸준한 스트레칭을 통해 회복을 지원하세요.

아이의 보행은 단순한 움직임이 아니라 건강 상태를 알리는 중요한 신호입니다. 아이가 새로운 걸음을 시작하거나 변화가 있다면, 이를 놓치지 말고 전문가와 상의해 보세요. 부모의 세심한 관찰이 아이의 건강한 성장을 돕습니다!

14

우리 아이의 발 건강, 어떻게 챙길까요?

아이들의 성장과 발달에 중요한 발 건강을 챙기는 간단하고 실질적인 팁을 알려 드리겠습니다. 아이의 발은 단순히 걸음걸이에 그치지 않고 온몸 건강과 밀접한 관련이 있으니 주의를 기울이셨으면 합니다.

선천성 내반족

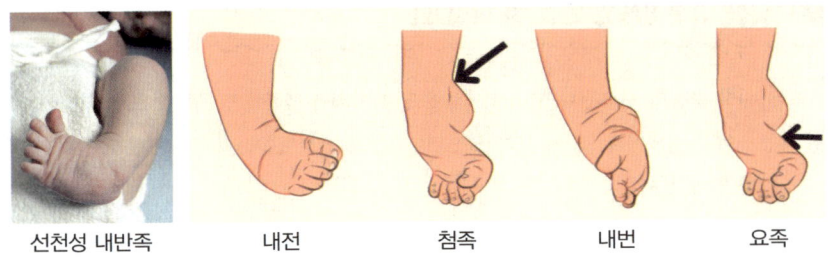

선천성 내반족   내전   첨족   내번   요족

선천성 내반족이란?

선천성 내반족은 아기가 태어날 때 발이 안쪽으로 심하게 휘어진 상태입니다. 이 상태는 아이가 태어날 때 자연스럽게 발생할 수 있지만, 적절한 치료를 통해 교정할 수 있습니다.

증상

주로 발끝이 안쪽으로 돌려져 있으며, 발목이 비정상적으로 기울어져 있습니다. 정상적 발달 과정에 안 좋은 영향을 끼칠 수 있으며, 대부분 조기 치료로 해결할 수 있습니다.

치료법

빠른 치료가 가장 중요합니다. 폰세티^{Ponseti} 방법은 비수술적 치료의 표준으로, 석고로 발을 고정해 점진적으로 교정하는 방식입니다. 석고 고정은 총 5~7회 진행되며, 매주 석고를 교체합니다. 이 과정은 보통 5~7주 동안 이어집니다. 교정 후, 데니스 브라운 보조기 같은 장치를 사용해 재발을 방지합니다.

부모님을 위한 꿀팁! 이럴 땐 이렇게!

만약 선천성 내반족이 의심된다면, 생후 1~2개월 이내에 소아정형외과에 방문하여 조기 치료를 받는 것이 중요합니다. 치료가 빠를수록 효과적인 교정이 가능합니다. 대부분의 아이는 1년 이내에 정상적인 발 상태로 돌아옵니다!

발 아치의 발달

발 아치란?

발 아치는 발의 중심 부분이 위로 솟아나 있는 구조로, 체중을 지탱하고 걸을 때 중요한 역할을 합니다. 발 아치는 아이가 성장하면서 점차 발달하게 됩니다.

발달 시기

아기들은 태어날 때 발에 아치가 없으며, 2~3세에 아치가 조금씩 형성됩니다. 대부분의 아이는 5세까지 발 아치가 잘 발달하게 됩니다.

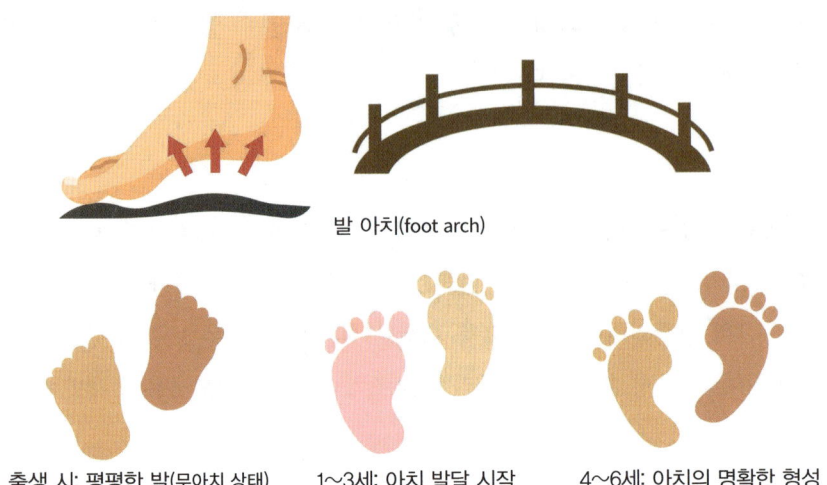

발 아치(foot arch)

출생 시: 평평한 발(무아치 상태)   1~3세: 아치 발달 시작   4~6세: 아치의 명확한 형성

부모님을 위한 꿀팁! 이럴 땐 이렇게!

아이들이 맨발로 걷는 시간을 충분히 가질 수 있도록 도와주세요. 맨발 걷기는 발 아치 발달에 큰 도움이 됩니다. 특히, 안전한 실내에서 맨발로 자유롭게 활동하는 것이 좋습니다.

유연성 평발

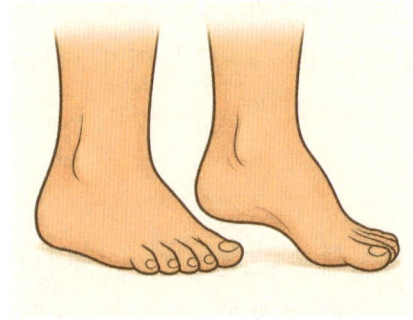

유연성 평발이란?

유연성 평발은 아이가 서 있을 때 발이 평평하게 보이지만, 앉거나 쉬고 있을 때 발 아치가 자연스럽게 생기는 상태입니다. 이 상태는 대부분의 아이에게 나타날 수 있으며, 크게 걱정할 필요는 없습니다. 유연성 평발은 다음 요인들로 발생할 수 있습니다.

- **발의 정상적인 발달 과정:** 신생아나 유아는 발의 아치가 아직 발달하지 않은 상태이며, 이는 나이가 들면서 점차 형성됩니다.
- **연부 조직의 유연성:** 어린아이들은 인대와 근육이 매우 유연하여, 체중을 지탱할 때 발바닥의 아치가 평평해질 수 있습니다.
- **유전적 요인:** 부모 중 한 명이 평발이라면 자녀에게도 평발이 나타날 가능성이 큽니다.
- **과체중:** 체중으로 발바닥 아치가 눌려 평발이 더 두드러질 수 있습니다.
- **근육 및 인대 약화:** 발을 지지하는 근육이나 인대가 약하면 아치가 쉽게 무너질 수 있습니다.

문제가 되나요?

유연성 평발은 대개 특별한 치료가 필요하지 않으며, 시간이 지나면서 자연스럽게 발에 아치가 생기기도 합니다.

부모님을 위한 꿀팁! 이럴 땐 이렇게!

유연성 평발을 가진 아이는 특별한 증상을 보이지 않는 경우가 많습니다. 다만, 발의 통증을 호소하거나 걷기 힘들어할 경우, 소아정형외과에서 확인해 보는 것이 좋습니다. 발 근육을 키울 수 있도록 다양한 운동을 시켜 주세요.

강직성 평발

강직성 평발이란?

유연성 평발은 발에 무게를 싣지 않으면 아치가 형성되는 반면, 강직성 평발은 무게와 관계없이 아치가 나타나지 않습니다. 이는 근골격계 문제나 선천적 발의 기형 때문일 가능성이 큽니다. 강직성 평발은 발목과 발에 통증을 유발하며, 운동 능력에 제약을 줄 수 있습니다. 예를 들어, 발목 비틀기나 발끝으로 서기 같은 동작이 어려울 수 있습니다. 또한, 달리기와 같은 고강도 활동 시 통증이 심해지기도 합니다. 통증은 걷거나 운동할 때 더 심해지기도 합니다. 주요 원인으로는 발뼈 사이의 융합$^{tarsal\ coalition}$, 선천적 기형, 외상이 있습니다.

치료

강직성 평발은 발의 기능에 문제를 일으킬 수 있으므로 치료가 필요할 수 있습니다. 치료가 늦어지면, 발과 발목에 무리가 가서 성장에 영향을 줄 수 있습니다.

부모님을 위한 꿀팁! 이럴 땐 이렇게!

강직성 평발이 의심된다면, 빠르게 전문가와 상담하여 발의 상태를 점검받는 것이 좋습니다. 보조기나 맞춤형 신발을 통해 교정할 수 있으며, 이 치료가 발달에 큰 도움이 될 수 있습니다.

소아 평발 보조기

소아 평발 보조기란?

평발 보조기는 발바닥의 아치를 지지하고 발의 기능을 개선하며, 불편함을 줄이는 데 도움을 주는 장치입니다. 장시간 서 있거나 공원에서 친구들과 뛰어놀거나 체육 수업에서 활동할 때 발에 가해지는 부담을 줄여 아이가 더 편안하고 자유롭게 움직일 수 있도록 돕습니다. 특히 아이가 평발로 통증을 느끼거나 발 문제가 지속될 때 보조기를 사용하면 통증이 줄고 걸음걸이가 더 안정될 수 있습니다.

평발 보조기의 주요 기능

- **발의 아치 지지**: 평평한 발바닥을 받쳐 주어 체중이 발 전체에 고르게 분포되도록 돕습니다.
- **통증 완화**: 발, 발목, 무릎 등에 생길 수 있는 통증을 줄여 줍니다.
- **발 기능 개선**: 올바른 걸음걸이와 운동 능력을 돕습니다.
- **근육 피로 감소**: 발의 균형을 맞춰 장시간 서 있거나 걷는 동안 근육 피로를 줄입니다.

언제 사용하나요?

아이의 평발로 통증이 있거나, 걷기 어려울 때 소아 평발 보조기를 사용하면 도움이 됩니다.

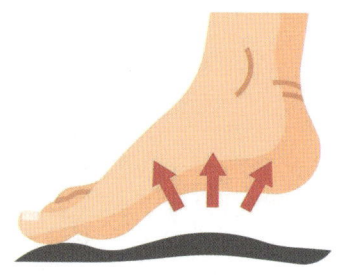

소아 평발 보조기

부모님을 위한 꿀팁! 이럴 땐 이렇게!

보조기를 착용하면 발의 부담을 줄일 수 있으므로, 전문의의 처방을 받았다면 꾸준히 착용하도록 도와주세요. 보조기를 적절히 사용하면 아이의 발 건강과 발달에 많은 도움이 될 것입니다.

튼튼한 발은 건강한 성장을 위한 든든한 기반이 됩니다. 부모님의 세심한 관심과 응원이 아이의 밝은 걸음을 힘차게 이끌어 줄 것입니다.

15

다리 길이가 다른 아이

아이의 다리 길이가 달라 보인다면, 당연히 걱정될 것입니다. 그러나 대부분의 사람은 10mm 미만의 차이를 보입니다. 그러니 좌우 다리 길이가 10mm 이상 차이가 난다면, 그때 점검을 고려해 보시면 됩니다. 다리 길이 차이가 무엇을 뜻하는지, 이를 확인하고 해결하는 방법에는 어떤 것이 있는지 지금부터 알아보겠습니다.

가정에서 확인하는 방법

아이의 다리 길이 차이는 다음과 같은 방법들로 확인할 수 있습니다.

- **시각적인 차이 관찰:** 아이가 서 있을 때 두 다리의 길이 차이를 눈으로 확인해 보세요. 한쪽 다리가 유난히 짧거나 길어 보일 수 있습니다.
- **앉았을 때 다리 길이 비교:** 아이가 앉았을 때 두 다리의 길이가 대칭이 맞지 않거나, 한쪽 다리가 더 높게 올라가는 느낌이 들면 다리 길이 차이가 있을 수 있습니다.
- **발끝 및 무릎 위치 확인:** 아이가 서 있을 때 무릎 높이가 대칭인지 확인합니다. 한쪽 무릎이 더 높거나 낮다면 다리 길이 차이를 의심할 수 있습니

다. 또한 발끝이 다른 방향을 향하거나 발바닥이 다르게 닿는 것도 다리 길이 차이로 나타나는 신호일 수 있습니다.

- **걸음걸이 관찰:** 아이가 걷는 동안 걸음걸이가 비대칭이라면 다리 길이 차이가 있을 가능성이 있습니다. 예를 들어, 한쪽 다리를 더 길게 내딛거나, 한쪽 발이 자연스럽게 더 많이 닫힌다면 이에 해당합니다.
- **허리와 골반 확인:** 다리 길이가 다르면 골반이 기울어져 보일 수 있습니다. 아이가 앉을 때 골반이 한쪽으로 기울거나 비대칭으로 보인다면 다리 길이에 차이가 있을 가능성이 있습니다.
- **걸을 때 아이의 반응 확인:** 다리 길이 차이가 있는 아이는 걷는 데 불편함을 느끼거나 빨리 피로해질 수 있어요. 아이가 걷는 데 자주 불편함을 호소하거나 피곤해하며 절뚝거린다면 다리 길이 차이를 확인해 볼 필요가 있습니다.
- **다리 길이 재기:** 아이가 누워 있을 때 발꿈치에서 엉덩이까지의 길이를 측정하여 양쪽 다리를 비교해 보세요. 차이가 크다면 병원에 방문하여 진단을 받는 것이 좋습니다.

병원 방문이 필요한 시점

병원에서는 다리 길이를 정확히 측정하고 발달에 미치는 영향을 평가합니다.

- **걷는 데 어려움이 있다면:** 절뚝거리거나 불편함을 느끼는 경우.
- **다리 길이 차이가 눈에 띄게 심하다면:** 1cm 이상의 차이는 발달에 영향을 미칠 수 있습니다.
- **골반이나 척추의 비대칭 증상이 나타난다면:** 골반이 기울어 보이거나 허리 통증이 있는 경우.
- **다리 길이 차이로 자세가 불균형하다면**
- **성장 과정에서 차이가 점점 심해진다면**

- 다른 건강 문제를 동반한다면: 발목, 무릎 통증 등.

> **다리 길이 확인과 치료 방법**
> - **정확한 측정:** 줄자로 측정하는 방법은 정확도가 떨어질 수 있으니, 전문가의 조언을 받아 보는 것이 유용합니다.
> - **척추 측만증 여부 점검:** 다리 길이 차이는 척추 측만증과 관련될 수 있으므로 척추 상태도 함께 점검합니다.
> - **다리 길이 차이의 원인 파악:** 성장판 손상, 블런트씨병, 고관절 이상
> - **치료 방법:** 교정 보조기와 물리 치료, 신발 깔창 사용, 뼈 연장술 또는 절단술, 성장판 수술

부모님을 위한 꿀팁! 이럴 땐 이렇게!

부모님의 꾸준한 관심과 적절한 관리가 아이의 건강한 성장을 돕습니다.

1. 정확한 측정 도구 활용하기: 아이의 양쪽 다리 길이가 차이가 난다는 느낌이 들면, 스캐노그램을 활용하세요.
2. 전문가 상담받기: 소아재활의학과나 정형외과에 찾아가서 아이의 성장판, 척추, 고관절 등을 점검하세요.
3. 운동 발달 관찰하기: 걷거나 뛰는 모습에 이상이 있다면 빠르게 확인하세요.
4. 주기적 점검: 성장기 아이들은 다리 길이를 정기적으로 확인하며 변화를 관찰하세요.

작은 차이도 놓치지 않는 부모님의 관심이 아이의 균형 있는 성장을 지켜 줍니다. 조기에 발견하고 따뜻하게 지원하면, 아이는 더 건강하고 당당한 걸음으로 세상을 누빌 수 있습니다.

Part 4

척추와
자세 건강

16
조기 척추 측만증

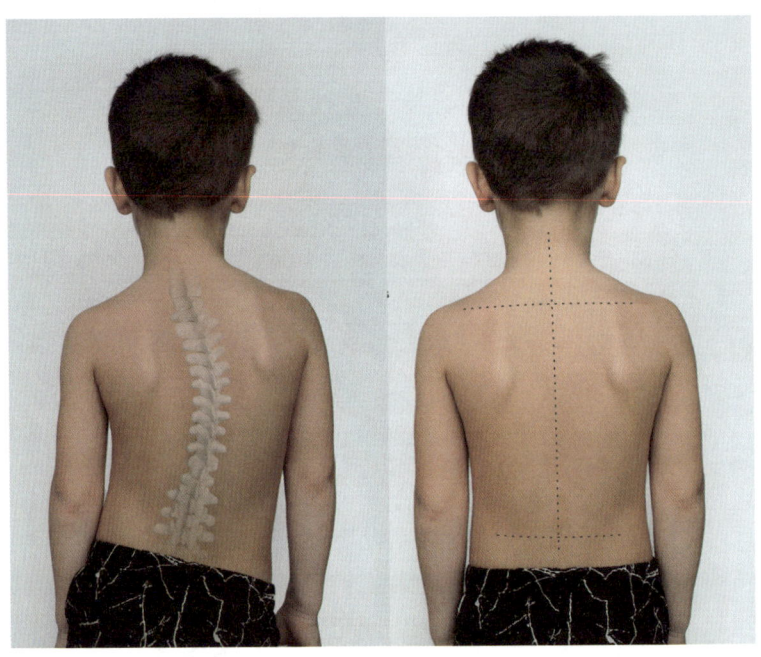

　우리 아이들의 건강한 성장과 올바른 자세는 척추 건강에서 시작됩니다. 척추 측만증scoliosis은 척추가 측면으로 비정상적으로 휘어지는 상태로, 어린 시절이나 청소년기에 발생할 수 있으며, 조기 발견과 치료가 중요합니다. 부모가 가정에서 척추 측만증을 조기에 발견하고 대처할 방법과 유의 사항을 알아보겠습니다.

조기 척추 측만증이란?

10세 이전에 발생한 척추 측만증을 조기 척추 측만증이라고 합니다. 이는 성장 중인 척추가 흉곽과 폐 발달에 큰 영향을 미치기 때문에 조기 발견과 치료가 매우 중요합니다. 또한, 척추와 흉곽의 성장이 폐 기능에 영향을 미칠 수 있으므로 적절히 치료하지 않으면 폐 발달이 저해되어 호흡 곤란 등의 건강 문제를 유발할 수 있습니다.

조기 척추 측만증의 원인

조기 척추 측만증이 나타나는 원인은 아래와 같습니다.
- **선천성 척추 측만증:** 척추 형성 이상으로 발생.
- **신경 및 근육 질환:** 뇌성마비, 듀센 근이영양증 등과 관련.
- **증후군과 동반된 경우:** 프라더-윌리, 마르판 증후군 등.
- **특발성 척추 측만증:** 원인을 알 수 없는 경우.

조기 척추 측만증 치료법

조기 척추 측만증은 크게 비수술적 치료와 수술적 치료로 나뉩니다.
- **비수술적 치료:** 보조기 착용, 척추 스트레칭 운동, 석고 고정법 등이 있습니다. 예를 들어, 보조기는 아이가 일상생활에서 편하게 착용할 수 있는 형태로 디자인되며, 스트레칭 운동은 공이나 롤러를 이용해 척추를 펴고 유연성을 높이는 방식으로 진행됩니다. 석고 고정법은 척추 교정을 위해 일시적으로 사용됩니다.
- **수술적 치료:** 성장형 금속 막대 삽입술이나 척추 고정술 시행.

조기 척추 측만증 관찰법

조기 척추 측만증을 조기에 발견하기 위해서는 다음 세 가지 방법으로 아이의 자세를 유심히 관찰해 보는 것이 중요합니다. 가정에서도 꾸준히 살펴보시길 권장합니다.

시각적 관찰법

- **뒤에서 아이를 관찰하기**: 아동이 똑바로 서 있을 때, 어깨높이와 골반의 높이를 비교하세요. 한쪽 어깨가 더 높거나 허리선이 비대칭이라면, 척추 측만증을 의심할 수 있습니다.
- **앞모습 관찰**: 팔을 자연스럽게 내려놓았을 때, 손끝의 높이가 동일하지 않다면 주의해야 합니다.
- **측면에서 관찰**: 머리, 어깨, 엉덩이가 일직선인지 확인합니다. 자세가 불균형하다면 척추 측만증의 징후일 수 있습니다.

움직임과 통증 체크

- **통증 여부 확인**: 허리나 등의 통증을 호소하거나, 어깨와 허리에 불편함을 자주 느낀다면 전문가의 진단이 필요합니다.
- **균형 감각 확인**: 걸을 때 균형을 자주 잃는다면 척추 문제가 있을 가능성이 있습니다.
- **활동 후 피로도 확인**: 신체 활동 후 지나치게 피로해하거나 체력이 쉽게 떨어졌다면, 척추 문제를 의심해 보세요.

특정 동작 테스트

- **상체 굽히기 테스트**: 상체를 앞으로 숙였을 때 한쪽 등이 더 튀어나오면 척추 측만증의 가능성이 있습니다.
- **스쿼트 테스트**: 무릎을 굽혔을 때 상체와 골반의 비대칭 여부를 확인하세요.

가정에서 할 수 있는 예방 및 관리

가정에서 아이에게 해 줄 수 있는 예방과 관리는 다음과 같습니다.

- **정기적인 자세 점검:** 아이의 자세를 자주 확인하고 바른 자세를 유지하도록 유도하세요.
- **올바른 앉는 자세 유도:** 한쪽 다리를 꼬거나 어깨를 치켜세우는 습관을 교정합니다.
- **체중 분배 균형 유지:** 서 있거나 앉을 때 체중이 한쪽으로 치우치지 않도록 지도하세요.

병원 방문이 필요한 시점

예방과 관찰을 통해 문제가 발견되었다면 꼭 병원에 가야 합니다.

- **비대칭이 명확하다면:** 한쪽 등이 돌출되거나 자세가 지속적으로 불균형할 때.
- **통증이 지속될 때:** 허리나 등에 통증이 계속되거나 운동 능력이 저하될 때.
- **척추 휨이 심해질 때:** X-ray 검사를 통해 정밀한 진단을 받는 것이 필요합니다.

> **병원 방문 시 준비 사항**
> - 아이의 자세 변화와 통증 발생 시점 기록
> - 상체 굽히기 테스트 등 가정에서 관찰한 결과
> - 과거 진료 기록과 발달 이력

부모님을 위한 꿀팁! 이럴 땐 이렇게!

1. 아이의 자세를 자주 관찰하세요. 어깨나 척추가 비대칭이라면 즉시 병원에 방문하세요.

Part 4. 척추와 자세 건강

2. 성장기에는 정기적으로 척추 상태를 확인하세요. 6개월에서 1년 간격으로 정기 검진을 권장합니다.
3. 아이가 보조기를 착용해야 한다면 격려와 지지를 아끼지 마세요. 보조기는 지속적인 착용이 중요합니다.
4. 척추 건강을 위한 스트레칭과 운동을 가족 모두가 함께 실천해 보세요.
5. 전문가와 상담해야 하는 적절한 시기를 놓치지 마세요. 조기 치료가 아이의 건강과 삶의 질을 크게 높일 수 있습니다.

아이의 척추는 평생 건강을 지탱하는 중심축입니다. 조기에 발견하고 세심하게 관리하면, 아이는 더 바르고 건강한 몸으로 자신 있게 성장할 수 있습니다.

17  척추 건강을 위한 운동

척추 측만증은 척추가 옆으로 비정상적으로 휘어지는 상태를 말합니다. 이는 마치 일자로 잘 자라야 할 나무가 옆으로 휘어진 것과 비슷합니다. 영유아 때는 척추의 성장과 발달이 매우 활발합니다. 그러므로 올바른 자세와 적절한 운동이 건강한 척추 형성에 큰 영향을 미칩니다. 아이의 척추 건강을 돕기 위해 발달 단계에 맞는 간단한 운동을 꾸준히 실천하면 신체 균형과 근육 강화를 동시에 촉진할 수 있습니다.

소 자세   고양이 자세   아치-다리 들어 올리기

엉덩이 들어 올리기   나비 자세

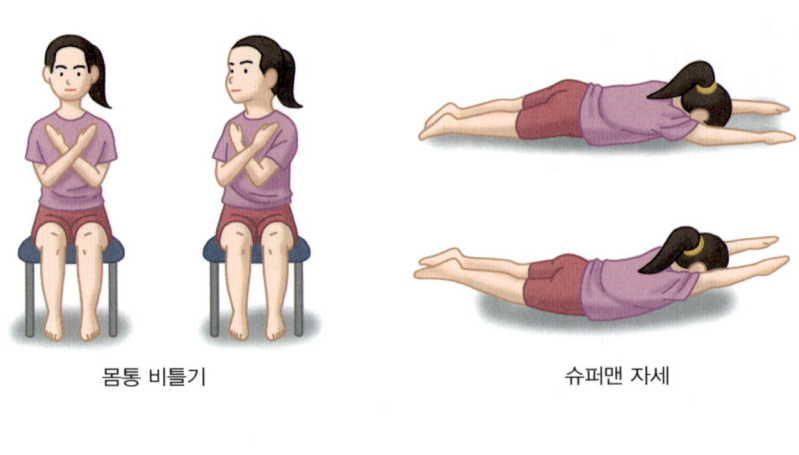

몸통 비틀기   슈퍼맨 자세

바나나 자세

개구리 자세

척추 건강을 위한 맞춤형 운동 팁

아이들이 할 수 있는 간단하고 효과적인 척추 운동은 재미있으며 쉽습니다. 이 운동은 활동적인 방식으로 척추를 강화하고 유연성을 높여 줍니다. 아이들이 따라 할 수 있는 척추 운동 몇 가지를 알려 드릴 테니 아이와 해 보시기 바랍니다. 아이들이 즐겁게 참여할 수 있도록 설명을 간단하게 하고, 놀이처럼 접근할 수 있도록 하세요!

고양이-소 자세(Cat-Cow Stretch)

이 동작을 5~10회 반복하며, 동물 놀이처럼 재미있게 해 보세요!
- **효과**: 척추의 유연성을 높이고, 허리와 목의 긴장을 풀어 줍니다.

- **방법**: 네발 기기 자세에서 시작합니다. 손목은 어깨 아래, 무릎은 엉덩이 아래에 두세요. 그런 뒤 아래 두 가지 방법으로 응용해 봅니다.
  ① 고양이 자세: 숨을 내쉬면서 등을 둥글게 말고, 머리를 가슴 쪽으로 내립니다.
  ② 소 자세: 숨을 들이쉬면서 배를 내밀고, 허리를 아래로 내리며 척추를 늘립니다.

아치-다리 들어 올리기(Arching and Leg Raises)
- **효과**: 척추와 다리 근육을 강화하는 운동입니다.
- **방법**: 아래 순서대로 진행해 보세요.
  ① 바닥에 누워서 다리를 펴고, 팔은 몸 옆에 놓습니다.
  ② 다리를 하나씩 들어 올리며, 상체도 함께 살짝 들어 올려 '아치' 형태를 만듭니다.
  ③ 다리를 올린 상태에서 5초간 유지하고, 천천히 내려옵니다.
  ④ 양쪽 다리를 각각 5~10회 반복하세요.

엉덩이 들어 올리기(Hip Bridges)
- **효과**: 엉덩이와 허리 근육을 강화하고, 척추를 안정시키는 데 도움을 줍니다.
- **방법**: 아래 순서대로 진행해 보세요.
  ① 등을 대고 눕고, 무릎을 구부린 채 발을 바닥에 평평하게 두세요.
  ② 엉덩이를 천천히 들어 올려 몸이 직선이 되도록 만듭니다.
  ③ 5초간 자세를 유지한 후 엉덩이를 천천히 내립니다.
  ④ 10회 반복하세요. 이때 "다리를 펴서 다리로 몸을 들어 올려 보자!"라고 이야기하며 재미있게 해 보세요.

나비 자세(Butterfly Stretch)
- **효과**: 허리와 엉덩이, 척추를 유연하게 해 주고, 전반적인 스트레칭 효과가

있습니다.

- **방법:** 아래 순서대로 진행해 보세요.
  ① 바닥에 앉고 두 발바닥을 맞대고 무릎을 양쪽으로 벌립니다.
  ② 상체를 천천히 앞으로 숙여 발끝을 잡고, 무릎을 바닥으로 내립니다.
  ③ 이 자세를 10초간 유지한 후, 천천히 일어납니다.
  ④ 5회 반복하면서 "나비처럼 날아 보자!"라고 말하며 재미있게 해 보세요.

몸통 비틀기(Torso Twist)

- **효과:** 척추를 비틀어 유연성을 높여 주고, 어깨와 등을 풀어 줍니다.
- **방법:** 아래 순서대로 진행해 보세요.
  ① 다리를 어깨너비로 벌리고 의자에 앉습니다.
  ② 양팔을 앞으로 뻗고, 상체를 오른쪽과 왼쪽으로 천천히 비틀며 팔을 함께 돌려 주세요.
  ③ 비틀 때마다 "왼쪽, 오른쪽!"이라고 외치며 반복합니다.
  ④ 10회 반복하세요.

슈퍼맨 자세(Superman Stretch)

- **효과:** 척추를 강화하고, 전신 근육을 풀어 줍니다.
- **방법:** 아래 순서대로 진행해 보세요.
  ① 바닥에 엎드려 양팔과 다리를 쭉 펴고, 마치 슈퍼맨이 나는 듯한 자세를 합니다.
  ② 손과 발을 바닥에서 동시에 들어 올리고, 5초간 자세를 유지합니다.
  ③ 천천히 내려놓고, 10회 반복합니다. "슈퍼맨이 하늘을 나는 것처럼 해 보자!"라고 말하며 아이들이 즐겁게 할 수 있도록 유도해 보세요.

바나나 자세(Banana Stretch)

- **효과:** 척추를 늘려 주고, 몸의 측면을 스트레칭합니다.
- **방법:** 아래 순서대로 진행해 보세요.
  ① 바닥에 등을 대고 누워서 양팔을 머리 위로 뻗습니다.
  ② 양팔과 다리를 한쪽으로 길게 늘여서 마치 바나나 모양처럼 몸을 구부립니다.
  ③ 5초간, 이 자세를 유지하고, 반대쪽도 반복합니다.
  ④ 5회 반복하며 "바나나처럼 구부려 보자!"라는 말을 통해 놀이처럼 접근할 수 있습니다.

개구리 자세(Frog Stretch)

- **효과:** 엉덩이와 허벅지, 척추를 스트레칭하고 유연성을 증가시킵니다.
- **방법:** 아래 순서대로 진행해 보세요.
  ① 네발로 기어가며, 무릎을 넓게 벌립니다.
  ② 엉덩이를 뒤로 밀면서 발끝은 밖으로 향하게 하여 개구리처럼 앉습니다.
  ③ 이 자세에서 10초간 유지하며 "개구리처럼 뛰어 보자!"라는 말로 아이들이 재미있게 할 수 있도록 유도해 주세요.
  ④ 5회 반복합니다.

부모님을 위한 꿀팁! 이럴 땐 이렇게!

5. 아이가 척추 측만증 진단을 받았다면, 초기에는 재활의학과나 정형외과 전문의에게 정기적으로 경과를 확인받으세요.
6. 아이와 함께 운동을 계획할 때, 전문 물리 치료사의 지도를 받아 올바른 자세를 배우는 것이 중요합니다.
7. 척추 측만증 관리는 꾸준함이 핵심입니다. 아이가 지치지 않도록 재미있게 운동할

수 있는 방법을 찾아 주세요.
8. 가정에서는 아이의 자세를 자주 확인하고, 의자와 책상의 높이를 아이의 신체에 맞게 조정해 주세요.
9. 적합한 운동기구나 장비를 집에서 활용해 보세요. 간단한 스트레칭 밴드나 균형 잡기 도구도 큰 도움이 됩니다.

척추 건강을 위한 작은 노력이 아이의 바른 자세와 자신감을 키웁니다. 즐겁게 함께하는 운동 시간 속에서 아이는 더욱 건강하게 성장할 것입니다.

Part 5
언어 발달과 조기 발견

18
언어 지연

한 신문 기사에서 '어느 정도 말을 알아듣고 반응한다면, 스스로 말을 하지 않아도 48개월까지 기다려도 된다'라고 하던데, 정말 기다리면 아이가 알아서 말을 하게 될까요?

아이의 언어 발달

언어는 표현 언어, 수용 언어, 발음, 대화 능력 등 네 가지 영역에서 고르게 발달해야 합니다. 말을 알아듣지만 말하지 않는다는 것은 언어 발달의 중요한 점검 신호일 수 있습니다. 언어 발달 평가는 다음을 포함합니다.

- 표현 언어
- 수용 언어
- 발음
- 대화 능력

언어 평가로 언어 발달 지연의 정도와 원인을 파악할 수 있습니다.

2살까지의 주요 언어 발달 지표

언어 발달은 아이의 두뇌 발달과 사회적 상호 작용 능력에 중요한 역할을 합니다. 그리고 2살까지는 언어 발달이 빠르게 이루어지는 시기입니다. 이때 아이의 발달을 주의 깊게 살펴보는 것이 중요합니다. 아래는 2살까지의 주요 언어 발달 지표와 언어 발달 지연 시 나타날 수 있는 신호입니다.

1세까지의 언어 발달 지표

- **소리를 내기**: 옹알이 또는 "엄마", "아빠" 등의 간단한 소리를 냅니다.
- **청각 반응**: 이름을 부르면 반응하거나, 간단한 지시("이리 와", "손을 흔들어")에 반응합니다.
- **간단한 제스처**: 손을 흔들거나 물건을 주고받는 손짓으로 의사소통을 시도합니다.
- **비언어적 의사소통**: 표정이나 울음으로 욕구를 표현합니다.

18개월까지의 언어 발달 지표

- **단어 사용**: "엄마", "아빠", "물" 등 최소 5~10개의 단어를 사용합니다.
- **소리 모방**: 부모나 주변의 소리를 모방하며 말하려고 시도합니다.
- **청취 능력**: 간단한 질문에 반응하거나, 손이나 제스처로 의사 표현을 합니다.
- **명령 이해**: "이거 가져와" 같은 간단한 명령을 이해하고 따릅니다.

2세까지의 언어 발달 지표

- **단어 수**: 150~200개 이상의 단어를 사용하며, 간단한 두 단어 조합("엄마 가요", "물 주세요")을 합니다.
- **간단한 문장**: 2~3 단어로 구를 구성합니다.
  - 예 "고양이, 나가", "밥 먹자".
- **간단한 질문**: "이게 뭐야?"와 같은 질문을 합니다.
- **명령 이해 및 따르기**: "책 가져와", "이리 와" 등 두 가지 이상의 명령을 이해하고 따릅니다.

- **언어 사용의 변형:** 어른들이 사용하는 문법을 흉내 냅니다.
    예 "엄마 먹어요".
- **이야기와 놀이:** 상상 놀이에서 간단하게 이야기하거나 주변 상황을 이야기 합니다.

언어 지연의 원인

언어 발달은 단순한 의사소통을 넘어 아이의 사회적 능력, 시선 처리, 표정, 몸짓 등 비언어적 요소와도 깊은 관련이 있습니다. 아이가 말하지 않는 이유는 다양하며, 단순 언어 발달 지연일 수도 있지만, 지적 장애, 자폐 스펙트럼 장애, 또는 난독증과 같은 학습 장애의 초기 증상일 가능성도 있습니다.

또한, 언어 발달은 단순히 말을 잘하는 것만이 아니라 대화의 사회적 적절성도 포함합니다. 따라서 말을 빠르고 정확히 하는 사람이라도 타인의 감정이나 비언어적 신호를 이해하지 못한다면, 자폐 스펙트럼 장애와 같은 문제가 있을 수 있습니다. 언어 지연의 원인을 정확히 파악하고, 원인에 따른 적절한 치료와 지원을 제공해 주는 게 매우 중요합니다.

발달 점검 신호

언어 발달이 6개월 이상 지연되거나, 말을 이해하지만 말하지 않는다면, 발달 점검이 필요한 신호입니다. 아이의 언어 발달이 늦다면, 부모는 다음 신호를 주의 깊게 살펴보아야 합니다.

1세까지의 발달 점검 신호
- 12개월까지 소리를 내지 않거나 옹알이하지 않음.

- 이름을 불러도 반응하지 않음.
- 비언어적 의사소통 부족: 손짓이나 제스처 사용이 전혀 없음.

18개월까지의 발달 점검 신호
- 단어가 거의 없거나, 3개 이하의 단어만 사용.
- 간단한 지시나 질문에 반응하지 않음.
- 타인과의 상호 작용 부족: 다른 사람을 바라보거나, 상호 작용을 하려는 시도가 부족함.

2세까지의 발달 점검 신호
- 50개 이상의 단어 사용 부족.
- 2~3 단어 문장을 사용하지 않음.
- 자기 이름을 말하지 않음.
- 이야기나 상상 놀이에 참여하지 않음.
- 발음이 부정확하거나 타인과 의사소통이 어려움.
- 지속적인 비언어적 의사소통: 손짓이나 몸짓으로만 의사소통하는 경우.

언어 치료

어른들도 외국어를 어느 정도 알아듣지만, 말을 잘하지 못하면, 식당에서 식사를 주문하거나 여행 과정에서 고생할 때가 있습니다. 다시 말해, 말을 잘할 수 없으면 스트레스를 받을 수 있습니다.

아이의 언어 발달이 지연되면 말로 의사소통이 어렵습니다. 그러니 행동으로 의사소통을 하게 되고 이 과정에서 또래 아이들과 분쟁이 생길 수 있습니다. 아이들은 친구들과 하는 놀이가 중요하며, 언어는 놀이를 하는 데 중요하므로 언어 지연이 있다면 놀이에 참여하지 못할 수 있습니다. 이는

> **추가 점검 신호**
> - 청각 문제: 언어 발달 지연이 청각 문제로 발생할 수 있으므로 청력 검사가 필요합니다.
> - 사회적 상호 작용 부족: 또래와의 상호 작용에서 어려움을 보이고, 사회적 미소를 짓지 않거나 눈 맞춤을 회피하는 경우. 예를 들어, 이름을 불렀을 때 시선을 피하거나, 주변 사람들과의 상호 작용이 드물다면 이러한 행동은 사회적 발달에 우려를 나타낼 수 있습니다.
> - 자기표현의 어려움: 언어 대신 울음이나 소리로만 의사 표현.

자연히 아이의 스트레스로 이어질 가능성이 큽니다. 따라서 아이의 언어 발달이 지연되고 있다면, 언어 치료를 포함한 적절한 치료를 해 주어야 합니다. 가끔, 아이가 언어 지연으로 스트레스를 받더라도 아이가 스스로 해결하기를 원하는 부모님이 있습니다. 그대로 기다리면 아이가 다 할 거라는 확신이 있다고 말씀하시는데, 그것은 추천되지 않습니다.

언어 치료가 아이에게 스트레스를 주지 않을까 걱정하는 분들이 있습니다. 그러나 언어 지연 자체가 하나의 스트레스 원인이 될 수 있습니다. 아이들이 스트레스를 받으면 짜증을 내거나 폭력성을 보이는 일도 있으므로 언어 치료가 필요합니다.

성적이 낮을 때 방과 후 수업이나 인터넷 강의 등의 과외 공부를 하는 상황을 떠올려 보십시오. 과외 공부가 스트레스를 주기도 하지만, 스스로 알아서 하도록 두는 일은 잘 없지 않나요? 아이의 언어 치료 역시 같은 맥락입니다.

6개월 이상 언어 발달이 지연되면 치료가 필요합니다. 6개월 이상 지연되고 있다면, 이때부터는 "가정에서 어떻게 지도해야 합니까? 무엇을 주의해야 합니까?"의 범위에서 벗어납니다. 그리고 전문가에 의한 언어 치료가 필요합니다. 열이 펄펄 나는데 "가정에서 어떻게 해야 합니까? 무엇을 주의해야 합니까?"로 해결되지 않는 것과 비슷한 맥락입니다. 소동작, 인지 및 사회성 발달 지연이 함께 나타났다면, 작업 치료 및 놀이 치료가 필요합니다.

언어 치료는 단순히 말을 잘하게 하는 것을 넘어, 아이가 놀이에 참여하고 또래와 의사소통을 할 수 있도록 돕습니다. 언어 지연 자체가 스트레스 요인이 될 수 있기에, 이를 방치하면 아이는 더욱 큰 스트레스를 받을 수 있습니다.

언어 발달은 기본기를 쌓는 과정으로, 운동할 때 전문 코치의 도움을 받아 자세를 교정하듯 전문가의 지도가 필요합니다. 이를 통해 올바른 발달 방향을 잡고 더 나은 결과를 끌어낼 수 있습니다. 방과 후 수업은 주로 학업적인 성취를 목표로 하지만, 언어 치료는 언어 발달뿐 아니라 사회적 의사소통 능력 향상에도 중점을 둡니다.

언어 발달이 6개월 이상 지연되었다면, 가정에서의 지도만으로 해결하기 어렵습니다. 이럴 때는 가까운 소아청소년과나 소아재활의학과를 방문해 초기 평가를 진행하는 것이 중요합니다. 상담 후, 아이의 발달 상태에 맞춘 치료 계획을 수립하고 전문가와 협력하여 실천에 옮기세요. 치료 과정을 주기적으로 점검하며, 인지, 소근육, 사회성 발달 지연이 동반되었으면 작업 치료나 놀이 치료도 함께 고려해야 합니다.

언어 치료의 중요성

언어 치료는 아이가 놀이와 사회적 활동에 참여하며 의사소통을 개선할 수 있도록 돕습니다. 방치하면 아이가 더 큰 스트레스를 받을 수 있으므로, 조기 치료가 필요합니다. 언어 치료는 언어뿐만 아니라 사회적 의사소통 향상에도 중점을 둡니다.

언어 발달을 돕기 위한 실질적인 팁

- **대화 자주 하기**: 아이와 대화를 자주 시도하고, 아이가 말하려고 할 때 적극적으로 응답하세요.
- **책 읽어 주기**: 그림책을 읽으며 책 속의 단어를 반복하여 언어를 자극하세요.
- **주변 환경에 관심 가지기**: 주변 상황을 설명하고 대화를 유도하세요.
- **명확한 발음으로 말하기**: 간단하고 명확한 문장으로 대화해 언어 이해를 돕습니다.
- **노래와 율동**: 노래와 율동은 아이가 즐겁게 언어를 배우는 데 도움을 줍니다.

부모님을 위한 꿀팁! 이럴 땐 이렇게!

언어 발달을 지원하기 위한 실질적인 방법은 다음과 같습니다.

1. 아이가 눈, 코, 입을 가리킬 수 있는지 확인하세요. 24개월까지 기본 신체 부위를 알아야 합니다.
2. 좋아하는 동물이나 만화 주인공이 뭔지 아이에게 물어보세요. 24개월까지 몇 가지를 알아야 합니다.
3. 36개월이 되면 숫자와 색깔을 이해하는지 살펴보세요.
4. 아이의 이름을 불렀을 때 아이가 반응하는지 확인하세요. 단, 이것만으로 청각 이상을 완전히 배제할 수는 없습니다.
5. 언어 발달이 걱정된다면 소아청소년과나 소아재활의학과 전문의와 상담하세요. 기다리기만 하는 것은 추천하지 않습니다.

부모님의 적극적인 관심이 아이의 언어 발달에 큰 힘이 됩니다! 예를 들어, 매일 아이와 눈을 맞추며 대화를 나누거나, 아이가 발음하는 단어를 칭찬해 주는 작은 행동이 큰 차이를 만들 수 있습니다.

19  발달성 언어 장애

　발달성 언어 장애는 아동이 언어를 이해하거나 표현하는 데 어려움을 겪는 상태로, 일상생활과 사회적 상호 작용에 큰 영향을 미칠 수 있습니다. 조기 발견과 적절한 지원을 통해 이러한 아동이 자신의 언어 능력을 최대한 발달시키고 자신감을 키울 수 있도록 도와주세요.

발달성 언어 장애란?

　발달성 언어 장애는 아이가 또래보다 말을 배우는 속도가 느리고, 5세 이후에도 이러한 상태가 계속되는 것을 말합니다. 이는 다운 증후군, 자폐 스펙트럼 장애, 지적 장애와 같은 특정 질환이 원인이 아니며, 단순히 언어 자극 부족만으로 생기는 문제는 아닙니다. 언어를 이해하거나 표현하는 데 어려움을 겪다 보면 학습이나 친구들과의 관계에도 영향을 받을 수 있습니다. 예를 들어, 면접이나 업무처럼 의사소통이 중요한 상황에서 문제가 될 수 있습니다.

예전에는, 이 장애를 특수 언어 손상$^{\text{Specific Language Impairment}}$, 언어 지연$^{\text{Language Delay}}$, 발달성 언어 상실증$^{\text{Developmental Dysphasia}}$ 등 여러 이름으로 불렸지만, 지금은 발달성 언어 장애$^{\text{Developmental Language Disorder}}$로 통일되었습니다. 이 장애는 어른이 되어서도 이어질 수 있는 신경 발달성 질환입니다.

발달성 언어 장애의 원인과 판별

발달성 언어 장애는 뇌의 기능 이상으로 발생합니다. 언어와 관련된 유전자와 환경 간의 복잡한 상호 작용으로 발생하며, 정확한 원인은 아직 밝혀지지 않았습니다. 언어를 이해하고 표현하는 데 필요한 뇌 영역 간의 유기적 협력 부족이 주요 원인으로 여겨집니다. 하지만 두 가지 이상의 언어를 사용하는 것이 발달성 언어 장애의 원인이 되는 것은 아닙니다. 이는 사용하는 모든 언어에 영향을 미칩니다.

발달성 언어 장애는 아이가 말을 이해하거나 표현하는 데 큰 어려움을 겪을 때 의심할 수 있습니다. 이러한 상태가 계속 이어지면서 일상생활에 영향을 미친다면 전문가의 도움이 필요합니다. 병이나 사고로 생긴 문제가 아니라 태어날 때부터 지속되었을 때 해당합니다.

발달성 언어 장애는 신경 발달성 장애로 분류되며, 다음과 같은 상황일 때 발달성 언어 장애로 진단할 수 있습니다.

- 아이의 언어 발달이 또래보다 느리고 5세가 지나도 크게 나아지지 않을 경우
- 특정 질병이나 의학적 원인 없이 단어나 문장을 사용하는 데 심각한 어려움이 있는 경우
- 이러한 어려움이 아이의 일상생활에 불편함을 줄 경우

언어 장애, 특히 발달성 언어 장애(DLD)는 비교적 흔한 발달 장애입니다. 4~5세 아동의 약 9%가 언어 장애를 가지고 있으며, 이는 약 11명 중 1명꼴에 해당합니다. 이 중 발달성 언어 장애의 유병률은 7.58%로, 약 13명 중 1명 정도입니다. 10세 아동의 경우 발달성 언어 장애 유병률은 6.4%로 다소 감소하며, 남녀 비율은 약 1.3:1로 남아에서 더 흔하게 나타납니다.

발달성 언어 장애 초기 관찰법

발달성 언어 장애의 조기 발견은 성공적인 치료의 핵심입니다. 그리고 부모는 아이의 언어 발달이 또래와 비교해 정상적으로 진행되고 있는지 주의 깊게 관찰해야 합니다. 다음은 발달성 언어 장애를 의심해 볼 수 있는 주요 신호입니다.

1세까지 관찰할 사항

- **소리와 언어의 부족:** 12개월이 되어도 간단한 소리나 옹알이를 하지 않거나, "엄마", "아빠" 같은 기본적인 단어를 사용하지 않음.
- **소리 모방의 부족:** 주변 소리를 흉내 내거나 말을 모방하지 않음.
- **청각 반응 부족:** 이름을 부르거나 간단한 명령에 반응하지 않음.
- **비언어적 의사소통 부족:** 손짓, 눈 맞춤, 제스처 등 비언어적 의사소통이 부족함.

18개월까지 관찰할 사항

- **단어 수 부족:** 18개월이 되어도 사용하는 단어가 3개 이하이거나 단어를 전혀 사용하지 않음.
- **명확하지 않은 말:** 발음이 부정확하거나 다른 사람이 이해하기 어려움.
- **청각 이해 부족:** 간단한 지시나 질문에 반응하지 않음.
- **의사소통 부족:** 울음과 같은 비언어적 신호 외에 다른 의사소통 수단을 거의 쓰지 않음.

2세까지 관찰할 사항

- **2~3 단어 문장 부족:** 2세가 되어도 간단한 문장을 구성하지 못함.
- **단어 사용 부족:** 사용하는 단어가 50개 이하로 매우 제한적임.
- **사회적 상호 작용 부족:** 타인과의 상호 작용에 관심이 없거나 어려움을 겪음.
- **발음의 부정확함:** 발음이 부정확하거나 음운 처리에 문제가 있음.

발달성 언어 장애의 치료 과정

아이의 나이, 언어 발달 수준, 장애의 심각도에 따라 다양하게 접근합니다. 치료는 보통 다각적인 방법으로 진행됩니다.

초기 평가 및 진단

- **언어 발달 수준 평가:** 언어 검사, 행동 관찰, 부모 인터뷰를 통해 아이의 현재 언어 수준을 파악합니다.
- **청각 평가:** 언어 장애가 청각 문제로 생기지는 않았는지 확인합니다.
- **인지 및 사회적 발달 평가:** 아이의 전반적인 발달 상태를 점검하며 다른 문제를 배제합니다.

언어 치료 목표 설정

- **언어 이해력 향상:** 일상에서 쉽게 접할 수 있는 단어와 문장부터 시작해 아이가 말과 소리를 더 잘 이해하도록 돕습니다.
- **언어 표현력 향상:** 간단한 문법 규칙과 2 단어 문장을 익혀 말하기 능력을 키웁니다.
- **발음 교정:** 발음이 부정확한 경우 정확한 발음을 배우도록 지원합니다.
- **사회적 상호 작용 향상:** 대화의 순서와 기본적인 사회적 규칙을 배우도록 돕습니다.

개별 치료 및 언어 훈련

- **개인화된 치료 계획:** 아이의 나이와 언어 발달 상태에 맞춘 맞춤형 치료 계획을 수립합니다.
- **다양한 언어 훈련:** 놀이, 소리 내어 읽기, 역할 놀이 등을 통해 언어 학습을 재미있게 유도합니다.
- **음성 훈련:** 특정 소리와 단어 발음을 교정하는 집중적인 훈련을 포함합니다.

부모와의 협력

- **대화 촉진:** 아이가 말할 때마다 반응하며 대화를 확장하도록 유도합니다.
- **반복과 강화:** 언어 사용 시 긍정적인 피드백을 통해 자신감을 심어 줍니다.
- **책 읽기와 노래:** 함께 책을 읽고 노래를 부르며 자연스럽게 언어 자극을 제공합니다.

치료 후 평가 및 추적

치료 진행 상황을 주기적으로 점검하며 목표를 수정합니다.
아이의 발달에 맞춰 치료 방향을 조정해 지속적인 지원을 보장합니다.

발달성 언어 장애를 위한 일상적인 팁

발달성 언어 장애를 개선하기 위해 가정에서 할 수 있는 일들은 다음과 같습니다.

- **자주 말하기:** 아이와 자주 대화하며 간단한 문장을 사용합니다.
- **책 읽기:** 책을 읽어 주고 그림과 단어를 설명합니다.
- **놀이를 통한 상호 작용:** 놀이를 통해 대화와 언어 사용을 유도합니다.
- **음성 자극 제공:** 다양한 소리와 음악을 들려줍니다.
- **긍정적 피드백:** 아이가 언어를 사용할 때 칭찬과 격려를 아끼지 않습니다.

부모님을 위한 꿀팁! 이럴 땐 이렇게!

1. 조기 상담: 아이가 또래보다 언어 발달 속도가 느리다면 소아청소년과나 소아재활의학과로 찾아갑니다.
2. 언어 자극 환경 조성: 집에서 책 읽기, 노래 부르기 등 다양한 언어 활동을 제공합니다.
3. 칭찬과 격려: 아이가 언어를 표현했을 때 즉각 칭찬하며 자신감을 심어 줍니다.
4. 전문 치료 적극 참여: 치료사의 가이드에 따라 집에서도 꾸준히 연습을 도와줍니다.

발달성 언어 장애는 조기 발견과 지속적인 지원을 통해 아이의 삶에 긍정적인 변화를 불러올 수 있습니다.

20
선택적 함구증

아이의 말이 늦어 걱정하는 부모들은 종종 "우리 아이가 선택적 함구증인 것 같아요!"라고 말씀하시곤 합니다. 이번에는 선택적 함구증$^{Selective\ Mutism}$에 관해 자세히 알아보겠습니다.

선택적 함구증이란?

함구증은 말을 거의 하지 않는 상태를 의미하며, 선택적 함구증은 특정

Part 5. 언어 발달과 조기 발견

상황이나 대상에게만 말하지 못하는 상태를 뜻합니다. 이는 주로 심리적 요인으로 발생하며, 상태가 지속되면 언어와 지능 발달에 영향을 미칠 수 있습니다.

대표적인 예로 학교에서 말하지 않는 경우를 들 수 있습니다. 하지만 이는 단순히 말하지 않겠다고 마음먹어서 생기는 문제가 아닙니다. 폐소 공포증이 있는 사람이 좁은 통에 들어가서 하는 MRI 검사를 두려워하듯, 선택적 함구증도 불안 장애의 한 유형입니다. 단순한 격려만으로는 충분하지 않을 수 있습니다. 예를 들어, "친구들이 무서운 애들이 아니야! 그냥 말을 해 봐!"라는 말은 불안을 해소하는 데 도움이 되지 않을 수 있습니다.

선택적 함구증을 확인하는 기준

선택적 함구증을 확인하려면 다음 조건이 필요합니다.
- 특정 상황(예 학교)에서는 말하지 못하지만, 다른 상황에서는 정상적으로 대화가 가능합니다.
- 이 때문에 학업, 직업 성취, 사회적 의사소통이 방해받는 수준이어야 합니다.
- 증상이 최소 1개월 이상 지속되어야 하며, 입학 후 첫 1개월은 제외됩니다.
- 지적 장애, 언어 발달 지연, 또는 모국어 환경이 아닌 외국어 사용 환경 등으로 인한 문제는 제외되어야 합니다.

선택적 함구증은 눈 맞춤, 손짓, 고개 끄덕임 등 비언어적 의사소통이 가능하다는 점에서 자폐 스펙트럼 장애와 구별됩니다.

선택적 함구증이 나타나는 시기와 특징

선택적 함구증은 주로 학령기 이전, 특히 3~6세 사이에 시작되며, 대부분 집에서는 말을 잘하지만, 특정 상황에서만 말하지 않는 특징을 보입니다. 평균적으로 8세쯤 병원에 방문하게 됩니다. 여아에서 더 흔히 발생하며, 점진적으로 나타나는 경우가 대부분입니다.

선택적 함구증의 치료법

선택적 함구증을 위한 다양한 치료 방법이 있습니다.

- **행동 치료:** 아동이 조금이라도 대화를 시도할 때 이를 긍정적으로 강화합니다. 예를 들어, 아이가 단어 하나라도 말하려는 시도를 보이면 즉시 칭찬하거나 작은 보상을 제공합니다. 아이가 편안함을 느끼는 환경에서 놀이를 통해 자연스럽게 말하기를 유도합니다. 초기에는 비언어적 의사소통을 유도하고, 점차 한 단어 대답, 문장 대화로 확장합니다.
- **부모 상담 및 훈련:** 부모-자녀 관계를 개선합니다. 특히 어머니와의 관계에 문제가 있으면 이를 해결합니다.
- **언어 치료:** 언어 지연이나 언어 장애가 동반되었으면 치료를 시행합니다.
- **약물 치료:** 불안 증상이 심할 경우 세로토닌 재흡수 억제제 등의 항불안제를 사용합니다.
- **놀이 및 정신 치료:** 불안과 우울이 심할 경우 놀이 치료와 정신 치료가 효과적일 수 있습니다. 놀이 치료는 아이가 감정을 표현하며 스트레스를 줄이고, 언어 발달을 돕는 데 유용합니다. 정신 치료는 불안의 원인을 파악하고 이를 극복할 전략을 배우는 데 도움을 줍니다.

선택적 함구증 극복하기

선택적 함구증을 개선하고 극복하려면, 가정뿐 아니라 사회와 전문가의 도움이 필요합니다.

아이에게 안전한 환경 제공
- **심리적 안전감 제공**: 말을 하지 않더라도 비판하거나 강요하지 않고, 아이의 감정을 존중합니다.
- **편안한 분위기**: 친숙한 물건이나 장난감을 두어 아이가 자신감을 얻도록 돕습니다.
- **긍정적 언어 사용**: 작은 시도에도 칭찬으로 반응합니다.

점진적인 접근법
- **안전한 상황에서 시작**: 아이가 편안한 사람과 대화를 시도하도록 유도합니다.
- **새로운 상황에 점차 노출**: 아이가 낯선 환경에서도 말할 수 있도록 돕습니다.
- **소리를 내기부터 시작**: 단어나 소리를 내는 시도에 칭찬으로 반응합니다.

비언어적 의사소통 격려
- **손짓, 표정, 제스처 활용**: 고개 끄덕이기 등으로 의사소통을 돕습니다.
- **그림이나 카드 활용**: 말을 대신해 감정을 표현하도록 돕습니다.

부모와의 협력적인 접근
- **자주 대화 나누기**: 아이가 좋아하는 주제나 관심 있는 활동을 중심으로 대화를 시작해 보세요. 예를 들어, 좋아하는 장난감 이야기나 최근 경험한 재미있는 일에 관해 물어보며 자연스럽게 대화를 이어 갈 수 있습니다.
- **부모 교육**: 선택적 함구증을 이해하고 치료 방법을 배웁니다.

사회적 상황에서의 지원
친구와의 놀이 시간을 늘리고, 간단한 질문을 하도록 유도합니다. 또한 역할놀이를 통해 사회적 상황을 연습합니다.

전문가의 도움받기

심리 치료와 언어 치료를 병행해 불안을 줄이고 언어 발달을 촉진합니다.

인내심과 꾸준한 지원

강요하지 않는 일관된 태도로 아이를 지지하고, 작은 변화도 세심히 관찰하며 격려해 주세요.

부모님을 위한 꿀팁! 이럴 땐 이렇게!

1. 아이가 말하지 않을 때 억지로 말을 시키지 말고 기다려 주세요. 대신, 비언어적 표현에도 칭찬과 격려를 아끼지 마세요.
2. 편안한 환경을 조성하고, 아이의 작은 시도에도 긍정적으로 반응해 주세요.
3. 문제가 지속되거나 집에서도 선택적 함구증이 나타난다면 즉시 소아청소년과에 방문해 전문가의 도움을 받으세요. 예를 들어, 아이가 집에서도 가족과 대화하지 않는다면 이를 간과하지 말고 전문의의 상담을 받아 보세요.
4. 아이와 일과를 정리하며 이야기를 나누는 시간을 가져 보세요. 미소와 따뜻한 말 한마디가 큰 변화를 끌어낼 수 있습니다.

따뜻한 관심과 인내는 아이의 마음을 열어 주는 가장 큰 힘입니다. 아이와 함께 천천히 걸어가 주세요.

21

반향어!
말을 그대로 따라 하는 아이

반향어는 다른 사람이 말한 내용을 그대로 따라 하거나 반복하는 것을 의미합니다. 이는 정상적인 언어 발달 과정의 일부일 수도 있고, 발달 문제의 신호일 수도 있습니다. 특히 자폐 스펙트럼 장애나 언어 발달 지연을 겪는 아이들에게 흔히 나타납니다.

반향어의 종류

반향어의 종류는 크게 두 가지입니다.

- **즉각적 반향어:** 다른 사람이 한 말을 바로 따라 하는 것입니다. 예를 들어 "밥 먹었니?"라고 물었을 때 아이가 바로 "밥 먹었니?"라고 반복하는 것입니다.
- **지연 반향어:** 예전에 들었던 말을 나중에 반복하는 경우입니다. 예를 들어 TV 프로그램에서 들은 대사를 며칠 후에 갑자기 말합니다.

병적 반향어의 특징

정상적인 언어 발달 과정에서도 반향어는 나타날 수 있지만, 이는 주로 언어 학습 초기 단계에서 나타납니다. 그러나 자폐 스펙트럼 장애가 있다면, 반향어가 더 오래 지속되며 상황에 맞도록 적절히 사용하지 못할 수 있습니다. 즉, 반향어가 단순한 반복으로 끝나고, 자가 의사를 표현하는 데 효과적으로 사용되지 않을 수도 있습니다.

반향어가 사라지는 시점

일반적으로 2~3세까지는 반향어가 언어 발달의 일부로 나타날 수 있습니다. 그러나 이후에도 지속된다면 발달 지연이나 의사소통 장애의 신호일 수 있으므로 주의가 필요합니다.

반향어와 자폐 스펙트럼 장애의 연관성

자폐 스펙트럼 장애를 가진 아이들은 종종 즉각적 또는 지연 반향어를 통해 주변 환경과 상호 작용을 하려고 합니다. 이는 특정 상황에서 안정감을 얻거나 자신을 표현하려는 시도일 수 있습니다.

반향어가 나타나는 이유

반향어가 나타나는 이유는 다음과 같습니다.

- **의사소통 방법:** 말을 통해 의사를 표현하기 어려운 아이들이 반향어를 사용해 자신을 표현하려 합니다. 예를 들어 "주스 마실래?"라는 말을 따라 하면서 주스를 원한다는 뜻을 전달하는 방식이 있습니다.
- **언어 학습 과정:** 어린아이는 말을 배우는 과정에서 다른 사람의 말을 따라 하며 의미를 이해하려고 합니다.
- **환경 자극에 반응:** 자폐 스펙트럼 장애가 있다면, 특정 상황이나 자극에 반향어로 반응하기도 합니다.

> **반향어의 뇌 과학적 기전**
> 반향어는 뇌에서 언어를 처리하는 방식이 다르게 작동해서 나타날 수 있습니다. 즉, 들은 말을 즉각적으로 이해하고 변형하는 과정이 원활하지 않아, 반복하는 방식으로 반응하는 것입니다. 이는 브로카 영역과 베르니케 영역 간의 상호 작용 이상, 또는 거울 뉴런 체계의 결함과 관련이 있을 수 있습니다.

성인에게 나타나는 반향어

성인에게서 반향어가 나타나는 경우는 드물지만, 뇌졸중, 외상성 뇌 손상 등의 신경학적 손상이나 정신 건강 문제와 관련될 수 있습니다. 성인의 반향어는 언어 치료나 신경 심리학적 평가를 통해 접근해야 합니다.

반향어에 어떻게 반응하면 좋을까요?

- **긍정적 태도 유지:** 아이가 반향어를 사용할 때, 단순히 문제로 보지 말고 의사소통 의도를 이해하려고 노력합니다.
- **언어 모델링 제공:** 아이가 말할 수 있는 적절한 표현을 보여 줍니다. 예를 들어 "주스 마실래?"라고 물었을 때, "네, 주스 주세요."라고 대답 예시를 주세요.
- **간단한 질문 사용:** 아이가 쉽게 대답할 수 있도록 예/ 아니오 질문을 사용합니다. 예를 들어 "사과 먹고 싶어?"처럼 간단한 질문을 합니다.
- **전문가 상담:** 반향어가 오래 지속되거나 발달 문제가 의심되면, 언어 치료사나 발달 전문가와 상담하는 것이 필요합니다.

반향어를 활용한 치료 사례

언어 치료에서는 반향어를 활용하여 아이가 의미 있는 문장을 생성하도록 도울 수 있습니다. 예를 들어, 아이가 "주스 마실래?"를 반복하면 치료사는 "네, 주스 주세요."로 이어 가며 언어적 모델을 제공합니다.

가정에서의 반향어 관리 방법

반향어를 문제로만 여기기보다는 아이가 언어를 학습하는 기회로 활용합니다. 놀이 활동 중 간단한 대화와 질문을 통해 아이가 다양한 표현을 시도하도록 유도합니다.

부모님을 위한 꿀팁! 이럴 땐 이렇게!

1. 아이가 반향어를 사용할 때, 이를 긍정적으로 받아들이세요. 아이가 말을 따라 하는 것은 의사소통 의도를 표현하려는 시도일 수 있습니다.
2. 아이에게 적절한 언어 표현을 모델링으로 보여 주세요. 예를 들어, "사과 먹고 싶어?"라고 물었다면, "네, 사과 주세요."처럼 대답의 예시를 제공하세요.
3. 반향어를 줄이기 위해 아이가 쉽게 이해할 수 있는 짧고 간단한 질문을 사용하세요. '예/ 아니오'로 대답할 수 있는 질문이 효과적입니다.
4. 아이가 특정 상황에서 반향어를 사용하는 이유를 관찰하세요. 환경적 자극에 따른 반응인지, 아니면 스트레스를 완화하려는 행동인지 파악하는 것이 중요합니다.
5. 반향어가 지속적으로 나타난다면 전문가의 도움을 받으세요. 언어 치료사나 발달 전문가의 조언을 통해 적절한 지원을 받을 수 있습니다.

반향어는 아이가 세상을 이해하려는 하나의 방법일 수 있습니다. 부모님의 따뜻한 기다림과 지지가 아이의 언어 발달에 큰 힘이 되어 줄 것입니다.

말더듬의 이해

「출애굽기」의 주인공 모세와 영화 「킹스 스피치King's Speech」의 실제 모델인 영국 국왕 조지 6세도 말더듬증을 겪은 인물로 알려져 있습니다. 조지 6세는 언어 치료사의 도움을 받아 말더듬증을 극복하는 방법을 배웠습니다. 이후 그는 라디오 방송에서 중요한 연설을 성공적으로 마칠 수 있었습니다.

말더듬이란 무엇인가요?

말더듬증은 '아동기 발병 유창성 장애'로 분류되는 신경 발달성 질환입니다. 이는 뇌와 신경계가 언어를 처리하는 과정에서 발생하는 어려움으로, 사회생활과 학업에 영향을 줄 수 있습니다.

누구나 잠시 말을 더듬을 수 있습니다. 하지만 이러한 증상이 반복적으로 나타나고 불안이나 회피로 이어질 경우 병적 말더듬증으로 간주합니다.

현재까지 밝혀진 바로는, 아동의 약 5~8%가 말을 배우는 과정에서 말더듬증을 경험합니다. 대부분은 자연스럽게 사라지지만 약 1%는 성인이 되어서도 지속됩니다. 전체 인구의 약 약 1% 정도가 말더듬증을 겪고 있는 것으로 추정됩니다.

말더듬증의 진단

말더듬증으로 진단되기 위해서는 다음 조건을 충족해야 합니다.
- 7가지 주요 증상 중 하나 이상이 반복적으로 나타나 말의 흐름을 방해합니다.
- 이러한 증상이 불안과 회피를 유발하며, 사회생활이나 학업에 어려움을 초래합니다.
- 증상이 6세 이전에 시작되어야 합니다.

7가지 주요증상

1. 단어, 음절, 음소를 반복합니다.
   - 예 "사과 사과… 사과 주세요."
2. 단어를 길게 늘입니다.
   - 예 "사아아아과 주세요."
3. 단어 사이에 긴 공백이 생깁니다.
   - 예 "사……… 과 주세요."
4. 문장 사이에 긴 공백이 나타납니다.
   - 예 "오늘 매우 덥네요…………. 주스 주세요."
5. 말을 더듬지 않으려고 다른 표현을 사용합니다.
   - 예 "사과 주세요" 대신 "저거 주세요"
6. 지나치게 긴장하며 말합니다.
7. 단일 음절 단어를 반복합니다.
   - 예 "나, 나, 나, 나는"

발생 이유와 치료법

발생 이유와 치료법을 알아보겠습니다.

발생 이유

- **유전적 요인:** 가족 중 말더듬증을 겪은 사례가 있으면 발생 가능성이 커집니다.
- **발달 지연:** 언어 발달이 늦는 경우 말더듬증이 자주 관찰됩니다.
- **심리적 요인:** 스트레스와 압박은 말더듬증을 악화시킬 수 있습니다.
- **신경학적 요인:** 뇌와 신경계의 이상이 주요 원인으로 작용합니다.

치료 방법

말더듬증은 대부분 사춘기 이전에 자연스럽게 사라지거나 치료를 통해 개선될 수 있습니다. 예를 들어, 언어 치료를 받은 아이들은 말을 유창하게 이어 가는 데 많은 도움을 받을 수 있습니다. 하지만 사춘기 이후에는 자연 치유가 어려우므로 조기 치료가 중요합니다. 주요 치료 방법은 다음과 같습니다.

- **언어 치료:** 말의 유창성을 향상하기 위한 전문적인 치료입니다.
- **호흡 훈련:** 말을 할 때 긴장을 줄이는 방법을 배웁니다.
- **이완 요법:** 긴장 완화를 통해 불안을 줄입니다.

부모는 아이의 말더듬증을 비판해서는 안 됩니다. 인내심을 가지고 아이의 말을 끝까지 들어 주는 태도가 중요하다는 사실을 절대로 잊지 마십시오.

부모가 실천하는 방법

- **긍정적인 태도:** 아이가 말을 더듬더라도 격려하고 기다려 주세요. "천천히 말해도 괜찮아"와 같은 말을 전해 보세요.
- **편안한 환경 제공:** 대화할 때 조용하고 안정된 분위기를 만들어 주세요.
- **전문가 상담:** 말더듬이 지속되면 언어 치료사의 도움을 받는 것이 좋습니다.
- **이완 훈련:** 심호흡을 통해 긴장을 줄이고 아이의 자신감을 높이세요.

- **사회적 연습:** 역할 놀이로 다양한 대화 상황을 연습하며 아이의 자신감을 키워 주세요.

부모님을 위한 꿀팁! 이럴 땐 이렇게!

1. 아이의 이야기를 끝까지 들어 주세요. 말을 중간에 끊지 마세요.
2. 아이의 말하는 속도를 억지로 빠르게 바꾸려고 하지 않기를 권합니다. 자연스럽게 속도가 빨리지기를 기다려 보세요.
3. 말더듬이 심각하다면 소아청소년과나 언어 치료사와 상의하세요.
4. 아이가 긴장하거나 불안해할 때는 다독이며 안심시켜 주세요.
5. 무엇보다 꾸준한 지지와 격려가 아이의 말더듬증 극복에 큰 힘이 됩니다.

아이의 속도에 맞춰 함께 걸어가 주세요. 말더듬을 넘어 더 멋진 이야기를 만들어 나갈 수 있습니다.

Part 6

인지 발달과 학습 지원

23
천재와 영재

아이들이 가진 잠재력, 즉 천재genius와 영재prodigy의 차이를 이해하고, 그들의 능력을 발견하고 지원하는 방법을 살펴보겠습니다.

천재와 영재의 차이점

영재는 특정 분야에서 두드러진 재능을 보이며, 어린 나이에 탁월한 성과를 이루는 경우가 많습니다. 반면, 천재는 독창적이고 타고난 능력을 갖춘 사람으로, 단순한 노력만으로는 닿기 어려운 재능을 지닌 경우를 말합니다.

수재diligent achiever는 타고난 재능보다 꾸준한 노력으로 뛰어난 성취를 이룬 사람을 지칭합니다. 이러한 개념들은 자녀의 재능을 이해하고 적절히 지원하는 데 유용한 기준이 될 수 있습니다.

백강현 군의 사례

2012년생 한 아동이 만 9세에 조기 진급을 통해 과학고등학교에 입학했다는 기사가 있었습니다. 그는 독특한 재능을 발휘해서 많은 관심을 받았습니다. 백강현 군은 3~4세에 피아노, 작곡, 수학에서 뛰어난 능력을 보였습니다. 3살에 1차 방정식을 풀었고, 4살에 2차 방정식을 풀었습니다. 웩슬러 지능 검사에서 IQ 164를 기록하며, 2019년에 초등학교 입학 후 다음 해에 5학년으로 조기 진급하였습니다. 이후, 9세에 고등학교에 입학하며 놀라운

성과를 보였습니다.

피아니스트 임윤찬 씨의 사례

피아니스트 임윤찬은 세계적으로 인정받는 음악적 재능을 가진 인물입니다. 그는 2022년 제16회 반 클라이번 국제 피아노 콩쿠르에서 최연소로 우승하며 주목받았습니다. 임윤찬 군은 뛰어난 연주 실력뿐만 아니라, 곡의 감정과 철학을 깊이 이해하고 이를 연주에 담는 능력으로 찬사를 받았습니다. 그의 연주는 청중에게 감동을 주며 기술적 완성도와 정서적 깊이를 동시에 보여 줍니다. 이러한 사례는 창의성과 기술적 숙달이 조화를 이룰 때 가능합니다.

IQ와 영재의 기준

IQ는 정규 분포를 따르며, 웩슬러 지능 검사의 평균은 100, 표준 편차는 15입니다. IQ 85~115 사이에는 인구의 68%가, IQ 70~130 사이에는 95.4%가 속합니다. 천재와 영재는 보통 IQ 130 이상으로 정의됩니다. 멘사^{Mensa}는 IQ 상위 2%의 사람들이 가입할 수 있는 모임으로, IQ 131 이상이 되어야 합니다. 상위 0.1%를 위한 트리플 나인 소사이어티$^{Triple\ Nine\ Society}$는 IQ 135 이상을 기준으로 합니다. 그러나 IQ만으로 천재를 판단할 수 없으며, 창의력과 독창성 역시 중요한 요소로 간주합니다. 이는 자녀의 재능을 여러모로 이해하고 지원해야 한다는 의미이기도 합니다.

지능과 지적 총명성

지능은 직업, 사회적 위치, 직무 수행과 밀접하게 관련됩니다. 한 연구에 따르면, 초등학교 5학년의 지능 지수로 5년 후 대학 수학 능력 시험 성적의 80%를 예측할 수 있다고 합니다. 또, 중학교 1학년 학력 평가에서 상위 25%에 속한 학생들은 25년 후 박사가 될 확률이 3배 이상 높았으며, 특허 보유와 같은 성과도 더 많았습니다. 이는 학력 평가가 개인의 장기적인 성취를 예측하는 데 중요한 지표임을 보여 줍니다.

지적 총명성 intellectual brilliance은 창의력과 문제 해결력을 포함하며, 성공적인 삶과 직업적 성취에 중요한 역할을 합니다. 지적 총명성은 단순한 학습 능력을 넘어 독창적이고 효과적인 해결책을 제시할 수 있는 능력을 의미합니다. 이러한 능력을 키우기 위해 아이들의 호기심과 창의력을 자극하는 환경을 제공하는 것이 중요합니다.

토마스 제퍼슨 대통령

미국 대통령 중 IQ가 140 이상으로 추정되는 사람이 10명 이상입니다. IQ가 높다고 해서 반드시 미국 대통령이 될 수 있는 것은 아니지만, 높은 IQ를 가진 사람이 대통령이 될 확률은 더 높다고 볼 수 있습니다. 역대 대통령들의 IQ를 직접 측정할 수는 없지만, 간접적으로 추정했을 때 IQ가 가장 높다고 평가되는 사람은 6대 대통령인 존 퀸시 애덤스 John Quincy Adams로, 그의 IQ는 165~175로 추정됩니다. 3대 대통령인 토머스 제퍼슨 Thomas Jefferson 또한 IQ 145~160으로 추정되며, 높은 지적 총명성과 창의성을 보여 줬다고 평가받습니다. 애덤스 대통령은 지능 면에서는 제퍼슨보다 높았지만, 제퍼슨 대통령은 창의적이고 다재다능한 지적 총명성을 통해 더 긍정적인 평가를 받았습니다. 이 두 대통령의 사례는 IQ와 지적 총명성의 균형이 성공적인 리더십에 어떻게 이바지할 수 있는지를 보여 줍니다.

부모님을 위한 꿀팁! 이럴 땐 이렇게!

1. 아이의 창의성과 탐구력을 키우세요. 과학 키트, 미술 워크숍 등 체험 활동에 참여하도록 도와주세요.

2. 작은 성취도 칭찬하며 자신감을 키워 주세요.
3. 재능이 보이면 적절히 지원하세요
4. 전문가 상담을 통해 IQ 검사나 맞춤형 교육 방법을 알아보는 것도 좋습니다.

아이의 잠재력은 무한합니다. 부모님의 따뜻한 관심과 존중이 아이가 자신의 빛을 마음껏 발휘하는 힘이 되어 줄 것입니다.

24

IQ 검사 이해하기

아이들의 인지 기능을 평가하는 도구는 여러 가지입니다. 여기서 '인지 기능'이란 아이가 정보를 받아들이고, 이해하고, 기억하며, 이를 문제 해결에 활용하는 전반적인 능력을 말합니다. 이러한 도구는 아이의 강점과 약점을 파악하고, 맞춤형 학습과 지원 계획을 세우는 데 도움을 줍니다. 대표적으로 덴버 발달 선별 검사, 베일리 영유아 발달 검사, 그리고 웩슬러 지능 검사가 있습니다. 특히, 웩슬러 지능 검사는 나이별로 세분화된 버전이 있어 유아부터 성인까지 모두 사용할 수 있습니다. 예를 들어, 3세부터 초등학교 저학년까지는 웩슬러 유아 지능 검사$^{\text{Wechsler Preschool and Primary Scale of Intelligence, WPPSI}}$를, 6세부터 16세까지는 웩슬러 아동 지능 검사$^{\text{Wechsler Intelligence Scale for Children, WISC}}$를 활용합니다. 평가 원리는 유사하며, 이 검사를 통해 아이들의 강점과 약점을 확인할 수 있습니다.

웩슬러 유아 지능 검사

이 검사는 2세 6개월부터 초등학교 1학년 아동을 대상으로 하며, 검사자와 아동 1대1로 진행합니다. 소요 시간은 약 1~1.5시간으로, 아이의 전반적인 인지 기능을 평가하는 데 초점을 맞춥니다. 웩슬러 유아 지능 검사는 최대 15개의 소검사를 통해 IQ를 산출하며, 여기에는 토막 짜기, 행렬 추리, 어휘 등 다양한 항목이 포함됩니다.

소검사 예시

- **토막 짜기**(Block Design): 같은 모양의 토막을 보고 동일하게 재현하기. 아동의 시지각 공간 능력을 평가합니다.
- **행렬 추리**: 빈칸에 들어갈 그림을 맞추는 문제로, 유동 지능(fluid intelligence)을 검사합니다. 유동 지능이란 학습이나 경험의 영향을 덜 받으며, 새로운 문제를 해결하거나 환경에 적응하는 데 필요한 추론 능력을 의미합니다.

  예) 세 가지 패턴을 보고 다음에 올 패턴을 선택하는 문제.

- **어휘**: 그림 이름을 말하거나 단어를 정의하는 방식으로 평가합니다.

  예) 코끼리 그림을 보고 '코끼리'라는 단어를 말하기.

웩슬러 지능 검사의 해석

웩슬러 지능 검사의 평균 IQ는 100, 표준 편차는 15입니다. 이는 IQ 점수가 평균 대비 상대적 위치를 나타내는 척도로, 개인의 상대적 위치를 이해하는 데 유용합니다. 예를 들어, 표준 편차가 15이므로 IQ 115는 평균보다 한 표준 편차 높은 점수를 의미합니다.

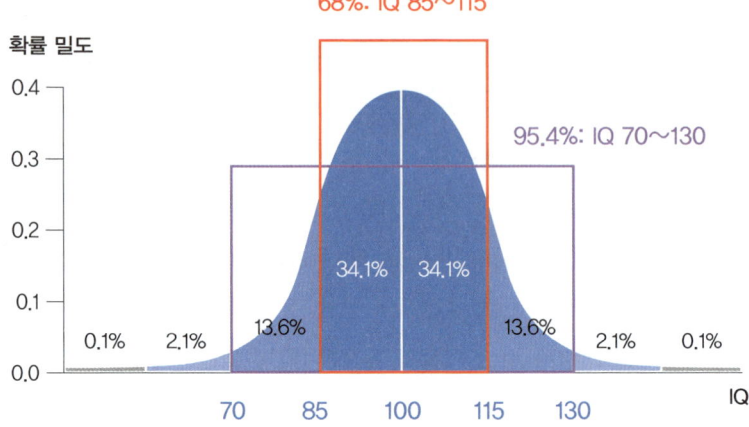

- IQ 85~115: 평균 범위(전체 아동의 약 68% 포함)
- IQ 70 미만: 매우 낮음
- IQ 130 이상: 매우 높음

웩슬러 유아 지능 검사의 주요 지표

검사 결과는 5가지 기본 지표와 전체 IQ로 구성됩니다.

- 언어 이해(Verbal Comprehension Index): 언어를 이해하고 표현하는 능력을 말합니다. 예를 들어, 단어의 정의를 설명하거나 문장의 의미를 파악하는 과제가 포함됩니다. 이 능력이 뛰어난 아동은 학교와 일상생활에서 의사소통에 유리합니다.

- 시공간 정보 처리(Visual Spatial Index): 그림이나 공간 내의 정보를 처리하고 이해하는 능력을 평가합니다. 예를 들어, 퍼즐을 맞추거나 물체의 위치를 파악하는 과제가 포함됩니다. 이 능력은 길 찾기, 기하학 학습, 정리 정돈에도 영향을 줍니다.

- 유동 추리(Fluid Reasoning Index): 새로운 문제를 빠르게 이해하고 적응하

는 능력을 측정합니다. 예를 들어, 그림의 패턴을 분석하고 다음에 올 패턴을 예측하는 과제가 이에 해당합니다. 유동 추리 능력이 뛰어난 아동은 수학적 사고와 문제 해결에 강점을 보입니다.

- **작업 기억**(Working Memory Index): 정보를 단기적으로 저장하고 이를 활용하는 능력을 의미합니다. 예를 들어, 숫자를 반복하거나 짧은 지시 사항을 기억하고 실행하는 과제가 포함됩니다. 작업 기억은 학습과 일상생활의 여러 상황에서 중요한 역할을 합니다.

- **처리 속도**(Processing Speed Index): 시각적 정보를 신속하고 정확하게 처리하는 능력을 평가합니다. 예를 들어, 동일한 그림을 찾거나 간단한 작업을 빠르게 완료하는 과제가 이에 포함됩니다. 처리 속도가 높은 아동은 학업 수행과 일상 업무에서 효율성을 보일 수 있습니다.

기타 지능 검사

웩슬러 외에도 스탠퍼드-비네 검사Stanford-Binet Intelligence Scales와 레이븐 검사Raven's Progressive Matrices가 있으며, 스탠퍼드-비네 검사는 언어적 문제 해결 능력을, 레이븐 검사는 시각적 추론 능력을 평가하는 데 중점을 둡니다. 예를 들어, 패턴의 변화를 관찰하고 다음에 올 패턴을 예측하는 문제가 포함됩니다. 참고로, 검사마다 표준 편차가 다르므로, 검사 결과를 비교할 때 주의가 필요합니다.

부모님을 위한 꿀팁! 이럴 땐 이렇게!

1. 검사 결과는 참고 자료일 뿐입니다. IQ는 아이의 인지 능력을 평가하는 한 가지 도구에 불과함을 잊지 마세요. 다양한 환경과 경험이 아이의 성장과 발달에 영향을 미칩니다.
2. 약점보다 강점에 집중하세요. 검사 결과에서 보이는 아이의 강점을 기반으로 교육 계획을 세우고, 강점을 활용할 수 있는 활동을 함께 계획해 보세요.
3. 지속적인 관찰과 대화가 필요합니다. 지능 검사는 순간적인 결과일 수 있으므로, 일상생활에서 아이의 행동과 발달을 꾸준히 관찰하세요.
4. 전문가의 도움을 받으세요. 검사 결과가 걱정될 경우, 소아청소년과나 소아재활의학과 전문의와 상담하여 적절한 조언을 받아 보세요.

수치는 단지 하나의 참고일 뿐입니다. 부모님의 따뜻한 관심과 격려가 아이의 진짜 가능성을 키우는 가장 큰 힘이 됩니다.

25. 지적 장애와 경계성 지능

지적 장애와 경계성 지능은 아이의 인지 발달에 영향을 미치는 상태로, 학습, 문제 해결, 그리고 일상생활 적응 능력에 어려움을 겪을 수 있습니다. 이러한 상태를 조기에 이해하고 적절한 지원을 제공하는 것은 아이가 자신의 잠재력을 최대한 발휘하며 삶의 질을 높이는 데 중요한 역할을 합니다.

지적 장애

지적 장애는 IQ가 낮고 일상생활 적응 기술이 부족한 상태로, 조기 발견과 지원이 중요합니다. IQ 70 미만이며 동시에 적응 기술의 어려움이 있으며 18세 이전 발병합니다. 인구 100명 중 약 1명꼴로 발생합니다. 주요 특징은 다음과 같습니다.

- 언어 발달 지연
- 읽기 및 학습의 어려움
- 심한 경우 운동 발달 지연 및 자폐 스펙트럼 장애 동반 가능

지적 장애의 주요 원인

대부분의 지적 장애는 선천적인 요인에서 비롯됩니다. 주요 원인은 다음과 같습니다.

- **유전자 이상:** 염색체 문제, 특정 유전자 변이

- **뇌 구조의 문제:** 유전자 변이 때문에 발생하는 뇌 구조 이상
- **시냅스 기능 이상:** 신경 세포와 시냅스의 비정상적인 작동

지적 장애의 관리 방법
- **재활 치료:** 언어 치료, 학습 훈련, 적응 기술 훈련
- **약물 사용:** 과학적 근거 부족으로 신중히 접근
- **목표:** 독립적 생활 능력 향상이 중요

경계성 지능

경계성 지능은 일반적인 지적 장애보다는 경미한 상태로, 추가적인 학습 및 사회적 지원이 필요합니다. 경계성 지능은 웩슬러 지능 검사에서 IQ 70~85 범위에 해당합니다. 이는 전체 인구의 약 13.6%를 차지합니다. 주요 특징은 다음과 같습니다.

- **증상:** 언어 발달 지연, 학습 부진
- **운동 발달:** 대부분 정상이나 약간 늦을 수 있음
- **사회적 어려움:** 언어 지연으로 친구와의 놀이에 어려움을 경험

경계성 지능의 지원 방법
- **학습 지원:** 맞춤형 학습 계획 제공
- **사회 기술 훈련:** 또래와의 놀이 기회 마련
- **부모의 역할:** 아이의 강점을 격려하고 이해

지적 장애와 경계성 지능 아동의 부모가 할 수 있는 실천 방안

지적 장애와 경계성 지능 아동을 위해 부모가 할 수 있는 일들은 아래와

같습니다.

언어 발달 돕기
- 아이와 자주 대화하고 다양한 어휘를 사용해 보세요.
- 그림책 읽기와 이야기 나누기로 언어 능력을 키워 주세요.

사회적 상호 작용 촉진
- 또래 친구들과 함께 놀 수 있는 시간을 마련해 주세요.
- 역할 놀이를 통해 감정을 이해하고 적절히 표현할 수 있게 도와주세요.

인지 발달 키우기
- 퍼즐이나 블록 놀이로 문제 해결 능력을 키워 주세요.
- 쇼핑과 요리 활동으로 숫자와 시간 개념을 가르쳐 보세요.

일상생활 기술 훈련
- 스스로 옷을 입거나 화장실을 이용하는 연습을 도와주세요.
- 일과를 반복적으로 익히며 규칙성을 배울 수 있도록 해 주세요.

조용한 학습 환경 제공
- 방해받지 않고 집중할 수 있는 공간을 마련해 주세요.
- 간단하고 명확한 설명으로 아이가 이해하기 쉽게 가르쳐 주세요.

전문가와 협력
- 언어 치료와 심리 상담 같은 전문적인 도움을 적극적으로 활용하세요.
- 발달 전문가와 협력하여 아이에게 맞는 맞춤형 계획을 세우세요.

부모님을 위한 꿀팁! 이럴 땐 이렇게!

1. 발달 점검 신호: 언어, 학습, 운동 발달에서 지연이 보이면 즉시 전문가와 상담하세요.
2. 재활 치료 적극 활용: 언어 치료와 학습 지원으로 잠재력을 키워 주세요.
3. 아이의 강점 발견: 잘하는 것을 찾아 자신감을 심어 주세요.
4. 가족의 협력 강화: 따뜻한 가정 환경에서 아이가 안정감을 느낄 수 있도록 해 주세요.
5. 전문가와 소통: 아이의 발달에 필요한 맞춤형 지원을 받으세요.

조금 느릴지라도 아이는 자신의 길을 스스로 찾아갑니다. 부모님의 이해와 사랑이 아이의 삶에 큰 날개를 달아 줄 것입니다.

26  난독증

 난독증은 언어 능력과 지적 수준에는 문제가 없지만, 읽기와 맞춤법 등 글자를 인식하고 쓰는 데 지속적인 어려움을 겪는 학습 장애입니다. 조기 진단과 맞춤형 학습 지원은 난독증 아동이 잠재력을 발휘하고 자신감을 키우는 데 중요한 역할을 합니다.

난독증

 난독증은 단어를 정확하고 빠르게 인식하지 못해 글 읽기에 어려움을 겪는 상태를 말합니다. 난독증이 있는 아이는 읽기 장애 때문에 어휘와 배경지식 습득에 어려움을 겪습니다.

 읽기 부진의 원인은 다양합니다. 지적 장애, 경계성 지능, 조음 장애, 부적절한 가정 환경, 주의력 결핍 등이 이에 해당합니다. 반면, 난독증은 이러한 원인이 없는 상태에서 발생하는 읽기 어려움으로 정의됩니다.

 진단 기준에 따라 다르지만, 난독증은 인구의 약 5%에서 관찰됩니다. 2022년 한 연구에서는 초등학생의 약 7.1%가 난독증 위험군에 해당하는 것으로 나타났으며, 남아가 여아보다 2배 더 흔하다고 보고되었습니다.

난독증의 원인과 증상

난독증은 뇌의 언어 처리와 관련된 구조적 또는 기능적 문제로 발생합니다. 난독증과 관련된 주요 뇌 영역은 일반적으로 좌측 대뇌 반구에 위치합니다. 이는 오른손잡이의 경우 특히 뚜렷하게 나타납니다. 청각, 언어 이해, 말하기, 그리고 글자를 인식하는 영역 간 네트워크의 이상이 원인으로 추정됩니다. 난독증일 때 나타나는 증상은 아래와 같습니다.

- **읽기를 매우 싫어하거나 거부함:** 예를 들어, 책을 읽기 시작하면 금세 짜증을 내거나 '읽기 싫다'라며 다른 행동을 할 수 있습니다.
- **읽는 속도가 느림:** 아이가 문장을 끝내기까지 시간이 오래 걸리며, 한 단어씩 천천히 읽는 경향을 보일 수 있습니다.
- **글을 읽고 이해하지 못하지만, 말로 설명하면 잘 이해함:** 예를 들어, 이야기를 직접 들으면 잘 이해하지만 글로 읽으려고 하면 내용을 파악하는 데 어려움을 느낍니다.

초기 증상으로 언어 발달이 지연되거나 음운 인식(소리의 규칙을 이해하고 다루는 능력)에 어려움을 겪을 수 있습니다. 예를 들어, 끝말이 같은 단어를 연결하는 놀이에서 어려움을 겪는 경우가 있습니다. 또한, 한글이나 영어 등 글자 학습에도 어려움을 보입니다.

난독증 진단

난독증을 진단할 때는 다음의 읽기 검사와 음운 처리 능력 검사를 진행합니다.

- **낱말 읽기:** '조개'를 '조개'라고 읽어야 하고, '입구'는 '입꾸'로 읽어야 합니다.
- **무의미 낱말 읽기:** '가더'를 '가더'라고 읽는지 확인합니다.
- **문장 읽기:** '만약 배가 아프( ) 병원에 가야 해'를 '만약 배가 아프면 병원에

가야 해'로 읽는지 확인합니다.

- **듣기 이해:** 나이에 맞는 이야기를 들려준 뒤 내용을 잘 이해하는지 질문합니다.

읽기: 낱말, 문장, 문단

해독: 의미 낱말: 조개-> 조개: 자소-음소 일치형

　　　　　　 입구-> 입꾸: 자소-음소 불일치형

　　 무의미 낱말: 가더-> 가더:자소-음소 일치형

　　　　　　 박산-> 박싼/ 긷하-> 기타 :자소-음소 불일치형

* 통 문자로 기억하는 아이는 무의미 낱말을 읽기 어렵다.

읽기 이해: 만약 배가 아프( ) 병원에 가야 돼 : 면/ 다면

　　　　　 나무꾼이 도끼( ) 나무를 찍었습니다: 로/ 를 가지고

문단 글 읽기

음운 처리 능력 검사에서는 단어나 음소를 빼고 남은 소리를 말하게 하거나, 여러 음절의 단어를 정확히 반복하게 합니다.

음운 처리 능력 Phonological Processing

- 음운 인식 phonological awareness

　음절 수준 /나비/에서 /나/를 빼면 무슨 소리가 남죠?

　음소 수준 /초/에서 /ㅊ/을 빼면 무슨 소리가 남죠?

- 음운 기억 phonological memory

　2 음절 망씁

　3 음절 발무린

　4 음절 분대홍설

　5 음절 찍소분천다

난독증 아동의 언어와 쓰기 발달

난독증 아동 중 절반 가량이 발달성 언어 장애를 동반하며, 발달성 언어 장애 아동 역시 절반 정도가 난독증을 보이는 것으로 알려져 있습니다. 또한, 난독증 아동의 90%가 언어 지연을 겪습니다.

난독증 아동은 쓰기에 어려움을 보일 때도 많습니다. 하지만 동일한 읽기 능력을 갖춘 비난독증 아동과 비교했을 때, 쓰기 능력에 큰 차이는 없습니다. 따라서 쓰기 어려움은 읽기 장애로 생기는 이차적인 문제로 이해할 수 있습니다.

난독증 치료

난독증은 완치는 어렵지만, 꾸준한 치료와 환경적 지원을 통해 관리하고 개선할 수 있습니다. 치료 목표는 읽기 능력을 향상하는 것이며, 음운 처리 능력 훈련이 필수적입니다. 주요 치료 방법은 다음과 같습니다.

- 낱말, 문장, 문단 읽기 훈련
- 언어 치료를 통한 발음 및 철자법 훈련
- 글씨를 음성으로 변환해 주는 소프트웨어와 같은 보조 기구 활용
- 시험 시간 연장이나 구술 시험 요청

부모가 가정에서 할 수 있는 지원 방법은 무엇인가요?

난독증 아동을 위해 부모가 할 수 있는 일들은 아래와 같습니다.

- **읽기와 쓰기 연습 강화:** 자녀가 반복적으로 책을 읽고 다양한 자료를 접할 수 있도록 지원하세요. 소리 내어 읽기를 통해 발음과 읽기 능력을 자연스럽게 개선할 수 있습니다.
- **오디오 및 시청각 자료 활용:** 오디오북을 활용하여 텍스트와 함께 소리를

제공하고, 영화나 애니메이션에서 자막을 읽는 활동을 병행하세요. 이 방법은 자녀가 읽기와 이해를 동시에 향상할 수 있도록 도와줍니다.

- **언어 리듬과 패턴 학습:** 단어 카드를 사용하거나 리듬 있는 노래와 시를 활용하여 자녀가 언어의 리듬과 패턴을 자연스럽게 익힐 수 있도록 도와주세요.
- **긍정적인 피드백 제공:** 자녀가 작은 성취를 이룰 때마다 축하해 주고, 실수에 부드럽고 긍정적인 태도로 대처할 수 있도록 도와주세요.
- **전문적인 지원 요청:** 자녀가 언어 치료나 특별 교육 프로그램에 참여할 수 있도록 지원해 주세요. 이를 통해 자녀는 개별적인 필요에 맞는 맞춤형 교육을 받을 수 있습니다.
- **기술적 도구 활용:** 디지털 학습 도구를 활용하거나, 텍스트 크기와 색상 등을 조정하여 자녀가 더욱 편안하게 읽을 수 있도록 돕는 방법을 고려해 보세요.
- **조기 진단과 관찰:** 자녀의 읽기와 쓰기 능력을 꾸준히 관찰하고, 필요한 경우 교육 전문가나 언어 치료사와 상담을 진행하세요.

부모님을 위한 꿀팁! 이럴 땐 이렇게!

1. 읽기를 거부하거나 어려워할 때: 책 읽기를 놀이처럼 만들어 주거나 아이가 흥미를 느낄 수 있는 이야기를 선택하세요.
2. 진단이 필요하다고 느낄 때: 아이의 읽기 능력을 세심히 관찰하고, 필요시 소아청소년과나 언어 치료 전문가에게 찾아가세요.
3. 읽기 훈련을 돕고 싶을 때: 짧고 쉬운 문장부터 시작해 천천히 난도를 높이세요. 재미있는 활동과 결합하면 효과적입니다.
4. 학교와 협력할 때: 교사와의 긴밀한 협조를 통해 아이의 학습 환경을 조율하세요.

읽기의 어려움은 극복할 수 있습니다. 부모님의 꾸준한 관심과 격려가 아이에게 자신감을 심어 주고, 세상을 향해 나아가는 힘이 되어 줄 것입니다.

Part 7
피부 건강과 관리

27 몽고반점

몽고반점(Mongolian Spot)

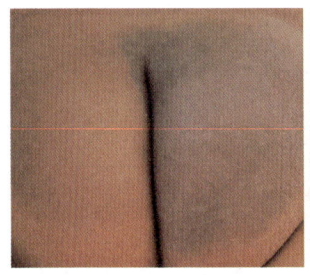
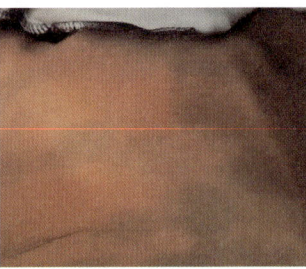
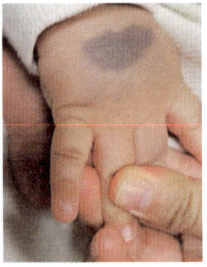

　몽고반점은 신생아의 피부에 나타나는 푸른색 또는 회색 반점으로, 주로 엉덩이와 허벅지 같은 하반신에서 발견됩니다. 드물게 얼굴이나 다른 부위에서도 나타날 수 있으며, 특히 동아시아, 아프리카, 아메리카 원주민 사이에서 흔히 볼 수 있는 현상입니다. 예를 들어, 신생아의 엉덩이에 나타나는 동그란 푸른 반점이 이에 해당합니다. 몽고반점이라고 불리는 이유는 1883년 독일 의사 에르빈 발츠Erwin Bälz가 일본에서 이 반점을 관찰하고 처음으로 기록하며 이름을 붙였기 때문입니다. 당시 그는 일본에서 다양한 신생아 피부 질환을 연구하던 중 몽고반점을 관찰했습니다. 이 반점은 동아시아인에게 흔히 나타나는 독특한 특징으로 주목되었습니다. 당시 동아시아와 몽골 사람에게 이 반점이 자주 보인다는 관찰에 기반했으며, 이는 당시 인류학적 연구의 흔적입니다. 현재는 인종과 관계없이 누구에게나 발생할 수 있는 정상적인 피부 현상으로 받아들여집니다.

- **특징:** 파란색, 회색 또는 푸른색의 반점이 피부에 나타납니다.
- **대상:** 아시아, 아프리카, 히스패닉계 아기들에게 흔하며, 서양 아기들에게는 드뭅니다.
- **관리법:** 특별한 치료가 필요하지 않으며, 시간이 지나면 자연스럽게 사라집니다. 피부를 부드럽게 관리하고 보습에 신경 써 주세요.

얼굴에 나타나는 경우는 드무니, 아이의 몽고반점이 얼굴에 나타난다면, 의료진의 확인이 필요합니다.

몽고반점의 발생 원인

몽고반점은 멜라닌 세포가 정상적으로 이동하지 못하고 진피 깊은 층에 머물러 발생합니다. 멜라닌 세포는 신경 능선 세포에서 유래하여 몸 전체로 이동하는데, 몽고반점은 진피층에 축적된 멜라닌이 빛을 산란시켜서 푸른빛을 띱니다. 이는 틴들 효과[*]로 푸른빛이 더 많이 산란되기 때문입니다. 예를 들어, 맑은 물속 깊은 곳이 파랗게 보이는 원리와 비슷합니다. 이렇게 형성된 몽고반점은 시간이 지나면서 자연스럽게 옅어집니다.

몽고반점의 소멸

대부분의 몽고반점은 특별한 치료 없이 자연스럽게 사라집니다. 그러나 드물게 일부 반점은 성인이 되어서도 남아 있을 수 있습니다. 이럴 때는 피부과 전문의와 상의하여 적절한 대처 방법을 확인하는 것이 좋습니다.

---

* 빛이 특정 매질을 통과하며 짧은 파장이 더 많이 산란해 푸른빛으로 보이는 현상

- **자연적인 색소 분해:** 멜라닌 세포가 시간이 지나며 분해됩니다.
- **피부 세포 교체:** 피부 세포가 교체되면서 반점이 점차 옅어집니다.

일반적으로 아동이 4~5세가 되기 전에 사라지는 경우가 많습니다.

부모님을 위한 꿀팁! 이럴 땐 이렇게!

1. 몽고반점이 걱정될 땐? 아이의 피부 상태를 사진으로 기록하여 변화 과정을 관찰하세요. 매월 한 번 정도 동일한 조명과 각도로 사진을 찍어 기록해 두세요.
2. 의료진 상담이 필요한 경우! 반점의 색이나 크기가 갑자기 변하거나, 얼굴과 같이 드문 부위에 나타난 경우에는 전문가의 진단을 받아 보세요.
3. 다른 피부 상태와 혼동하지 않으려면! 멍은 대개 시간이 지나면서 색이 변하거나 점차 사라지는 특징이 있으며, 압박 시 색이 약간 변할 수 있습니다.

몽고반점은 아이의 성장과 함께 자연스럽게 사라지는 정상적인 변화입니다. 부모님의 따뜻한 관심과 여유로운 기다림이 아이의 건강한 성장을 더욱 빛나게 해 줄 것입니다.

연어반

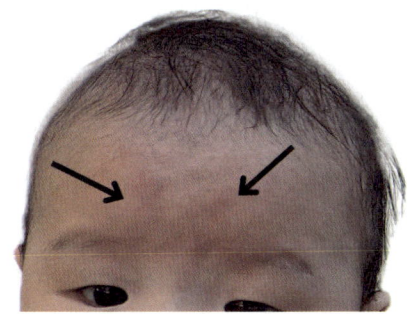 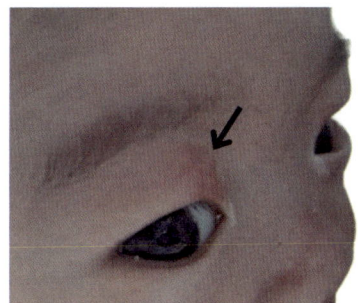

연어반$^{Salmon\ Patch}$은 주로 얼굴, 목, 이마, 눈썹 부위에 나타나는 붉은색 또는 분홍색의 작은 반점입니다. 이는 신생아의 피부 아래 미성숙한 혈관이 집중되어 발생하는 자연스러운 현상입니다. 예를 들어, 갓난아기의 연한 피부가 성인의 피부보다 혈관이 더 잘 보이는 것과 비슷한 원리입니다. 건강에 전혀 해롭지 않으며 대개 몇 개월 안에 자연스럽게 사라집니다.

연어반

연어반은 신생아의 30~50%에서 발견되는 흔한 출생 반점입니다. 즉 신생아 10명 중 3~5명에서 나타날 수 있습니다. 주로 이마, 코, 윗입술, 눈꺼풀, 그리고 목덜미에 나타납니다. 특히 목덜미에 생긴 연어반은 흔히 '황새 물림 자국$^{stork\ bite}$' 또는 '목덜미 불꽃 모반$^{Naevus\ Flammeus\ Nuchae}$'이라고 불립니다.

연어반은 옅은 분홍색에서 붉은 벽돌색까지 색상이 다양하며, 일반적으로 생후 1~2년 내에 자연스럽게 사라집니다. 이 반점은 통증이나 가려움증을 유발하지 않으며 건강에 영향을 미치지 않는 안전한 출생 반점입니다. 또한, 특정 가족력이나 유전적 요인과 직접적 연관성은 없습니다. 즉, 가족 중 연어반이 있어도 신생아에게 반드시 생기지는 않습니다. 이는 신생아의 피부 아래 미성숙한 혈관이 집중되어 발생하는 자연스러운 현상입니다. 예를 들어, 갓난아기의 연한 피부가 성인의 피부보다 혈관이 더 잘 보이는 것과 비슷한 원리입니다.

연어반의 특징

- **발생 원인:** 피부 표면 근처에 미성숙한 혈관이 집중되어 분홍색이나 붉은색 반점이 나타납니다.
- **건강 영향:** 통증이나 불편함을 유발하지 않으며, 건강에 해롭지 않습니다.
- **관련 질환:** 포도주색 반점(port-wine stain, 피부에 영구적으로 남는 어두운 붉은 반점)과 달리 스터지 웨버 증후군 같은 뇌 관련 질환과는 무관합니다.

연어반의 자연 경과

- **생후 첫 몇 주:** 출생 직후 분홍빛 반점이 생깁니다. 아이가 울거나 체온이 올라가면 더욱 두드러집니다.
- **생후 6개월:** 대부분의 연어반이 옅어지며, 특히 얼굴 부위의 반점은 크기가 작아지고 색이 옅어져 눈에 덜 띄게 됩니다.
- **생후 1년:** 많은 연어반이 거의 사라지며, 피부 톤과 구별되지 않을 정도로 옅어집니다. 특히 얼굴에 나타난 연어반은 대부분 이 시기에 이르면 사라집니다.

목덜미 연어반의 자연 경과

목덜미에 나타나는 연어반은 다른 부위보다 더 오래 지속될 수 있습니다. 예를 들어, 목덜미 연어반은 성인이 되어도 머리카락에 가려 보이지 않을 정도로 남아 있을 수 있습니다.

- **생후 6개월:** 목덜미 연어반은 크게 변화하지 않을 수 있습니다.
- **생후 1년:** 일부 연어반이 옅어지기 시작합니다.
- **생후 2년:** 대부분의 연어반이 옅어지거나 사라지지만, 여전히 남아 있는 경우도 있습니다.
- **어린 시기 이후:** 일부 목덜미 연어반은 성인이 되어서도 남아 있을 수 있으나, 일반적으로 머리카락에 가려져 눈에 띄지 않습니다.

부모님을 위한 꿀팁! 이럴 땐 이렇게!

1. 안심하세요! 연어반은 대부분 자연스럽게 사라지므로 특별한 치료가 필요 없습니다.
2. 의사와 상담하세요! 생후 2년 이후에도 연어반이 남아 있거나, 색이 진해지거나 크기가 커진다면, 소아청소년과에서 상담을 받아 보세요. 필요한 경우 피부과의 레이저 시술 같은 추가 치료 옵션을 논의할 수 있습니다.
3. 아이를 관찰하세요! 연어반이 갑자기 변화하거나 다른 증상이 동반될 경우, 즉시 전문의의 진료를 받아야 합니다.

연어반은 대부분 시간이 지나며 자연스럽게 사라지는 정상적인 변화입니다. 부모님의 따뜻한 관심과 여유로운 기다림이 아이의 건강한 성장을 더욱 빛나게 할 것입니다.

신생아 지루성 피부염

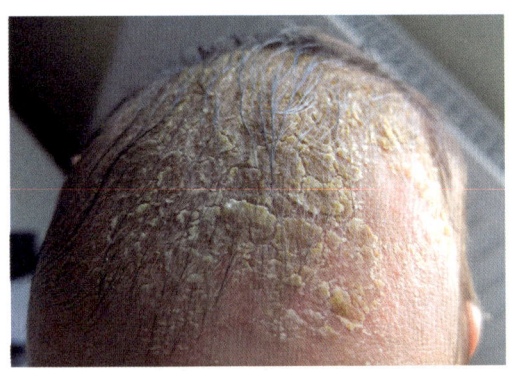

    신생아 지루성 피부염은 생후 초기 신생아의 얼굴과 두피에 흔히 나타나는 피부 질환으로, 과도한 피지 분비와 말라세지아라는 곰팡이균의 증식이 주요 원인입니다. 염증 반응이 동반되기도 합니다. 부모로서는 이 증상이 당혹스러울 수 있지만, 대부분 쉽게 관리할 수 있습니다. 우리 아이의 첫 피부 고민을 함께 해결해 보겠습니다.

신생아 지루성 피부염이란 무엇인가요?

    신생아 지루성 피부염은 흔히 '크레들 캡$^{Cradle\ Cap}$'으로 불리며, 신생아 두피에 나타나는 피부 질환입니다. 노란색이나 갈색의 기름진 비늘 또는 딱지가 생후 3~6개월 사이에 약 10~20%의 신생아에게 나타나며, 성별이나 인종과 관계없이 발생합니다. 대부분 자연적으로 치유되니 걱정하지 않으셔도 됩니다.

발생 원인
- **피지 분비 증가:** 신생아의 피지선이 활성화되면서 과도한 피지가 분비될 수 있습니다. 이 때문에 두피가 기름지게 되고, 지루성 피부염의 주요 원인이 됩니다.
- **호르몬의 영향:** 임신 중 어머니로부터 전달된 안드로겐 호르몬이 신생아의 피지 분비를 자극하며, 출생 후 몇 주 동안 영향을 미칠 수 있습니다.
- **말라세지아 곰팡이:** 말라세지아^{Malassezia}는 피부의 정상 미생물 중 하나로, 피지가 많아지면 과증식하여 염증과 비늘 형성을 유발할 수 있습니다. 이는 신생아 지루성 피부염 사례의 약 50~60%에서 발견됩니다.

주요 증상
- **두피:** 노란색 또는 갈색의 기름진 비늘이나 딱지가 두피에 형성됩니다.
- **다른 부위:** 두피 외에도 얼굴, 목, 겨드랑이, 기저귀 부위에도 발생할 수 있습니다.

신생아 지루성 피부염은 시각적 검사로 충분히 감별할 수 있습니다. 필요시 피부 샘플을 통해 말라세지아 곰팡이 과증식을 확인할 수 있습니다.

치료와 관리법

신생아 지루성 피부염은 대부분 특별한 치료 없이 몇 주에서 몇 달 내에 호전됩니다. 그러나 증상이 심하거나 지속된다면, 다음 방법을 고려해 보세요.
- 순한 유아용 샴푸로 자주 두피를 씻어 줍니다. 샴푸를 두피에 마사지하듯

부드럽게 문지른 후 미지근한 물로 충분히 헹궈 주세요.
- 샴푸 후 부드러운 솔이나 수건으로 각질을 제거합니다.
- 각질 부위에 유아용 오일을 발라서 각질을 불리면 쉽게 제거할 수 있습니다. 오일을 바른 후 10~15분 정도 기다리면 각질이 더 잘 벗겨집니다.
- 필요시 항진균 성분이 포함된 약용 샴푸(의사와 상의 필요)를 사용합니다.

부모님을 위한 꿀팁! 이럴 땐 이렇게!

1. 비늘과 같은 딱지가 많아도 당황하지 마세요! 아기에게 불편을 주지 않을 때가 많습니다. 부드러운 솔로 가볍게 관리하세요.
2. 증상이 심하다면, 병원 방문을 고민하세요. 두피에서 고름이 생기거나 피부가 점점 붉어지며 열이 나는 경우, 빠르게 소아청소년과에 방문하세요.
3. 제품 선택은 신중히! 유아용 제품은 성분이 순하고 자극이 적은 것을 선택하세요. 강한 약품은 반드시 의사와 상의 후 사용하는 것이 안전합니다.
4. 신생아 지루성 피부염은 흔한 질환이며 대부분 자연적으로 호전됩니다. 꾸준한 관리와 적절한 주의로 우리 아이의 피부를 부드럽고 건강하게 유지할 수 있습니다.

작은 피부 고민도 아이에게는 소중한 성장의 일부입니다. 부모님의 부드러운 관심과 꾸준한 관리가 아이의 건강한 피부를 지켜 줄 것입니다.

30  침독

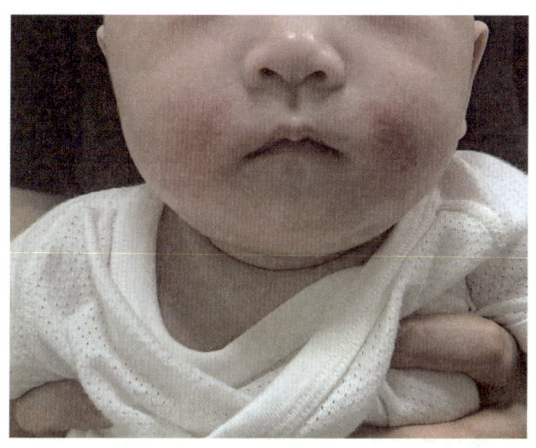

　아기가 침을 많이 흘려 입 주변 피부에 염증이 생기는 상태를 침독이라고 합니다. 아기는 생후 6개월에 접어들면 이가 납니다. 그 때문에 침 분비가 늘어나 입 주변이 붉어지고 트는 모습이 관찰됩니다. 침독은 치아가 나는 생후 4~24개월 사이에 주로 발생합니다. 생후 3개월 이하 신생아도 침샘 활동이 활발해지면서 침독이 나타날 수 있습니다.

　특정 음식 섭취나 젖병 사용이 많아질 때도 침독이 생길 수 있습니다. 젖병이나 유아용 컵 사용, 손가락 빠는 행동은 입 주변을 젖게해서 피부 자극을 증가시킵니다. 이 경우 손 위생을 철저히 하고, 행동을 줄이는 방법을 고려해야 합니다. 다음과 같은 상황에서 침독이 주로 발생하니 유의하세요.

Part 7. 피부 건강과 관리

- **습한 환경:** 침이 입 주변에 머물러 피부를 계속 적셔 보호막을 약화합니다.
- **피부 자극:** 침에 포함된 효소와 박테리아가 피부를 자극하여 염증을 유발합니다.
- **마찰:** 젖병, 유아용 컵, 손가락과의 반복적인 마찰로 피부가 손상될 수 있습니다.

침독이 의심된다면 아래의 증상이 나타나지 않는지도 확인해 봅니다.
- **붉은 발진:** 입 주변 피부가 붉어집니다.
- **건조함과 갈라짐:** 피부가 건조해지고 갈라질 수 있습니다.
- **작은 발진:** 작은 돌기나 발진이 생길 수 있습니다.
- **가려움:** 아기가 가려움을 느껴 자꾸 손으로 만질 수 있습니다.

침독이 심해지면 아래와 같은 문제도 생길 수 있습니다.
- **감염 위험:** 피부가 갈라지고 염증이 생기면 세균이 침투하여 감염될 수 있습니다.
- **심한 발진:** 지속적인 자극으로 발진이 심해질 수 있습니다.

침독을 예방하고 관리하는 방법

침독은 예방하고 관리하면 좋아집니다. 아래 방법들을 참고하세요.
- **침 자주 닦기:** 부드러운 천으로 자주 침을 닦아 주어 아기의 피부가 젖지 않도록 합니다.
- **보호 크림 사용:** 바셀린이나 산화 아연 크림을 발라 피부를 보호하고 자극을 줄입니다. 비판텐 연고$^{\text{Bepanthen Ointment}}$나 아쿠아포^{Aquaphor}같은 제품을 사용하세요.
- **차가운 치아 발진 장난감 제공:** 차가운 치아 발진 장난감을 아기에게 주어

서, 침 분비를 줄이고 가려움증을 완화합니다.
- **젖은 옷이나 턱받이 교체**: 젖은 옷이나 침으로 젖은 턱받이를 자주 갈아 줍니다.
- **부드러운 음식 먹이기**: 으깬 감자, 바나나, 찐 브로콜리, 당근 퓨레 등 부드러운 음식을 제공하여 불편함을 줄입니다.

부모님을 위한 꿀팁! 이럴 땐 이렇게!

1. 보습은 필수: 아기의 입 주변이 붉어지면, 하루 3~4회 보습 크림을 발라 아기 피부를 촉촉하게 유지해 주세요.
2. 차가운 장난감 활용: 냉장고에 넣어 차갑게 만든 치아 발진 장난감을 아이에게 주면, 침 분비를 줄이고 가려움도 완화할 수 있습니다.
3. 전문가 상담 필요시: 침독 증상이 심하거나 감염 징후가 보이면, 소아청소년과에 방문해 적절한 치료를 받으세요.

침독은 시간이 지나면서 자연스럽게 좋아질 수 있습니다. 부모님의 부드러운 손길과 세심한 관리가 아이의 피부를 건강하고 편안하게 지켜 줄 것입니다.

31

이 앓이

이 앓이^{Teething}는 아기의 첫 치아(유치)가 잇몸을 뚫고 나오면서 발생하는 자연스러운 성장 과정입니다. 보통 생후 4~7개월부터 시작되며, 일부 아기는 3개월 이전이나 1년 이후에 첫 치아가 나기도 합니다. 이 과정은 대개 2~3세까지 지속되며, 20개의 유치가 모두 나올 때까지 반복될 수 있습니다.

이 앓이 증상

이 앓이 증상은 다음과 같습니다.

- **침 흘리기 증가**: 침 분비가 늘어나며, 입 주변이 짓무를 수 있습니다.
- **잇몸 통증**: 잇몸이 붓고 빨개지며 불편함을 느낄 수 있습니다.
- **보채기**: 평소보다 짜증이 늘고, 잠들기 어려워합니다.
- **물기 행동 증가**: 손, 장난감, 이 앓이 링 등을 물며 불편함을 해소하려 합니다.
- **식욕 감소**: 잇몸 통증으로 젖병이나 이유식을 거부할 수 있습니다.

가벼운 미열은 있을 수 있으나, 고열이나 심한 설사는 다른 원인을 의심해야 합니다

이 앓이 원인

이 앓이 원인을 알아보겠습니다.

- **잇몸 압력과 신경 자극:** 유치가 올라오면서 잇몸 조직이 자극을 받아 통증이 발생합니다.
- **잇몸 염증 반응:** 잇몸이 붓고 붉어지며 아기가 보채거나 잇몸을 자주 문지릅니다.
- **침 분비 증가:** 잇몸 보호를 위한 자연스러운 반응이나, 침이 많아지면서 피부를 자극할 수 있습니다.

이 앓이 완화 방법

- **이 앓이 링 제공:** 차갑게 한 실리콘 이 앓이 링은 잇몸 통증 완화에 도움이 됩니다.
- **잇몸 마사지:** 깨끗한 손으로 부드럽게 마사지해 주면 아기의 불편함을 줄일 수 있습니다.
- **젖은 천 제공:** 차가운 젖은 천을 물게 하면 잇몸 통증이 완화될 수 있습니다.
- **진통제 사용(의사 상담 후):** 심한 경우 소아용 타이레놀 등을 고려할 수 있습니다.
- **침 닦아 주기:** 과도한 침으로 피부가 짓무르지 않도록 자주 닦아 주고 보습제를 발라 줍니다.

이럴 때는 병원으로!
- 38도 이상의 고열이 지속될 때
- 심한 설사나 구토가 동반될 때
- 증상이 심하게 지속되거나 악화될 때

자주 받는 5가지 질문

부모가 궁금해하는 질문을 5가지로 추려 보았으니 확인해 보시기 바랍니다.

Q: 이 앓이는 언제 시작되나요?

A: 보통 생후 4~7개월 사이에 시작되지만, 아이마다 차이가 있습니다.

Q: 침을 많이 흘리는 것은 괜찮나요?

A: 이 앓이로 침이 많이 나올 수 있으며, 입 주변이 짓무르지 않도록 관리가 필요합니다.

Q: 약을 꼭 써야 하나요?

A: 대부분 자연스럽게 해결되지만, 통증이 심할 경우 의사와 상담 후 소아용 진통제 사용이 가능합니다.

Q: 감기와 이 앓이를 어떻게 구분할 수 있을까요?

A: 이 앓이는 기침, 콧물, 심한 열이 동반되지 않으며, 감기와 구별할 수 있습니다.

부모님을 위한 꿀팁! 이럴 땐 이렇게!

1. 아기가 밤에 보챌 때 자기 전 이 앓이 링을 사용하거나 잇몸 마사지를 해 주세요.
2. 젖병을 거부할 때는 부드럽고 시원한 음식을 제공하고, 아기가 편안한 자세를 찾도록 도와주세요.
3. 첫 치아가 보이면 거즈나 아기용 칫솔로 부드럽게 닦아 주세요.
4. 생후 12개월 이후에도 치아가 나지 않으면 소아과나 치과 상담을 받아 보세요.

이 앓이는 모든 아기가 경험하는 자연스러운 성장 과정입니다. 부모님이 차분하게 대처하면 아기도 안정감을 느낄 수 있습니다. 아이가 불편함을 덜 느끼도록 세심하게 도와주세요!

32 귀젖 관리: 부모를 위한 가이드

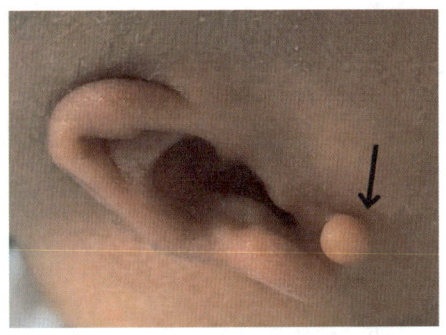

귀젖은 신생아에서 흔히 발견될 수 있는 작은 피부 조직으로, 대부분 건강에 큰 영향을 미치지 않습니다. 부모가 이러한 상태를 올바르게 이해하고 필요한 경우 적절한 관리 방법을 숙지하는 것은 아기의 귀 건강과 전반적인 안녕을 유지하는 데 도움이 됩니다.

귀젖이란 무엇인가요?

귀젖이란 귀 앞쪽에 살짝 튀어나온 작은 피부 돌기^{preauricular skin tag}를 가리키는 말입니다. 귀 주변에 흔히 나타나는 선천적 특징 중 하나로, 건강에는 큰 영향을 미치지 않습니다. 그러나 미용상의 이유나 반복적인 자극이 생기면, 귀젖이 거슬리거나 불편하게 느껴질 수 있습니다. 귀 앞쪽과 귓바퀴 근처에 나타나며, 피부색과 유사한 작은 혹 형태를 보일 때가 많습니다. 대부분 선천적으로 발생하며 특별한 문제를 일으키지 않지만, 필요에 따라 제거하기도 합니다.

발생 빈도와 특징

귀젖은 신생아의 약 3~6%에서 발견됩니다. 동양인과 아프리카계 사람들에게 더 자주 관찰되며, 여성에게 약간 더 자주 나타납니다. 대부분 단독으로 나타나지만, 드물게 특정 유전 질환과 관련이 있을 수 있습니다.

귀젖은 태아 발달 과정에서 귀와 주변 구조가 완벽하게 형성되지 않을 때 발생합니다. 귀와 주변 구조는 신경 능선 세포에서 발달하며, 이는 안면 연골, 감각 신경, 멜라닌 세포 등을 형성합니다. 이 과정에서 형성이 약간 어긋나면 작은 돌기가 남을 수 있습니다.

대부분의 귀젖은 유전적 원인과 관련이 없으나, 드물게 유전적 소인이 작용할 수 있습니다. 또한, 신장 이상이나 청력 이상과 연관될 수 있어 추가 검사가 필요할 때도 있습니다.

귀젖 치료

귀젖은 대개 건강에 문제가 되지 않으므로 치료가 꼭 필요하지는 않습니다. 그러나 다음과 같은 경우 제거를 고려할 수 있습니다.

- **미용상의 이유**: 눈에 띄는 돌기로 스트레스가 생길 때
- **반복적인 자극**: 의류나 액세서리 착용에 불편함이 있을 때
- **감염 위험**: 돌기가 크거나 자주 자극을 받아 감염 가능성이 있을 때

귀젖은 부분 마취로 간단히 제거할 수 있습니다. 수술 후 1~2일 이내에 일상생활이 가능하며, 수술 부위를 깨끗이 유지하고 자극을 피해야 합니다.

수술 후 흉터는 거의 남지 않으나, 체질과 관리 방법에 따라 드물게 흉터가 남을 수 있습니다. 신생아의 경우, 청력 검사나 신장 초음파 검사를 통해 다른 이상이 없는지 확인하는 것이 좋습니다.

귀젖 관리법

아기에게 귀젖이 있다면, 아래와 같이 관리해 주세요.

- **자극을 줄이세요:** 아기가 귀젖을 자주 만지지 않도록 유의하고, 부드럽고 통기성이 좋은 옷을 입히세요.
- **청결 유지:** 귀젖 주변을 순한 세정제나 미지근한 물로 부드럽게 씻으세요. 강한 세정제는 피하는 것이 좋습니다.
- **염증이 생기면 전문가와 상담:** 귀젖이 커지거나 염증이 자주 발생하면 전문가와 상담하여 적절한 치료를 받으세요.

부모님을 위한 꿀팁! 이럴 땐 이렇게!

1. 아이의 귀젖이 발견되면 지나치게 걱정하지 말고, 크기와 위치를 꾸준히 관찰하세요.
2. 자극받거나 감염 징후가 보이면 소아청소년과, 이비인후과, 성형외과에서 진료를 받아 보세요.
3. 신생아라면 청력 검사나 추가 검사를 통해 다른 이상이 없는지 확인하세요.
4. 미용상의 문제가 있다면 적절한 시기에 제거를 고려해 보세요.

귀젖은 대부분 자연스럽고 문제가 되지 않는 특징입니다. 부모님의 따뜻한 관심과 세심한 관찰이 아이의 건강한 성장을 함께 지켜 줄 것입니다.

Part 8

눈 건강과 발달

아동기 사시:
부모가 꼭 알아야 할 정보

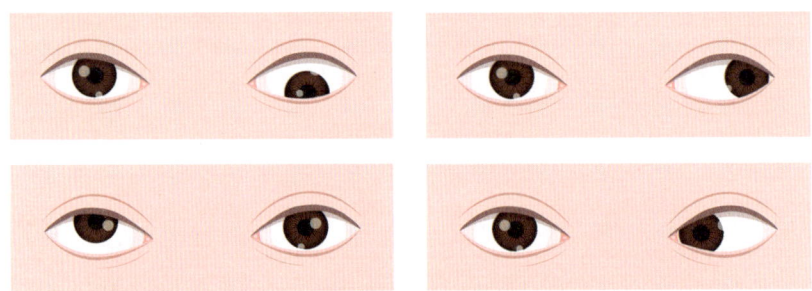

사시는 두 눈이 서로 다른 방향을 바라보는 상태를 말합니다. 이는 흔히 '눈 방향이 어긋났다' 혹은 '눈이 겹친다'라고 표현되기도 합니다. 아이의 눈이 다른 방향을 볼 때 부모는 종종 당황스러움을 느낄 수 있습니다. 사시는 아이의 시각 발달에 영향을 미칠 수 있기에, 조기 발견이 중요합니다. 시력과 성장에 부정적인 영향을 줄 가능성이 있기 때문입니다.

사시일 때 보이는 행동

아동기 사시는 부모의 세심한 관찰이 필요합니다. 다음과 같은 증상은 사시를 의심할 만한 신호입니다.

- **눈의 방향이 맞지 않아요**: 한쪽 눈이 코 쪽으로 돌아가거나 귀 쪽으로 향합니다.

- **눈을 자꾸 비벼요:** 아이가 자주 눈을 비비거나 찡그립니다.
- **가까이서만 봐요:** 책이나 장난감을 지나치게 가까이에서 보려 합니다.
- **눈이 떨리거나 흐릿해요:** 아이가 사물이 흐릿하게 보인다고 표현하거나 눈 떨림 증상이 있습니다.

예를 들어, 아이가 장난감을 가까이 들고 자세히 보며 고개를 자주 기울인다면 이는 단순한 습관이 아닐 수 있습니다. 부모는 이러한 작은 행동들을 놓치지 않고 주의 깊게 관찰해야 합니다.

왜 책을 가까이서만 볼까요?

아이가 책이나 장난감을 가까이에서만 보는 이유는 다음과 같은 시각적 문제와 관련이 있습니다.

- **초점 조정의 문제:** 두 눈이 동일한 지점을 보지 못해 가까운 거리에서 보는 것이 더 편할 수 있습니다.
- **이중 시각 회피:** 사시 때문에 두 눈에서 들어오는 이미지를 뇌가 통합하지 못하면 물체가 두 개로 보일 수 있습니다. 가까운 거리에서는 이러한 이중 시각이 완화될 수 있습니다.
- **시각 피로 감소:** 먼 거리를 보며 눈을 조정하는 것은 어렵고 피로를 유발할 수 있습니다. 가까운 거리에서 보는 것이 더 쉬운 이유입니다.
- **발달적 이유:** 시각 발달이 완전히 이루어지지 않으면 먼 거리 시각 조정이 어렵습니다.

위에서 말씀드린 행동이 아이에게서 지속적으로 관찰된다면, 안과 전문의와 상담해 정확한 진단과 조치를 받으시기 바랍니다.

발생 원인

사시는 다양한 요인으로 발생할 수 있습니다. 부모 중 한쪽이 어렸을 때 사시를 겪었다면 아이에게도 나타날 가능성이 있습니다. 또한, 가벼운 외상이나 감염도 사시를 유발할 수 있습니다.

- **가족력**: 가족 중 사시 병력이 있는 경우 발생 가능성이 높습니다.
- **눈 근육 문제**: 근육의 길이, 힘, 협응 문제로 발생합니다.
- **신경 손상**: 눈 조절 신경이 손상되거나 기능이 저하된 경우입니다.
- **시각 균형 문제**: 약시 등으로 두 눈의 시각 정보가 제대로 통합되지 않을 때 발생할 수 있습니다.
- **눈 구조**: 선천적 구조 문제나 외상이 원인이 될 수 있습니다.
- **전신 질환의 영향**: 당뇨병, 갑상샘 문제, 염증 등이 영향을 미칠 수 있습니다.

사시는 어떻게 치료하나요?

사시는 조기 발견과 적절한 치료가 핵심입니다. 주요 치료법은 다음과 같습니다.

- **안경 착용하기**: 내사시나 외사시의 경우 굴절 이상을 교정하는 안경이 도움이 될 수 있습니다.
- **패치 치료하기**: 약시가 동반되었으면 건강한 눈에 패치를 붙여 약한 눈의 시각 기능을 강화합니다.
- **수술로 교정하기**: 눈 근육을 조정하여 눈 위치를 바로잡는 수술입니다. 예를 들어, 한 아이가 사시 수술을 받고 나서 처음으로 양쪽 눈으로 공을 정확히 잡을 수 있었다는 사례가 있습니다.

아이가 사시 증상을 보인다면 안과 전문의와 상담하세요. 조기 발견은 아이의 시각 발달과 삶의 질에 긍정적인 영향을 미칠 수 있습니다.

부모님을 위한 꿀팁! 이럴 땐 이렇게!

1. 아이가 눈을 자주 비비거나 찡그린다면 가까운 병원에 방문하세요. 단순한 습관으로 넘기지 마세요.
2. 가족 중 사시 병력이 있다면 정기적인 안과 검진을 통해 조기 발견에 힘쓰세요.
3. 책이나 장난감을 지나치게 가까이에서 본다면 전문가에게 상담을 받아서 그 원인을 확인하세요.
4. 외상 후 사시가 발생했다면 즉시 병원에 방문해 치료를 받으세요.
5. 정기적인 시력 검사를 통해 아이의 시각 건강을 점검하세요.

사시도 조기 발견과 올바른 치료로 충분히 개선할 수 있습니다. 아이의 밝은 미래를 위해 함께 지켜봐 주세요.

색맹과 색약

색맹은 특정 색을 구별하기 어려운 상태로, 일상생활이 불편해질 수 있습니다. 예를 들어, 신호등의 빨간불과 초록불을 헷갈릴 수 있습니다. 색맹은 주로 망막에 있는 원추 세포의 이상으로 발생하며, 대개 유전적으로 나타납니다. 흔한 유형으로는 빨강-초록 색맹과 드문 청색 색맹이 있습니다. 또한, 색을 전혀 인지하지 못하는 완전 색맹도 있습니다.

색맹의 원인

색맹은 주로 X 염색체에 있는 유전자 돌연변이로 발생합니다. X 염색체는 성별을 결정하는 유전자 중 하나로, 남성이 X 염색체를 하나만 가지고 있어 이러한 돌연변이에 더 취약합니다. 대표적인 유전자는 OPN1LW와 OPN1MW로, 각각 빨간색과 초록색 빛을 감지합니다. 후천적으로는 망막 손상이나 특정 약물의 영향으로 발생할 수도 있습니다.

색맹과 색약의 차이는 아래와 같습니다.

- **색맹:** 특정 색을 전혀 구별하지 못합니다.
- **색약:** 색을 구별하는 능력이 조금 약한 상태로, 색맹보다 증상이 가볍습니다.

남성 약 8%, 여성 약 0.5%에서 색맹이나 색약이 나타납니다.

색맹은 신생아기에는 명확히 나타나지 않으며, 주로 4~6세 사이에 색상 인식 능력이 발달하면서 증상이 드러납니다. 다음은 색맹을 의심할 수 있는 행동입니다.
- 색칠할 때 예상치 못한 색을 사용하는 경우
- 색깔 구별 놀이에서 혼란을 겪는 경우

색맹을 진단할 때는 이시하라 테스트$^{Ishihara\ Test}$라는 검사를 사용합니다. 이 검사는 다양한 색상으로 이루어진 숫자 패턴을 보여 주며 색을 구별할 수 있는지 평가합니다.

색맹이 있는 아이를 돕는 방법

현재 색맹을 완전히 치료하는 방법은 없지만, 유전자 치료와 같은 연구가 진행되고 있어 향후 치료 가능성이 기대됩니다. 또한, 다음과 같은 방법으로 아이를 도울 수 있습니다.
- **색맹 교정 렌즈:** 색을 더 잘 구별할 수 있도록 돕습니다.
- **색 인식 훈련:** 전용 앱이나 프로그램을 활용합니다.
- **전문가 상담:** 안과 전문의와 상담하며 적절한 조언을 받습니다.

> **실생활에서 이렇게 해 보세요**
> - 옷 색깔 선택: 아이가 혼동하지 않도록 기본 색상이나 명도가 다른 색을 추천

해 주세요.
- 교통 신호 학습: 색 대신 신호등의 위치(위, 중간, 아래)를 기준으로 알려 주세요. 옷을 고를 때는 패턴이나 명암 대비를 활용하는 것도 좋은 방법입니다.
- 모양과 패턴 사용: 색 대신 다른 특징(모양, 패턴 등)을 활용해 가정과 학교에서 아이를 도울 수 있습니다.

부모님을 위한 꿀팁! 이럴 땐 이렇게!

1. 아이가 색깔을 구별하기 어려워한다면, 색맹 가능성을 염두에 두고 안과에서 상담을 받아 보세요.
2. 신호등처럼 색이 중요한 활동에서는 모양이나 위치를 기준으로 학습을 도와주세요.
3. 일상생활에서 색깔 대신 패턴이나 위치를 사용하여 아이가 쉽게 이해할 수 있는 환경을 만들어 주세요.
4. 발달 점검 신호: 색 구별의 어려움이 계속된다면 전문가의 진단이 필요합니다.

다른 색을 보더라도, 아이는 세상을 충분히 환하게 밝힐 수 있습니다. 사랑과 믿음으로 함께해 주세요.

Part 9

아동 용품과 안전 가이드

35
신생아 및 영유아 옷 선택

겹겹이 어깨 디자인의 바디슈트   우주복

아이가 태어나면 가장 먼저 준비해야 할 것 중 하나가 옷입니다. 신생아 때부터 영유아기까지 옷은 단순히 몸을 감싸는 역할을 넘어 아이의 건강과 안전, 편안함에 큰 영향을 미칩니다. 이번에는 신생아와 영유아를 위한 옷 선택의 기본 원칙을 알아보겠습니다.

신생아 옷의 종류와 특징

- **배냇저고리(Kimono-Style Wrap Shirt):** 앞에서 묶는 디자인으로 신생아를 뒤집지 않고 쉽게 입힐 수 있어 초기 1~2개월 동안 주로 사용됩니다.
- **내의:** 상의와 하의가 분리되어 있어 실내에서 주로 사용되며, 땀 흡수와 피부 보호에 적합합니다.
- **바디슈트(Bodysuit/ Onesie):** 상의와 하의가 연결된 형태로, 아기의 배를 감싸

보호하며 기저귀를 안정적으로 고정할 수 있습니다. 밑단에는 스냅 단추가 있어 기저귀 교체가 편리하며, 실내 기본 의상이나 외출복 안에 레이어로 활용됩니다.

- **우주복**(Footed Pajamas/ Rompers): 몸 전체를 덮고 발까지 감싸 따뜻함을 제공하며, 잠옷으로 사용하거나 겨울철에 적합합니다.
- **외출복**: 추운 날씨에 적합한 점퍼나 재킷으로 체온 유지에 효과적입니다.
- **스와들업/ 속싸개**: 아이를 감싸 안정감을 주고 숙면을 돕는 역할을 하며, 여름용과 겨울용으로 나뉩니다.
- **슬리핑 백**: 발 부분이 넉넉하여 밤에 차가운 공기를 막아 주며 기저귀를 교체하기 편합니다.
- **모자**: 신생아의 머리를 따뜻하게 보호하며, 외출 시 온도 조절에 유용합니다.
- **양말과 장갑**: 발과 손을 보호하고 얼굴 긁힘을 방지합니다.
- **턱받이**: 침과 음식을 막아 옷이 더러워지는 것을 방지하며, 수유 시나 이유식 때 유용합니다.

바디슈트의 목과 어깨 디자인

- **겹겹이 어깨 디자인**(Envelope Neckline): 어깨 부분이 겹쳐 있어 목 부분을 넓게 열 수 있으며, 옷을 아래로 벗기기 쉬워 기저귀 오염 시 편리합니다.
- **둥근 목둘레선 디자인**(Round Neck): 전형적인 둥근 목선 형태로, 조금 큰 아기에게 적합합니다.
- **스냅 버튼 디자인**(Shoulder Snap Neckline): 어깨에 스냅 단추가 있어 옷을 입고 벗기기 쉽습니다.
- **V자 옷깃 또는 랩 스타일**(Kimono Style): 목에서 옆으로 가로지르는 랩 형태로, 신생아를 뒤집지 않고 옷을 갈아입힐 수 있습니다.
- **터틀넥 또는 고무줄 디자인** (Elastic Neckline): 신축성이 뛰어나며 겨울철 보온에 적합합니다.

옷 선택 시 유의점

아이의 옷을 고를 때는 다음과 같은 사항에 유의하세요.

- **치수 선택:** 신생아의 빠른 성장을 고려해 현재 치수보다 약간 여유 있는 옷을 선택하세요.
- **옷 교체 주기:** 신생아는 성장이 빨라 약 2~3개월마다 새로운 크기로 교체가 필요합니다.
- **소재 관리 및 보관법:** 여름옷은 통풍이 잘되는 곳에, 겨울옷은 습기와 먼지에 보호할 수 있도록 커버를 씌워 보관하세요.
- **외출 시 옷 준비 요령:** 기저귀 교체를 위한 여분의 바디슈트와 내의를 준비하고, 기온 변화에 대비한 외투나 얇은 담요도 챙기세요.
- **특수 상황에서의 옷 선택:** 피부가 민감한 아기를 위해 저자극성, 무염소 처리된 천연 섬유 소재의 옷을 선택하세요.

부모님을 위한 꿀팁! 이럴 땐 이렇게!

1. 하루에 여러 번 갈아입히므로 바디슈트와 내의는 각각 5벌 이상 준비하세요.
2. 계절에 맞는 옷 준비 여름에는 통기성 좋은 얇은 옷, 겨울에는 보온성이 좋은 옷을 준비하세요.
3. 세탁 관리 아기 전용 세제를 사용하고, 잔여 세제가 남지 않도록 철저히 헹궈 주세요.
4. 소재 선택 피부 자극을 최소화하려면 100% 순면 소재를 추천합니다.
5. 안전 확인 장식이 많은 옷은 질식 위험이 있으므로 피하세요. 라벨이 피부에 닿지 않도록 제거하거나 라벨이 없는 옷을 선택하세요.

부드럽고 편안한 옷 한 벌이 아이에게는 큰 사랑이 됩니다. 작은 준비에도 마음을 담아, 아이의 밝은 성장을 응원해 주세요.

36  속싸개와 스와들업

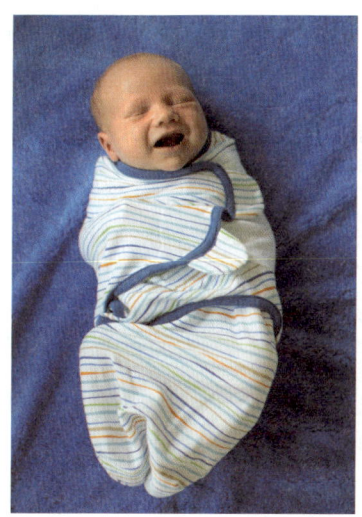

속싸개와 스와들업은 신생아의 안정감과 수면의 질을 높이기 위해 사용하며, 각각의 장점과 사용법이 다릅니다. 올바른 선택과 사용은 아기의 편안함을 도우면서 부모에게도 육아의 자신감을 줄 수 있습니다.

모로 반사와 속싸개가 하는 일

모로 반사는 신생아가 태어날 때부터 나타나는 정상적인 반사입니다. 이는 수면 중에도 발생해 아기를 자주 깨우고, 수면의 질을 떨어뜨릴 수 있습니다. 이럴 때는 전통적인 속싸개나 스와들업으로 아기의 팔 움직임을 제한하여 모로 반사를 줄일 수 있습니다. 이렇게 하면 아기가 안정감을 느끼고 더 깊은 잠을 잘 수 있습니다.

전통 속싸개

전통적인 속싸개는 아기의 수면 중 놀람 반응을 줄이고, 안정적인 수면을 돕습니다.

- **특징:** 면이나 명주 같은 천연 소재로 만들어져 아기 피부에 안전합니다. 팔은 안정적으로 감싸고 다리는 약간 여유 있게 디자인되었습니다.
- **사용 방법:** 천으로 아기를 안정적으로 감싸되, 너무 꽉 조이지 않도록 주의하세요.
- **장점:** 자궁 내 환경을 재현해 안정감을 줍니다. 모유 수유 중에도 유용하게 사용할 수 있습니다.
- **주의 사항:** 지나치게 조이면 혈액 순환 문제나 엉덩이 관절 발달에 영향을 줄 수 있습니다.

스와들업

스와들업은 전통적인 속싸개의 단점을 보완하고 아기의 자연스러운 자세를 유지하도록 설계된 제품입니다. 스와들^{swaddle}은 아기를 천이나 옷으로 단단히 싸는 것을 뜻합니다. 스와들업은 호주의 러브 투 드림 브랜드에서 2009년에 출시한 제품으로 창립자인 한나 리아 크로척$^{\text{Hana-Lia Krawchuk}}$의 육아 경험을 바탕으로 설계되었습니다.

- **특징:** 아기의 팔을 올린 자세를 유지하며, 손을 얼굴 가까이에 두어 친숙한 환경을 제공합니다.
- **장점:** 모로 반사를 줄이며 일부 팔의 움직임을 허용하며, 하단 지퍼로 기저귀 교체가 간편합니다. 또한 과도한 조임 없이 엉덩이 관절 발달을 지원합니다.

- **단점:** 전통 속싸개에 비해 가격이 높을 수 있습니다. 팔이 완전히 고정되지 않아 모로 반사를 완벽하게 차단하지 못할 수 있습니다.

속싸개와 스와들업, 뭐가 다를까?

- **전통적 속싸개:** 팔 움직임을 완전히 제한해 모로 반사를 차단하며, 간단한 천으로도 제작할 수 있습니다. 하지만 과도한 조임으로 불편함을 줄 수 있습니다.
- **스와들업:** 팔을 자연스러운 자세로 유지하며, 사용과 관리가 간편합니다. 하지만 가격이 높고 모로 반사를 완벽히 차단하지 못할 수 있습니다.

속싸개 사용 시기

속싸개와 스와들업은 보통 생후 0~4개월 사이에 사용합니다. 아기가 스스로 뒤집기를 하거나 모로 반사가 줄어드는 시점에는 사용을 중단해야 합니다. 이후에는 아기의 자유로운 움직임을 위해 일반 아동복으로 전환하는 것이 좋습니다.

신생아 안전과 속싸개의 관계

속싸개는 신생아의 안전한 수면 환경을 조성하는 데 중요합니다. 하지만 올바르게 사용하지 않으면 과열이나 질식 위험이 생길 수 있으니, 주의가 필요합니다.

- **과열 방지:** 속싸개를 사용할 때는 실내 온도를 적절히 유지하세요.
- **올바른 감싸기:** 천이 너무 느슨하면 풀릴 위험이 있고, 너무 꽉 조이면 혈액 순환에 문제가 생길 수 있습니다.
- **적절한 제품 선택:** 아기의 발달 단계에 맞는 속싸개를 선택하세요. 초보 부모에게는 간단하게 사용할 수 있는 스와들업이 추천됩니다.

부모님을 위한 꿀팁! 이럴 땐 이렇게!

1. 속싸개 선택 시: 아기의 체온 조절을 돕는 천연 소재를 선택하세요. 지나치게 꽉 감싸지 않도록 주의하세요.
2. 스와들업 사용 시: 아기의 발달 단계에 맞는 제품을 선택하세요. 팔을 자유롭게 움직일 수 있는 변형 제품은 생후 3~6개월에 적합합니다.
3. 사용 중단 시점: 아기가 스스로 뒤집기를 시도하면 속싸개 사용을 중단하고 안전한 수면 환경을 마련하세요.
4. 기저귀 교체 팁: 스와들업의 하단 지퍼를 활용하면 기저귀를 쉽게 교체할 수 있습니다.
5. 전문가 상담: 속싸개 사용이 어렵거나 아기의 수면 패턴에 문제가 있다면 소아과나 육아 전문가와 상담하세요.
6. 안전 수면 요령: 속싸개를 사용할 때는 등을 댄 자세로 아기를 눕혀야 합니다. 옆으로 눕히는 자세는 위험할 수 있습니다.
7. 아기 반응 관찰: 아기의 반응을 살피며 적합한 방법을 찾아보세요.

아기를 감싸는 작은 배려가 더 깊은 안정감을 선물합니다. 아이와 함께 따뜻한 순간들을 차곡차곡 쌓아가 주세요.

우리 아이 베개 사용법

아기의 베개 사용은 나이에 따라 적절한 시기에 시작하는 것이 중요하며, 잘못된 사용은 척추나 두개골 발달에 영향을 미칠 수 있습니다. 안전하고 편안한 수면 환경을 위해 아이의 성장 단계와 체형에 맞는 베개 선택과 올바른 사용법 숙지는 필수입니다.

베개 사용 시기

신생아와 생후 12개월 이전의 영아는 영아 돌연사 증후군 위험 때문에 베개를 사용하지 않는 편이 좋습니다. 아기가 얼굴을 돌리는 능력이 부족하여 질식 위험이 커질 수 있기 때문입니다. 부드러운 침구도 호흡을 방해할 수 있어 주의가 필요합니다.

- 안전한 수면: 평평하고 단단한 매트리스에 아기를 눕히세요.
- 깨끗한 환경: 이불, 인형, 쿠션 등 부드러운 물건은 치워 주세요.

베개를 사용한다면 매우 주의하여야 합니다. 얼굴이 베개에 눌리면 호흡이 어려워질 수 있기 때문입니다. 베개 사용은 영아 돌연사 증후군 가능성을 높일 수 있습니다. 또한 아기의 목과 척추 발달에 베개가 방해될 수도 있습니다.

6개월 이전 아기와 두상 짱구 베개

생후 12개월 이전에는 어떤 형태의 베개도 사용하지 않는 것이 좋습니다. 질식과 영아 돌연사 증후군의 위험 때문입니다. '짱구 베개'라는 이름으로 판매되는 제품도 마찬가지로 안전하지 않습니다. 특히 생후 6개월이 지나면 두개골이 단단해져 교정 효과를 기대하기 어렵습니다. 불필요한 비용 지출과 잘못된 기대를 방지하는 것이 중요합니다.

옆잠 베개

옆잠 베개는 아기가 옆으로 누운 자세를 유지하도록 도와주는 용품입니다. 납작 머리를 예방하거나 교정하기 위해 사용되지만, 주의할 점도 많습니다.

이런 점이 좋아요

- 아기의 상체를 살짝 기울여 소화를 돕습니다.
- 옆으로 자는 자세를 유지해 편안함을 제공합니다.

이런 점은 주의하세요

- 아기가 깊이 잠들거나 장시간 사용할 때 질식 위험이 커질 수 있습니다.
- 생후 6개월 이후에는 아기가 자유롭게 움직이기 때문에 자세를 유지하기 어렵습니다.

안전하게 사용하려면?

- 보호자의 감독 아래 짧은 시간만 사용하세요.
- 주변에 물건을 두지 않고, 얼굴이 눌리지 않도록 주의하세요.
- 두개골 압력을 줄이기 위해 터미 타임을 자주 가져 보세요.

역류 방지 쿠션

역류 방지 쿠션은 아기의 상체를 살짝 들어 올려 위·식도 역류를 줄이는 데 도움을 줍니다. 하지만 모든 아기에게 적합한 것은 아니며, 주의 사항을 지켜야 합니다.

이런 점이 좋아요

- 상체를 15~30도 정도 올려 위산 역류를 방지합니다.
- 감기나 코 막힘 완화에도 유용합니다.

이런 점은 주의하세요

- 역류 방지 쿠션은 깨어 있는 동안에만 사용해야 합니다.
- 아기가 미끄러지지 않도록 항상 주의하세요.
- 목이 꺾이지 않도록 아기의 자세를 조정해 주세요.

이런 방법도 시도해 보세요

- 수유 후 아기를 15~30분 동안 세워 안아 트림을 유도하세요.
- 수유량을 나누어 조금씩 자주 먹이는 것도 좋습니다.

부모님을 위한 꿀팁! 이럴 땐 이렇게!

1. 베개 사용은 생후 12개월 이후에: 낮고 단단한 유아용 베개를 선택하세요.
2. 안전성 확인: KC(Korea Certification) 인증 여부와 소재 안전성을 확인하는 것이 중요합니다.
3. 옆잠 베개는 짧게, 안전하게: 보호자의 감독 아래에서만 사용하세요. 자세를 자주 점검해 아기가 안전하게 잠들도록 하세요.
4. 역류 방지 쿠션은 상황에 따라: 수유 후 트림을 돕고 상체를 세워 주는 대안도 고려해 보세요.
5. 전문가 상담을 잊지 마세요: 머리 모양이나 역류 증상이 걱정될 때는 소아청소년과나 재활의학과에 방문하세요.

아이의 건강과 안전을 최우선으로 생각하며, 올바른 수면 환경을 만들어 주세요!

아기 목 튜브의 오해와 진실

아기 목 튜브가 정말 안전할까요? 목욕 시간을 더 편하게 해 준다고 생각할 수 있지만, 실제로는 위험성이 큽니다. 목 튜브의 진실과 안전한 대안을 알아보겠습니다!

아기 목 튜브가 위험한 이유

아기 목 튜브가 실제로 위험한 이유는 아래와 같습니다.

- **익사 및 질식 위험:** 목 튜브가 헐거워지거나 공기가 빠지면 아기가 물속으로 가라앉을 수 있습니다. 부모가 바로 옆에 있어도 단 몇 초 만에 사고가 발생할 수 있습니다.
- **목과 척추에 무리가 갈 수 있음:** 신생아와 영아의 목 근육과 척추는 매우 약합니다. 목 튜브가 목을 잡아당기면서 신체에 부담을 줄 수 있습니다.
- **발달에 도움이 된다는 근거 부족:** 물놀이가 아기 발달에 도움을 줄 수는 있지만, 목 튜브를 사용한 물놀이가 특별히 더 좋은 효과가 있다는 과학적 증거는 없습니다.

전문가 의견
- 미국 식품의약국(FDA, 2022년 발표): 영아의 익사 위험과 신체 부담을 고려해 목 튜브 사용의 위험성을 강력히 경고했습니다.
- 캐나다 보건부(Health Canada): 아기 목 튜브는 안전 인증을 받은 적이 없으며, 위험성이 크므로 사용을 자제해야 한다고 하였습니다.

그런데도 왜 여전히 목 튜브를 사용할까요? 그 이유는 다음과 같습니다.
- **광고와 마케팅 효과:** 업체들은 아기 물놀이를 도와준다, 신체 발달에 도움을 준다 등의 장점을 강조하며 홍보합니다.
- **일부 부모의 긍정적 후기:** 아기가 물에서 즐거워하는 모습을 보고 만족감을 느껴 사용을 추천하는 경우가 있습니다.
- **법적 규제 부족:** 일부 국가에서는 목 튜브의 안전성을 검토하지 않거나 규제하지 않아 소비자들이 위험성을 잘 모릅니다.
- **조심해서 사용하면 괜찮다는 인식:** 아주 짧은 순간에도 사고가 발생할 수 있습니다.

국내 목 튜브 사용 현황

현재 대한민국에서는 아기 목 튜브에 관한 특별한 법적 규제나 금지 조항이 없습니다. 그래서 여전히 다양한 온라인 쇼핑몰에서 신생아 수영 튜브, 목 튜브, 아기 플로트 등의 이름으로 판매되고 있습니다. 하지만 해외에서는 사용 금지 또는 경고가 증가하는 추세입니다.

부모님을 위한 꿀팁! 이럴 땐 이렇게!

1. 목 튜브 대신 신생아 전용 욕조를 사용하세요! 물에 뜨는 즐거움을 주면서도 안전하게 목욕할 수 있습니다.
2. 이미 목 튜브를 가지고 있다면, 사용하지 않는 게 가장 좋습니다. 꼭 사용해야 한다면 짧은 시간 동안, 반드시 보호자가 손을 댄 채 지켜보면서 넓은 풀장에서만 사용하세요.
3. 아이의 목욕 시간, 안전이 최우선! 목 튜브 없이도 부모님이 손으로 아기를 지지하면서 씻기는 편이 훨씬 더 안전합니다.

아기 목 튜브의 위험성과 대안을 알아봤습니다. 부모님들의 현명한 선택이 우리 아이의 건강과 안전을 지킵니다.

39

카 시트 사용법:
안전한 자동차 여행을 위한 가이드

생후 1주 이내에는 아이를 차에 태운 채 장거리로 이동하는 일은 삼가야 합니다. 이후에는 나이와 체격에 맞는 카 시트를 사용해 안전을 확보하세요. 신생아는 목 근육이 약해 카 시트에 앉힐 때 기도가 꺾이지 않도록 주의가 필요합니다. 이를 위해 등받이 각도를 약 45도로 조정하고, 머리를 지지할 수 있는 패드를 사용해야 합니다.

카 시트는 어떻게 고를까요?

아이가 있는 가정이라면 자동차 이동 시 안전을 위해 적절한 카 시트를 선택하는 것이 중요합니다. 이번에는 신생아부터 6세 이하의 어린이를 위한 카 시트 사용법과 주의 사항을 소개합니다.

카 시트 종류

신생아용 바구니형 카 시트
- 생후 초기에는 바구니 형태의 후방 장착 카 시트를 사용합니다.
- 등받이를 약 45도로 세워 신생아의 목 꺾임을 방지합니다.
- 아기가 차량의 뒤쪽을 바라보도록 장착하여 급정거 시 충격을 줄입니다.

후방 장착 카 시트

- 목을 가눌 수 있는 시기가 되면 후방 장착 카 시트를 사용합니다.
- 등받이를 45도 이상 세울 수 있으며, 차량의 뒤쪽을 바라보도록 설치합니다.

후방 장착 바구니형 카 시트

후방 장착 카 시트

전방 장착 카 시트

- 전방 장착 카 시트는 일반적으로 15개월 이상 또는 몸무게가 약 9kg 이상일 때부터 사용할 수 있습니다. 그러나 후방 장착 카 시트를 가능한 한 오래 사용하는 것이 안전하다는 점을 기억하세요. 만 4세까지는 5점식 벨트가 부착된 전방 장착 카 시트를 사용합니다.
- 차량의 앞쪽을 바라보도록 장착하되, 뒷좌석에 설치하는 것이 더 안전합니다.

전방 장착 카 시트

부스터 카 시트

- 만 4세 이상이거나 키와 체중이 적합한 아이를 위해 사용합니다.
- 차량 안전띠 높이를 아이의 체격에 맞도록 조절합니다.

부스터 카 시트

눕힐 수 있는 카 시트 침대

- 조산아나 의료적 이유로 눕혀서 이동해야 하는 아기를 위한 카 시트입니다.
- 차량에 고정되며, 아기를 안전하게 지지합니다.

카 시트 사용 시 유의점

카 시트를 사용할 때는 다음과 같은 사항들에 유의하세요.

- **머리와 목 보호:** 아기가 카 시트에서 자는 동안 머리가 앞으로 떨어지지 않도록 확인하세요. 목이 꺾이면 호흡 곤란이 발생할 수 있습니다.
- **벨트 조정:** 벨트가 느슨하면 사고 시 위험할 수 있으니 항상 적절히 조여주세요.
- **적절한 카 시트 사용:** 아이의 나이와 체격에 맞는 카 시트를 사용하는 것이 필수입니다.

또한 차 안에는 다음과 같은 용품을 준비하여 아이가 편안한 상태를 유지할 수 있도록 해 줍니다.

- 우유나 이유식을 준비해 아기가 배고프지 않도록 하세요.
- 편안한 옷, 여분의 기저귀, 작은 수건, 물티슈 등을 챙기세요.
- 담요로 체온을 유지하고, 차량 온도를 적절하게 조절하세요.

부모님을 위한 꿀팁! 이럴 땐 이렇게!

1. 여행 전 점검: 출발 전에 카 시트가 올바르게 고정되어 있는지 확인하세요. 벨트가 꼬이지 않았는지, 고정 클립이 제대로 작동하는지 점검하세요.
2. 가까운 거리도 주의: 가까운 거리라도 아이를 안고 타지 말고 반드시 카 시트를 사용하세요.
3. 장거리 여행 시 휴식: 2시간마다 휴게소에 들러 아기를 카 시트에서 꺼내 스트레칭을

도와주세요. 팔과 다리를 부드럽게 움직이도록 해서 혈액 순환이 잘되게 해 주면 좋습니다.
4. 기온에 대비: 여름에는 차량을 시원하게, 겨울에는 따뜻하게 유지해 아기가 쾌적하게 느낄 수 있도록 하세요.

안전한 카 시트 사용은 아이를 지키는 첫걸음입니다. 오늘도 따뜻한 마음으로 아이와 함께 안전한 여행을 시작해 주세요.

유아 의자와 도구 사용법: 안전하고 효과적인 선택과 사용법

아기의 성장 단계에 맞는 의자와 도구를 선택할 때는 안전성과 사용 목적을 먼저 확인하세요. 목을 가누지 못하는 아기에게는 지지 기능이 있는 제품을 선택해야 합니다. 가정의 환경과 예산을 고려해 접이식 바운서나 다용도 제품을 선택하는 것도 좋습니다. 특히 의자나 바운서는 한 번에 20분 이내로 사용하는 것이 좋습니다. 사용 시간을 초과하면 운동 발달에 부정적인 영향을 줄 수 있습니다.

다양한 아기 의자와 도구

아기의 성장 단계에 맞춰 나온 다양한 의자와 도구가 있습니다. 아이의 상황에 맞게 적절한 의자와 도구를 선택해 주세요.

범보 의자

대부분의 아기가 처음 사용하는 의자가 범보 의자입니다. '범보'는 상표명이지만, 일반 명칭처럼 사용되고 있습니다. 이 의자는 목을 가누는 4~6개월 아기를 위해 설계되었습니다. 바닥에 놓고 사용하며 아기가 안정적으로 앉을 수 있게 돕습니다. 다용도 범보 의자는 6~36개월 동안 사용할 수 있으며 식탁

범보 의자

의자에 고정해 사용할 수도 있습니다.

부스터 의자

부스터 의자는 아이가 식탁에서 밥을 먹을 때 사용하는 보조 의자입니다. 이 의자는 식탁 의자에 고정하는 벨트와 아이를 고정하는 벨트가 달려 있어 안전하게 사용할 수 있습니다.

부스터 의자

아기 식탁 의자

하이 체어라고도 불리는 아기 식탁 의자는 독립된 테이블이 달려 있거나 식탁에 밀어 넣어 사용하는 형태입니다. 아기가 편안하게 식사할 수 있도록 설계되었습니다.

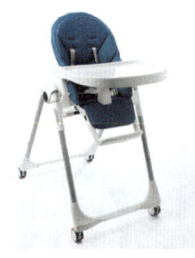

아기 식탁 의자

바운서

바운서는 아기가 몸을 움직이면 자연스럽게 흔들리는 침대 같은 제품입니다. 아기가 짜증을 낼 때 진정시키는 데 유용하며, 흔들림이 없는 형태도 있습니다.

바운서

점퍼루

점퍼루는 아기가 점프하며 놀 수 있도록 만들어진 장난감입니다. 아기가 점프하는 동작은 다리 근육과 균형 감각 발달에 도움을 줍니다. 내부에 다양한 장난감이 있어 감각 자극과 호기심을 함께 충족시킬 수 있습니다. 평평하고 안전한 바닥에서 사용하는 것이 적합하며, 사용 시간을 20분 이내

점퍼루

로 제한하는 것이 좋습니다. 내부에 장난감이 있어 아기의 흥미를 끌 수 있지만, 관절에 무리가 가지 않도록 주의해야 합니다.

아기 그네

아기 그네는 프레임이 있는 독립형 제품과 문이나 벽에 설치하는 형태가 있습니다. 스프링이 하나 있는 점퍼루형 그네도 포함됩니다.

아기 그네

소서

소서는 아기가 내부에서 발을 구르며 놀 수 있는 운동용 장난감입니다. 다양한 놀이 기능이 포함되어 있어 아기의 흥미를 유발합니다.

소서

아동용 책상과 의자

아기가 성장한 후 사용할 수 있는 책상과 의자 세트는 아이의 키에 맞게 설계되었습니다. 안정성이 높고 모서리가 둥근 디자인을 선택하면 아이가 더 안전하게 사용할 수 있습니다.

아동용 책상과 의자

유아 도구 사용 시 꼭 알아야 할 점

- 안전성과 사용 목적을 먼저 확인하세요. 제품이 안전 기준을 충족하는지, 아기의 체중과 나이에 맞는지 확인하세요.
- 가정 환경과 예산을 고려하세요. 좁은 공간에서는 휴대성이 좋은 제품이나 다용도로 사용할 수 있는 제품을 선택하세요.
- 사용 시간을 잘 지키세요. 10~20분 이내 사용.
- 성장 단계에 맞는 도구를 선택하세요.
- 제품 점검과 유지 관리를 잊지 마세요. 도구가 안전하게 작동하는지 정기적으로 점검하세요.

부모님을 위한 꿀팁! 이럴 땐 이렇게!

1. 사용 후 위생 관리: 의자와 기구는 사용 후 깨끗이 닦아 위생을 유지하세요. 특히 식탁과 접촉하는 부분은 자주 소독하세요.
2. 사용 시간 제한: 모든 도구는 한 번에 20분 이상 사용하지 마세요. 장시간 사용하면 자세가 고정되어 아기의 균형 발달에 부정적인 영향을 줄 수 있습니다. 아기가 자연스럽게 움직이고 다양한 자세를 경험하도록 해 주세요.
3. 안전띠 확인: 사용 전 반드시 안전띠가 제대로 잠겼는지 확인하세요.
4. 아기의 반응 살피기: 아기가 불편해하거나 울면 즉시 사용을 중단하고 상태를 점검하세요.
5. 적절한 사용 주기: 다양한 도구를 번갈아 사용하며, 아기가 충분히 자유롭게 움직일 수 있도록 시간을 주세요.

아기의 성장에 꼭 맞는 도구 선택은 아이의 자유로운 움직임과 건강한 발달을 돕습니다. 부모님의 세심한 관심이 아이의 하루를 더 풍성하고 안전하게 만들어 줄 것입니다.

41

신생아 용품 안전 가이드: 스윙, 바운서, 보행기, 아기띠

신생아 용품인 스윙, 바운서, 보행기, 아기띠는 아기의 편안함과 부모의 편의를 돕기 위해 설계되었습니다. 그러나 100퍼센트 안전한 유아 용품은 없으며, 부모가 올바른 사용법을 꼼꼼히 숙지해야 불필요한 안전사고를 막을 수 있습니다.

스윙과 바운서를 사용할 때 꼭 알아야 할 점

스윙은 천장이나 스탠드에 매달려 있는 형태로, 아기를 부드럽게 흔들어 진정시키기 위한 도구입니다. 바운서는 바닥에 놓이는 형태로, 아기를 부드럽게 흔들어 아이가 움직임을 즐길 수 있도록 해 줄뿐만 아니라, 아기의 진정을 돕습니다.

스윙 사용 시 주의점

- 스윙은 2012년부터 2022년 사이, 1~3개월 영아 5명의 사망 사고와 관련된 사례가 보고된 바 있습니다. 사고는 안전띠를 하지 않거나, 침구류가 추가된 상태에서 아기가 스윙에서 잠들었을 때 발생했습니다.
- 머리가 앞으로 숙여지면 기도가 막힐 위험이 있습니다. 이 때문에 깨어 있는 동안에만 사용하세요.

스윙

- 스윙은 수면용으로 적합하지 않습니다. 그러니 아기가 잠들기 전에 사용을 중단하십시오.

바운서 사용 시 주의점

- 2009년부터 2021년 사이 최소 13명의 영아가 바운서에서 질식 사고를 당했습니다. 이런 사고를 예방하려면 사용 시간을 제한하고 안전띠를 꼭 착용해야 합니다.
- 깨어 있는 동안만 사용하고, 아이가 존다 싶으면, 즉시 중단하세요.

안전하게 아기를 재우는 방법

- 아기는 평평하고 단단한 매트리스 표면에서 재워야 합니다.
- 침대에 인형이나 베개 같은 물건을 두지 않는 것이 안전합니다.
- 아기가 잠들었을 경우 스윙이나 바운서에서 즉시 침대로 옮기세요.

부모님을 위한 꿀팁! 이럴 땐 이렇게!

1. 스윙과 바운서는 사용 시간과 용도를 꼭 지켜 주세요. 아기가 자고 싶어 한다면, 바로 사용을 멈추세요.
2. 아기의 수면 공간은 평평하고 단단하게 준비하세요. 불필요한 물건은 모두 치워 주세요.
3. 리콜 정보와 사용 설명서를 정기적으로 확인하여 안전한 사용을 유지하세요.

보행기 사용시 주의점

보행기는 아기가 걸음마를 배우기 전에 사용하는 도구로, 아기가 주변을 자유롭게 탐험하며 즐겁게 지낼 수 있도록 도와준다는 장점이 있습니다. 하지만 안전사고의 위험과 발달에 미치는 부정적인 영향을 고려하여야 합니다.

보행기를 사용할 때 위험한 점

- **사고 가능성**: 보행기를 탄 아기가 계단에서 넘어지거나 위험한 물건에 손이 닿아 사고가 발생할 수 있습니다.
- **발달 저해**: 보행기는 하체 근육과 균형감 발달을 방해할 수 있습니다. 이는 걸음마 시기를 늦출 가능성도 있습니다.
- **걸음 습관**: 보행기 사용이 까치발 걷기와 같은 부정적인 영향을 줄 수 있습니다.

보행기

보행기를 대신할 좋은 방법

- 소서를 대신 활용하세요. 사용 시간은 20분을 넘기지 않도록 합니다.
- 아기가 자유롭게 움직이며 균형을 잡을 수 있는 시간을 충분히 제공합니다.

부모님을 위한 꿀팁! 이럴 땐 이렇게!

1. 보행기 대신 소서를 사용해 보세요. 안전한 환경에서 아기의 호기심을 자극할 수 있습니다.
2. 아기가 바닥에서 자유롭게 움직일 수 있는 시간을 충분히 주세요.

아기띠를 사용할 때 꼭 알아야 할 점

아기띠를 사용할 때 주의할 점

- **안전한 착용법**: 아기의 얼굴이 부모의 가슴을 향하도록 하고, 기도가 막히지 않도록 공간을 확보하세요.

- **목 지지:** 목을 충분히 지지할 수 있는 디자인으로 고르세요.
- 아기띠를 사용하기 전, 착용법을 충분히 연습하고 안전성을 확인하세요.
- 아기의 얼굴과 기도가 가려지지 않도록 착용 후 반드시 점검하세요.
- 신생아용 아기띠를 선택할 때 목 지지 기능이 있는지 확인하세요.

아기띠

부모님을 위한 꿀팁! 이럴 땐 이렇게!

1. 아기띠를 사용하기 전, 착용법을 충분히 연습하고 안전성을 확인하세요.
2. 아기의 얼굴과 기도가 가려지지 않도록 착용 후 반드시 점검하세요.
3. 신생아용 아기띠를 선택할 때 목 지지 기능이 있는지 확인하세요.

KC 마크로 안전한 유아용품 고르는 법

KC$^{Korea\ Certification}$ 마크는 유아용품의 안전을 보증하는 중요한 기준입니다. 제품이 안전하게 제작되었음을 확인할 수 있는 필수 인증입니다. 제품의 유해 물질 검출, 부품 구조, 안전 기능을 철저히 검증 후 해당 마크가 주어집니다.

KC 마크가 있는 유아용품은 다음 사항이 확인된 제품입니다.

- **유해 물질 검사:** 납이나 카드뮴 같은 유해 물질이 포함되지 않은 제품입니다.
- **부품 크기와 구조:** 삼킬 수 있는 작은 부품은 사용이 금지됩니다.
- **안전 기능:** 전기나 자석을 사용하는 제품은 나이별 안전성을 평가받습니다.

부모님을 위한 꿀팁! 이럴 땐 이렇게!

1. KC 마크를 확인하세요. 특히 온라인 구매 시 인증 여부를 꼭 검토하세요.
2. 사용 후기를 꼼꼼히 읽고, 아이에게 적합한 제품인지 확인하세요.
3. 해외 직구 제품은 안전성을 검토한 후 구매하세요.

신생아 용품의 올바른 선택과 안전한 사용이 중요합니다. 부모님의 세심한 관심과 따뜻한 배려가 아이의 건강한 성장을 든든하게 지켜 줄 것입니다.

Part 10
아이와 우유 이야기

산양유에 관한
오해와 진실

　산양유는 최근 건강과 영양에 관심이 많은 사람들 사이에서 주목받고 있습니다. 소젖을 소화하기 어렵거나, 알레르기가 있는 사람들에게 대안으로 언급되기도 합니다. 예를 들어, 한 부모는 아기에게 소젖 알레르기가 있어 고민이었는데, 산양유를 시도하며 효과를 보았다는 경험담을 공유하기도 합니다. 그러나 산양유의 다양한 정보와 오해가 혼재되어 있어 이를 명확히 정리할 필요가 있습니다. 이번에는 산양유가 무엇인지, 그리고 모유, 소젖과 비교했을 때의 특징과 차이점을 중심으로 산양유에 관한 오해와 진실을 살펴보겠습니다. 또한, 산양유가 아기와 성인의 건강에 미칠 수 있는 영향을 분석하여 현명한 선택을 돕고자 합니다.

산양유는 양젖일까요? 염소젖일까요?

산양유는 영어로 goat milk, 즉 염소젖입니다. 이는 양젖과는 완전히 다른 것입니다. 양과 염소는 염색체 수와 생물학적 특징이 다르므로 영양 성분에서도 차이가 큽니다. 쉽게 말해, 사람과 침팬지가 다른 동물인 것처럼 양과 염소도 다릅니다. 산양유라는 명칭은 중국에서 염소를 산양이라고 부르며 유래되었습니다. 염소는 산악 지대에 잘 적응하는 동물로, 이를 반영한 이름입니다. 따라서 산양유는 염소젖을 의미하며, 양젖과 구별됩니다.

산양유는 모유와 가장 비슷할까요?

일부 광고에서 산양유가 모유와 가장 유사하다고 주장하지만, 영양 성분을 비교해 보면 그렇지 않습니다. 모유는 유청 단백질이 60~70%를 차지하지만, 산양유는 유청 단백질이 20%에 불과합니다. 또, 모유에 풍부한 올리고당은 산양유에서 매우 적은 수준으로, 이는 아기 장 건강에 중요한 프리바이오틱스 공급이 제한될 수 있음을 의미합니다.

영양 성분 비교

- **단백질 함량:** 모유_유청 단백질 60~70%, 카세인 단백질 30~40%/ 산양유와 소젖_유청 단백질 20%, 카세인 단백질 80%
  * 지나친 단백질 섭취는 아기의 신장에 부담을 줄 수 있어 주의가 필요합니다.
- **전해질:** 칼슘과 인의 함량이 모유보다 훨씬 높아 아기에게 부담이 될 수 있습니다.
- **올리고당:** 모유 대비 산양유와 소젖은 올리고당이 매우 적어 프리바이오틱스의 역할이 제한됩니다.
- **엽산 부족:** 산양유는 모유보다 엽산이 적어, 과도한 섭취 시 거대 적혈모구 빈혈을 유발할 수 있습니다.

산양유는 소화가 더 잘 될까요?

소젖을 소화하지 못하는 가장 흔한 원인은 유당 불내성입니다. 산양유, 소젖, 모유 모두 유당을 포함하고 있어 유당 불내성에는 큰 차이가 없습니다. 시중에는 유당 불내성 사람들을 대상으로 소화가 잘되는 우유가 판매됩니다. 유당을 제거한 우유이므로 유당 불내성을 지닌 사람도 우유를 마실 수 있습니다.

다만, 산양유와 소젖은 단백질 구성에서 차이가 있습니다. 산양유는 A2 베타 카세인 단백질로만 구성되어 있어 소화가 잘되는 것으로 알려져 있습니다. 한 연구에서는 A2 단백질이 A1 단백질보다 소화 시 장내 염증 반응을 줄이고 소화 불편감을 완화하는 데 도움이 된다고 보고되었습니다. 반면, 대부분의 소젖은 A1과 A2 단백질을 모두 포함하고 있으며, A1 단백질은 소화 과정에서 β-카소모르핀-7^{BCM-7}을 생성해 일부 사람에게 소화 불편을 유발할 수 있습니다. 따라서 A1 단백질 소화가 어려운 사람에게는 산양유나 A2 소젖이 대안이 될 수 있습니다.

산양유는 알레르기가 덜 생기나요?

소젖 알레르기가 있다면, 산양유를 대체제로 사용하기 어렵습니다. 소젖 알레르기가 있는 사람 중 일부는 산양유에도 알레르기를 보이기 때문입니다. 산양유는 단백질 구조가 소젖과 유사하며, 산양유에는 알레르기를 줄이기 위한 단백질 분해 공정이 포함되지 않아 안전하지 않을 수 있습니다. 따라서 소젖 알레르기가 있을 때 대체 우유로 산양유를 쓰지 않습니다. 다만 소젖 단백질을 가수 분해하여 크기가 작은 단백질로 분해하면 알레르기가 덜 생깁니다. 따라서 소젖 알레르기가 있는 아이가 먹을 수 있는 대체 우유는 소젖 단백질을 분해한 저알레르기 소젖입니다. 일반 우유의 대체제로 산양유를 사용하지는 않습니다.

부모님을 위한 꿀팁! 이럴 땐 이렇게!

우리나라 산양유는 염소젖입니다. 산양유와 소젖은 단백질과 전해질 함량이 모유보다 높아 성분 차이가 큽니다.

1. A2 단백질의 장점: 산양유와 모유는 A2 단백질로 구성되어 소화가 쉽습니다. A1 단백질을 소화하기 어렵다면 산양유나 A2 소젖을 고려하세요.
2. 올리고당 함량: 모유보다 산양유와 소젖의 올리고당은 적습니다. 완벽한 모유 대체품은 없습니다.
3. 알레르기 가능성: 산양유가 소젖보다 알레르기를 덜 유발한다는 증거는 부족합니다. 소젖 알레르기 때문이라면 산양유 대신 저알레르기 우유를 선택하세요.
4. 개인의 선택: 소젖이나 산양유 중 입맛에 맞고, 소화가 잘되는 쪽을 선택하세요. 단, 유아용 조제 분유는 소젖 단백질 사용이 일반적입니다.

지금까지 산양유에 관한 진실과 여러 가지 오해를 짚어 보았습니다. 정확한 정보를 바탕으로 우리 아이에게 가장 좋은 길을 함께 찾아가 주세요.

43

A2 우유에 관한 오해와 진실

최근 A2 우유에 관심이 높아지면서 A2 우유가 일반 우유와 무엇이 다른지, 우리 아이에게 어떤 영향을 미치는지 많은 부모가 궁금해합니다. 우선 A2 우유는 일반 우유와 동일한 영양 성분을 포함하고 있지만, 단백질 유형이 다릅니다. 일반 우유에는 A1과 A2 베타 카세인$^{β-casein}$ 단백질이 모두 포함되지만, A2 우유는 A2 단백질만을 함유하고 있습니다. 일부 연구에서는 A1 단백질이 소화 과정에서 베타-카소모르핀-7$^{BCM-7, Beta-casomorphin-7}$이라는 물질을 생성하며, 일부 사람들에게 소화 불편감을 유발할 가능성이 있다고 보고했습니다. 이에 따라 A2 우유는 소화가 더 잘될 수 있는 우유로 주목받고 있습니다. 그러나 A2 우유가 유당 불내증을 해결해 주거나, 알레르기를 예방해 준다는 주장에는 명확한 과학적 근거는 없습니다. A2 우유가 키 성장이나 면역력 향상에 특별한 효과가 있다는 증거도 명확하지 않습니다. 따라서 A2 우유에 관한 올바른 정보를 바탕으로 우리 아이에게 적절한 우유를 선택하는 것이 중요합니다.

자주 받는 질문과 답변

A2 우유와 관련해서 제가 자주 받는 질문은 아래와 같습니다.

Q: A2 우유란 무엇인가요?

A: A2 우유는 일반 우유와 달리 A2 단백질만을 함유한 우유입니다. 일반적인 우유에는 A1과 A2 단백질이 모두 포함되어 있는데, A1 단백질이 소화 과정에서 BCM-7이라는 물질을 생성할 수 있어 일부 사람들에게 소화 불편감을 유발할 수 있습니다. 이에 반해 A2 우유는 A2 단백질만을 함유하여 소화가 더 편안할 수 있다고 알려져 있습니다.

Q: A2 우유는 유당 불내증이 있는 아이들에게도 도움이 될까요?

A: A2 우유는 A1 단백질과 관련된 소화 불편감을 줄이는 데 도움을 줄 수 있지만, 유당 불내증과 직접적 관련은 없습니다. 유당 불내증은 우유 속 유당^{lactose}을 분해하는 효소인 락타아제가 부족하여 발생하는 문제이므로, A2 우유라도 유당이 포함되어 있다면 증상을 유발할 수 있습니다. 따라서 유당 불내증이 있는 경우에는 A2 우유보다 유당이 제거된 유당 제거$^{lactose-free}$ 우유를 선택하는 편이 더 적절합니다.

Q: A2 우유는 일반 우유보다 영양상으로 더 우수한가요?

A: A2 우유는 단백질 구조만 다를 뿐, 일반 우유와 영양 성분(칼슘, 비타민 D, 단백질 등)은 거의 같습니다. 따라서 특별히 더 영양상으로 우수하다고 보기는 어렵습니다.

Q: A2 우유를 먹으면 알레르기가 덜 생기나요?

A: A2 우유는 우유 알레르기를 예방하거나 치료하는 효과가 없습니다. 우유 알레르기는 우유 속 단백질(카세인 및 유청 단백질)의 면역 반응으로 발생합니다. 그러니 A2 우유를 먹어도 알레르기가 있는 아이들에게는 같은 반응이 나타날 수 있습니다. 우유 알레르기가 있다면, 의료진과 상담 후 적절한 대체 식품을 선택하는 것이 중요합니다.

Q: 아이에게 A2 우유를 먹이면 키 성장에 도움이 되나요?

A: A2 우유나 일반 우유 모두 성장 발달에 필요한 단백질과 칼슘을 제공하지만, 특정한 우유를 마신다고 해서 키 성장이 더 잘되는 것은 아닙니다. 성장에는 균형 잡힌 영양 섭취와 충분한 운동, 수면이 더욱 중요합니다. 다만, 아이가 일반 우유를 마시면 소화가 잘되지 않아서 충분한 섭취가 어렵다면, A2 우유가 대안이 될 수 있습니다.

부모님을 위한 꿀팁! 이럴 땐 이렇게!

1. 아이가 우유를 먹고 소화 불편감을 자주 호소한다면, 그 원인이 유당 불내증인지 A1 단백질 민감성인지부터 알아보아야 합니다. 증상에 따라 유당 제거 우유나 A2 우유를 선택하세요.
2. 우유 알레르기가 있다면, A2 우유도 동일한 반응을 유발할 수 있습니다.

우유 선택은 아이의 건강과 행복을 키우는 작은 시작입니다. 사랑과 믿음으로 아이에게 꼭 맞는 선택을 함께해 주세요.

44
우리 아이에게 맞는 우유 찾기

생후 6개월경 아기는 이유식을 시작합니다. 그리고 돌 무렵에는 생우유(전유, whole milk)를 먹을 수 있습니다. 이때 아기의 건강 상태와 식습관에 맞는 우유를 선택하는 것이 중요합니다. 선택할 수 있는 우유로는 소젖(우유), 산양유, 두유, 아몬드 우유, 귀리 우유가 있으며, 각각의 장단점을 함께 알아보겠습니다.

동물성 우유: 소젖과 산양유

소젖 240cc에는 약 149칼로리의 열량이 포함되어 있으며, 단백질은 7.69g으로 1일 권장 단백질의 약 59%를 제공합니다. 지방은 7.93g 포함되어 있고, 엽산 함량은 12.2mcg으로 다소 낮습니다. 그리고 철분 함량이 매우 낮아 철 결핍성 빈혈이 발생할 수 있으므로 철분이 보강된 우유를 먹이거나 이유식을 통해 보충해야 합니다.

산양유는 열량, 단백질, 지방 함량이 소젖보다 전반적으로 조금 더 높습니다. 높은 지방 함량은 성장기 아동에게 충분한 에너지를 제공하지만, 과도한 섭취는 체중 증가로 이어질 수 있으므로 양을 적절히 조절하는 것이 중요합니다. 엽산 함

우유

산양유

량은 2.44mcg으로 매우 낮고, 비타민 B12도 거의 포함되어 있지 않습니다. 따라서 산양유를 지속적으로 먹는 아동은 엽산과 비타민 B12를 추가로 섭취해야 합니다.

식물성 우유 1: 두유, 아몬드 우유

두유는 240cc 기준 열량이 105칼로리이며, 비교적 균형 잡힌 영양소를 제공합니다. 유당을 포함하지 않아 유당 불내증이 있는 아이들에게도 적합한 선택입니다. 아몬드 우유는 열량이 37칼로리로 매우 낮고 단백질은 1.44g으로 적습니다. 성장기 아동이 아몬드 우유를 먹을 경우, 영양소 부족에 주의해야 합니다. 그러나 칼슘 함량이 481mg으로 매우 풍부합니다. 엽산과 비타민 B12는 거의 포함되어 있지 않아 추가 보충이 필요합니다.

두유   아몬드 우유

식물성 우유 2: 귀리 우유

240cc 기준 열량이 120칼로리며, 지방 함량은 낮지만 비교적 균형 잡힌 영양소를 가지고 있습니다. 소젖이나 산양유보다 단백질과 지방 함량이 낮아 성장기 아동의 에너지 보충용으로는 적절하지 않습니다. 그러나 유당을 포함하지 않아 유당 불내증이 있는 아이들에게 대안이 될 수 있습니다.

귀리 우유

부모님을 위한 꿀팁! 이럴 땐 이렇게!

1. 소젖을 선택하세요. 소젖은 지방, 단백질, 칼슘, 비타민 B12와 같은 필수 영양소를 균형 있게 제공하여 1~3세 아동에게 적합합니다. 철분 함량이 낮으므로 철분 강화 이유식이나 철분이 풍부한 음식을 함께 제공하는 것이 좋습니다.
2. 산양유를 사용할 때는 보충을 잊지 마세요. 산양유는 단백질과 지방이 풍부하지만, 엽산과 비타민 B12가 부족할 수 있습니다. 엽산과 비타민 B12가 포함된 보충제를 먹거나 관련 음식으로 보충하세요.
3. 식물성 우유는 필요에 따라 선택하세요. 두유는 유당 불내증이 있는 아이들에게 적합하며, 아몬드 우유는 칼슘 함량이 높아 뼈 건강을 지원합니다. 성장기 아동에게는 에너지 보충의 목적으로는 적절하지 않습니다. 그러나 유당을 포함하지 않아 유당 불내증이 있는 아이들에게 대안이 될 수 있습니다. 귀리 우유는 균형 잡힌 영양소를 제공하지만, 에너지가 부족할 수 있으므로 보충이 필요합니다.

우리 아이의 건강과 성장에 맞는 선택으로 행복한 하루를 만들어 보세요!

45

아기가 목말라 할 때!
물? 우유?

영유아의 몸은 완전히 발달하지 않아 물 섭취에 주의가 필요합니다. 이번에는 영유아의 물 섭취에 관해 자세히 알아보겠습니다.

아기에게 물을 먹여도 될까?

영유아에게 맹물 plain water 을 따로 먹이지 않는 이유는 다음과 같습니다.

- **모유나 분유가 충분한 수분을 제공**: 모유와 분유는 영유아에게 적절한 양의 수분, 영양소, 전해질을 포함하고 있어 별도의 물 섭취가 필요하지 않습니다.
- **수분 과다 위험**: 영유아는 콩팥이 충분히 발달하지 않아 필요 이상의 물을 효과적으로 처리하지 못하고, 체내 나트륨 수치가 낮아져 경련이나 저체온증 등의 문제가 발생할 수 있습니다.
- **배가 빨리 차는 문제**: 맹물을 먹으면 분유 섭취량이 줄어들 수 있습니다. 그 때문에 영양소 섭취가 부족해질 수 있습니다.

예외적인 경우

- **의사가 권했다면**: 탈수나 변비 등으로 의사가 소량의 물을 권한다면, 물을 먹일 수 있습니다.
- **6개월 이후**: 이유식을 시작하는 6개월 이후에는 소량의 물을 먹일 수 있으며, 하루 섭취량을 조절해야 합니다.

자주 받는 질문과 답변

Q: 왜 영유아에게 맹물을 먹이지 않는 것이 좋을까요?

A: 영유아는 모유나 분유를 통해 필요한 수분과 영양을 충분히 공급받기 때문에, 별도로 맹물을 주면 영양 균형이 깨지거나 영양 섭취에 부정적인 영향을 미칠 수 있습니다.

Q: 모유나 분유만으로 영유아의 모든 수분 필요를 충족할 수 있나요?

A: 네, 추가적인 물 공급은 오히려 문제를 일으킬 수 있습니다.

Q: 영유아에게 맹물을 줄 경우 어떤 위험이나 부작용이 발생할 수 있나요?

A: 맹물을 지나치게 섭취하면 체내 나트륨 농도가 낮아지는 저나트륨혈증이나 수분 과잉이 발생할 수 있으며, 이는 경련이나 기타 건강 문제로 이어질 위험이 있습니다.

Q: 영유아의 신장이 맹물을 제대로 처리하지 못하는 이유는 무엇인가요?

A: 영유아의 신장은 아직 완전히 발달하지 않아 과도한 물을 효과적으로 거르고 조절하는 능력이 부족합니다. 따라서 체액 불균형을 초래할 수 있습니다.

Q: 특별한 상황에서는 영유아에게 맹물을 주어도 되나요?

A: 일반적으로는 권장되지 않지만, 의사가 탈수나 기타 특별한 상황으로 판단하여 소량의 물을 권했다면, 따를 수 있습니다. 하지만 부모님은 반드시 전문가의 상담을 통해 결정해야 합니다.

6개월 이후 물 섭취 시 주의 사항

6개월 후에는 물 섭취가 가능하지만, 다음 사항들을 꼭 숙지하세요.

- **주요 영양 공급원은 여전히 모유 또는 분유:** 6개월 이전에는 모유나 분유가 수분과 영양을 아기에게 충분히 공급하기 때문에 별도의 맹물 섭취는 필요하지 않습니다.
- **보조적인 수분 공급:** 맹물은 보조 역할을 하도록 소량만 제공하는 것이 좋습니다.
- **의사의 상담:** 처음 물을 도입하기 전 소아청소년과 의사와 상담하는 편이 안전합니다.

부모님을 위한 꿀팁! 이럴 땐 이렇게!

1. 6개월 이전의 아기가 목말라 보인다면, 모유나 분유를 조금 더 자주 먹이세요. 6개월 이후라면 소량의 물을 제공할 수 있습니다.
2. 여름철 더운 날씨에도 6개월 이전이라면 물을 주기보다는 모유나 분유 섭취를 늘리는 편이 가장 안전합니다. 6개월 이후라면 소량의 물을 보충하되, 너무 많이 주지 않도록 주의하세요.
3. 6개월 이전 아기의 변비 해결법은 모유나 분유의 양을 늘리는 것입니다. 6개월 이후라면 소량의 물을 줄 수 있지만, 과도한 양은 피하세요.
4. 6개월 이후에도 하루에 섭취할 수 있는 물의 양을 조절하며 제공하는 것이 중요합니다. 물만 마시게 하지 말고, 균형 잡힌 영양 섭취를 유지하세요.
5. 6~12개월 사이에는 손잡이가 달린 연습용 컵이나 빨대컵을 사용해 물 마시는 연습을 시작할 수 있습니다. 12개월 이후에는 일반 컵을 사용할 수 있도록 연습하세요.

아기의 개별적인 성장과 발달 속도를 고려하여 물 섭취를 조절하고, 언제나 전문가의 조언을 참고하는 것이 중요합니다.

46

생우유는
몇 살부터 먹을 수 있을까?

생우유는 아기의 소화기와 신체 발달 상태를 고려할 때, 적절한 시기에 제공하는 것이 중요합니다. 생우유 섭취를 보통 생후 12개월 이후로 권장하며, 그전에는 모유나 분유를 통해 필요한 영양소를 공급하는 것이 바람직하다고 말합니다.

돌 전 아기에게 생우유가 위험한 이유

- **단백질과 전해질이 너무 많아요:** 생우유에는 단백질과 전해질이 많아서 돌 전 아기의 신장에 부담을 줄 수 있습니다.
- **장에 미세한 출혈이 생길 수 있어요:** 돌 전 아기가 생우유를 마시면 최대 40%의 아기에게 장 출혈이 생길 수 있습니다. 이 때문에 빈혈이 생길 수도 있습니다.
- **철분이 부족해요:** 생우유에는 모유보다 철분이 적어요. 지나치게 우유를 마시면 철분 섭취가 줄어들어 철 결핍성 빈혈에 걸릴 수 있습니다.
- **엽산이 부족해요:** 산양유의 생우유에는 엽산이 적어서 적혈구가 비정상적으로 커지는 거대 적혈모구 빈혈이 생길 수 있습니다.

생우유 대신 뭘 먹이면 좋을까요?

- **돌 전 아기에게 좋은 선택**: 모유나 조제 우유를 선택하는 것이 가장 좋습니다. 알레르기가 걱정된다면 저알레르기 분유를 선택할 수 있습니다.
- **유당 불내증 아기를 위한 대안**: 유당이 제거된 조제 우유나 두유 제품도 좋은 선택입니다. 하지만 두유 제품은 필수 영양소가 부족할 수 있으니, 철분과 칼슘이 강화된 것을 고르세요. 두유도 알레르기를 일으킬 수 있으니 사용 전에 소아과 의사와 꼭 상의하기를 권합니다. 또한 알레르기 반응이 나타나면, 반드시 아래 사항을 지켜 주세요.
- **알레르기 반응을 주의하세요**: 생우유는 일부 아기에게 알레르기를 일으킬 수 있습니다. 피부 발진, 설사, 구토 같은 증상이 나타나면 우유를 먹이는 일을 즉시 멈추고 의사와 상담하세요.
- **새로운 음식을 천천히 도입하세요**: 생우유뿐 아니라 모든 새로운 음식을 하나씩 천천히 도입하며 알레르기 반응 여부를 확인하세요.

또한 생우유를 먹이기 전, 다음 사항을 유의하세요.

- **12개월 이후 적정량을 먹이세요**: 하루에 500~700ml(2~3컵)를 넘지 않도록 하세요. 너무 많이 먹으면 철분 흡수를 방해할 수 있습니다.
- **다양한 음식을 함께 먹여요**: 생우유뿐만 아니라 여러 음식을 골고루 먹이는 것이 성장과 발달에 중요합니다.

부모님을 위한 꿀팁! 이럴 땐 이렇게!

1. 돌 전에는 모유나 조제 우유를 선택하세요. 모유는 아기에게 가장 적합하며, 조제 우유는 필요한 영양을 제공합니다.
2. 철분이 풍부한 음식을 먹이세요. 이유식을 시작할 때 철분이 많은 곡물, 시금치, 고기를 포함하세요.

3. 돌 이후에 생우유를 먹일 때는 아이가 너무 많이 먹지 않도록 하루 2~3컵으로 제한하세요.

아이의 건강을 지키는 것은 작은 선택에서 시작됩니다. 생우유 도입 시기를 잘 지켜 건강하고 튼튼한 성장을 함께 응원해 주세요.

Part 11

실전 육아
솔루션

47

우리 아이 목 건강: 사경의 이해

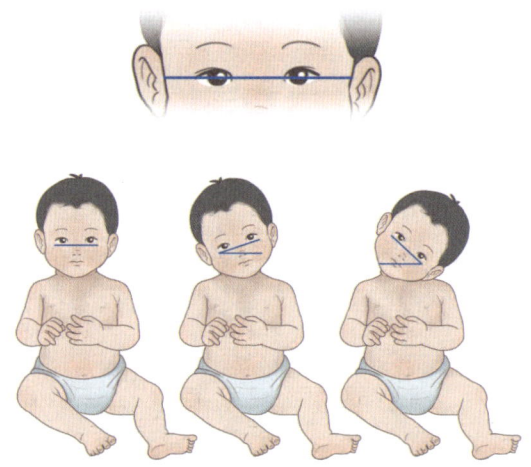

아이가 건강한 목 자세를 유지하는 것은 전반적인 성장과 발달에 매우 중요합니다. 조기 발견과 대처의 중요성도 잊지 마시기 바랍니다.

정상적인 머리와 목의 자세란?

목이 한쪽으로 치우치지 않고, 양쪽 어깨가 균형을 이루는 상태를 정상적인 머리와 목의 자세라고 합니다. 두 눈을 연결하는 선이 지면과 수평을 이루며, 마치 액자 속 그림이 똑바로 걸려 있는 모습처럼 보입니다. 만약 귀가 어깨에 닿을 만큼 기울어진다면 이는 심각한 상태로 판단해야 합니다.

정상적 목 가누기의 발달 단계는 다음과 같습니다.
- **생후 3~4개월:** 아이는 목 가누기를 시작합니다.
- **생후 6개월:** 대부분의 아이가 목을 완전히 가눌 수 있습니다. 이후 졸리거나 아플 때를 제외하고는 깨어 있는 동안 안정적인 자세를 유지해야 합니다.

사경의 형태와 의미

사경은 다음과 같은 형태로 나타날 수 있습니다.
- 머리가 좌우로 기울어짐
- 목을 한 방향으로만 돌리려고 함
- 고개가 앞이나 뒤로 기울어진 상태

이러한 형태를 이해하면 아이의 증상과 치료 방향을 파악하는 데 도움이 됩니다.

사경이 아이에게 미치는 영향

사경을 조기 발견하여 적절히 치료하지 않으면 다음과 같은 문제가 발생할 수 있습니다.
- 얼굴 비대칭(한쪽이 길거나 평평해짐)
- 목을 자유롭게 움직이지 못함
- 척추 측만증 같은 자세 문제가 발생

머리와 목의 자세는 전반적인 성장에 영향을 주므로 주의 깊게 살펴야 합니다.

근성 사경은 왜 생기는 걸까요?

근성 사경은 주로 출생 과정에서 목 근육이 손상될 때 발생합니다. 예를 들어, 진공 흡입 분만이나 겸자 분만 등에서 아기의 목 근육에 과도한 압력이 가해졌을 때 이러한 문제가 발생할 수 있습니다. 또한, 태아가 자궁 내에서 오랜 시간 특정 자세를 유지하면 목 근육이 신장하여 사경이 생길 수 있습니다.

근성 사경 진단법
- 목이 한쪽으로 기울고 반대편으로 회전함
- 어깨를 올리거나 목을 꺾는 자세를 취함
- 사두 및 얼굴 비대칭 발생 가능
- 척추 측만증과 목뼈의 비대칭 같은 문제로 이어질 수 있음

근성 사경은 어떻게 진단하나요?
- **초음파 검사:** 근육 상태를 간단히 확인할 수 있습니다.
- **MRI 검사:** 수술 필요 여부나 자세한 상태를 확인합니다.

근성 사경 치료
- **물리 치료:** 목 근육을 신전하고 강화하여 대칭적인 움직임을 유도하는 운동입니다. 전문가의 지도로 정기적으로 수행해야 효과적입니다.
- **수술:** 물리 치료로도 회복되지 않거나 근육의 단축이 심하다면, 수술이 필요합니다.

물리 치료를 종료하려면 아이가 목을 자유롭게 움직이고 좌우 대칭적인 자세를 안정적으로 유지할 수 있어야 합니다. 다만, 성장기에는 척추와 근육의 발달 변화로 증상이 재발할 우려가 있으므로 정기적인 관찰이 필요합

니다. 전문가에게 상담해야 하는 상황은 아래와 같습니다.
- 아이가 고개를 자주 한쪽으로만 돌리는 경우
- 목 근육에 멍울이 만져지는 경우
- 머리 모양이 한쪽으로 평평한 경우
- 목을 움직이는 데 어려움을 겪는 경우

터미 타임 중 관찰 포인트
- 아이가 엎드린 자세로 얼마나 오래 버티는지
- 고개를 들어 올리는 방향과 정도
- 머리를 양쪽으로 고르게 돌리는지 확인하세요.

자세성 사경과 습관성 사경

근성 사경은 없는데 목이 기운다면, 자세성 사경, 습관성 사경이라고 하는 경우가 있는데, 이에 관해서 알아보겠습니다. 사람은 자세나 습관으로 목을 기울이지 않는 것이 정상입니다. 그러니 자세성 사경, 습관성 사경이라고 하기 전에 목을 기울일 수밖에 없는 기저 질환이 있는지 확인해야 합니다.

목이 기우는 아동 중 절반은 근성 사경에 해당하며, 나머지 절반은 다른 원인으로 발생합니다. 예를 들어, 사시와 같은 안과적 질환은 약 5%의 사례에서 사경의 원인이 됩니다. 한쪽 상사시의 경우 근성 사경은 없지만 목이 기울게 됩니다. 상사시나 안구 진탕(눈동자가 반복적으로 떨리는 상태로, 시야 안정에 영향을 줄 수 있는 증상) 같은 안과적 문제를 확인하는 것이 중요합니다.

또한, 척추 형성의 이상(예 반쪽 척추나 척추 분절 이상)으로 목이 기울어질 수 있습니다. 키아리 기형 1형(소뇌가 대후두공 아래로 내려오는 뇌 기형으로, 신경학적 증상을 유발할 수 있음)처럼 소뇌가 대후두공 아래로 내려오는 경우나

뇌종양 같은 중추 신경계 질환도 사경의 원인이 될 수 있습니다.

근성 사경이 아니어도 목 기울임 증상이 지속된다면, 자세성이나 습관성 사경으로 단정하기 전에 기저 질환 여부를 자세히 확인해야 합니다. 목 기울임을 유발할 수 있는 다양한 원인(예 척추 이상, 안과적 문제)을 체계적으로 점검하는 것도 중요합니다. 예를 들어, 초음파 검사는 근육 상태를 확인하는 데 유용하고, CT나 MRI는 척추 이상이나 중추 신경계 문제를 정밀하게 평가하는 데 도움을 줍니다.

부모님을 위한 꿀팁! 이럴 땐 이렇게!

1. 목에 멍울이 느껴질 때: 재활의학과나 소아청소년과에 방문하여 초음파 검사를 받으세요. 멍울만으로는 정확한 진단이 어렵습니다.
2. 아이가 목을 기울일 때: 단순히 자세 문제로 넘기지 말고 안과나 척추 상태를 포함해 전문가와 상담하세요.
3. 물리 치료 중단 시점: 아이가 목을 자유롭게 움직이고 대칭적인 자세를 유지하면 물리 치료를 종료할 수 있습니다. 하지만 성장기에 대비해 정기적으로 관찰하세요.

사경은 조기 발견과 치료를 통해 대부분 긍정적인 결과를 얻을 수 있습니다. 아이의 발달을 세심히 관찰하고 필요시 전문가의 도움을 받는 것이 중요합니다.

48

사두와 단두

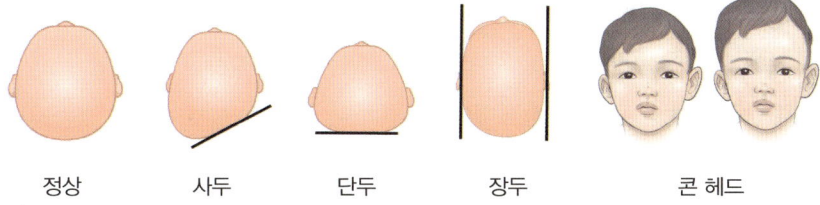

정상   사두   단두   장두   콘 헤드

　사두과 단두는 아기의 머리 형태가 비정상적으로 변형된 상태로, 주로 외부 압력이나 자세 문제로 발생합니다. 조기 발견과 적절한 관리로 대부분은 머리 모양을 교정할 수 있으며, 부모의 세심한 관찰과 전문가의 상담이 중요합니다.

예쁜 두상의 기준

　예쁜 두상이란 머리가 병적으로 작거나 크지 않고, 좌우 대칭을 이루며, 앞뒤 길이보다 좌우 길이가 조금 더 짧은 두상을 말합니다. 이는 균형 잡힌 두상의 필수 조건입니다. 그렇다면, 비정상적으로 변형된 두상에는 어떤 유형이 있는지 알아보겠습니다.
- **사두:** 머리 앞쪽이나 뒤쪽 한쪽이 납작한 두상입니다.
- **단두:** 양쪽이 모두 납작해 좌우가 긴 형태의 두상입니다.

- **장두:** 앞뒤가 길어 좌우가 납작한 두상입니다.
- **콘 헤드:** 이마가 유난히 높은 두상을 말합니다.

이러한 두상은 드물게 나타나며, 사두와 단두는 각각 약 1%의 빈도로 발생합니다. 1992년 영아 돌연사 증후군 예방을 위해 등을 대고 재우는 운동이 시작된 이후 납작 머리가 7배 증가한 것으로 보고되었습니다.

변형 사두와 단두는 대개 미용상의 문제로 간주하며, 아기의 뇌 발달에는 크게 영향을 미치지 않습니다. 하지만 심하면 두개골 조기 유합증 여부를 확인하기 위해 의사와 상의해야 합니다. 다음과 같은 경우에는 전문가의 상담이 필요할 수 있습니다.
- 머리 모양이 눈에 띄게 비대칭이거나 점점 심해질 때
- 아기가 고개를 한 방향으로만 돌리고 움직임이 제한적일 때

두상 변형 진단법

특수자나 레이저 스캔을 통해 두개골 길이를 정확히 측정하여 확인할 수 있습니다.
- **사두:** 좌우 대각선 길이 차이가 6mm 이상일 때 진단합니다. 15mm 이상이면 심한 사두입니다.
- **단두:** 좌우가 앞뒤 길이의 90% 이상일 때 진단합니다. 95% 이상은 심한 단두입니다.
- **장두:** 좌우가 앞뒤 길이의 75% 이하일 때 진단합니다. 70% 이하는 심한 장두로 간주합니다.

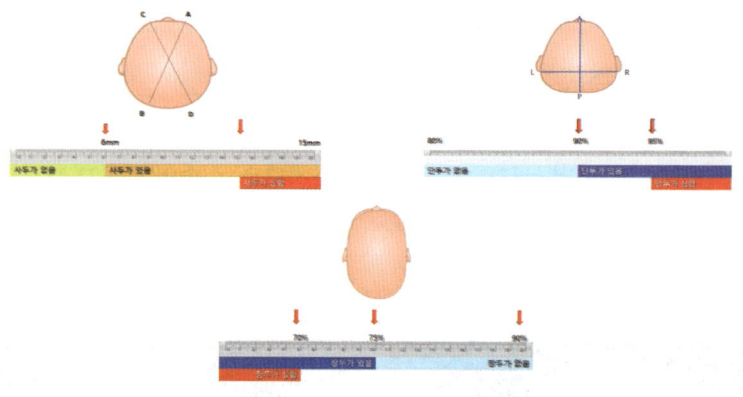

두개골 조기 유합증

두개골 조기 유합증은 두개골의 유합선이 정상보다 일찍 닫혀 발생하는 질환입니다. 이는 신생아 2,000명 중 약 1명에게서 나타나며, 뇌압 상승과 발달 문제를 초래할 수 있습니다.

주요 특징

- **관상 봉합선 조기 유합**: 한쪽 이마가 납작해지고 안구가 위로 올라갑니다.
- **람다 봉합선 조기 유합**: 머리가 아래쪽으로 지나치게 자랍니다.
- **시상 봉합선 조기 유합**: 머리가 좌우로 자라지 못하고 앞뒤로만 길어집니다.

치료 방법

- **생후 6개월 이전**

  두개골 유합이 비교적 초기 단계로, 내시경 수술 후 교정 헬멧을 병행하는 치료가 효과적입니다. 이 시기의 두개골은 매우 유연하여 침습적 치료로도 좋은 결과를 얻을 수 있습니다.

- **생후 6~12개월 사이**

  내시경 수술의 적응이 줄어들고, 개두술 등의 보다 침습적인 수술이 필요한 경우가 많아집니다. 그러나 두개골의 성장이 아직 활발하므로 수술 후 재형성 효과는 여전히 좋습니다.

- **생후 12개월 이후**

  두개골이 점차 단단해지고 유연성이 감소하므로, 수술의 범위가 커지고 회복도 더딜 수 있습니다. 이 시기에는 정밀한 수술 계획과 숙련된 외과적 기술이 특히 중요합니다.

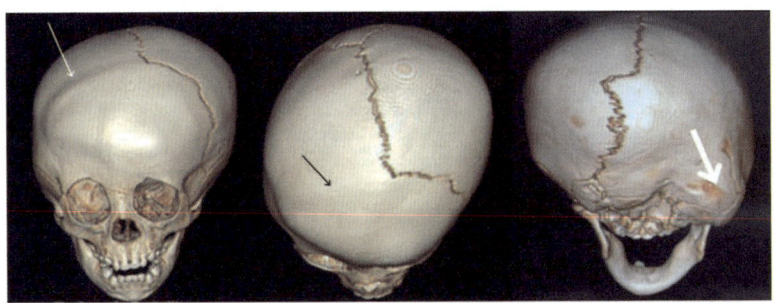

관상 봉합선 조기 유합증   람다 봉합선 조기 유합증

변형 사두

변형 사두는 두개골 조기 유합증 없이 압력으로 두개골이 납작해진 상태를 말합니다. 주로 생후 3개월 이전에 발생하며, 한 자세로 오래 누워 있는 것이 주요 원인입니다.

- **위험 요소:** 쌍둥이, 조산아, 두혈종, 근성 사경, 고관절 이상, 상완 신경총 손상, 근 긴장 저하, 운동 발달 지연
- **치료법:** 아기를 하루 30~60분 이상 엎드려 있게 하고, 6개월 이전에는 튀어나온 부분이 아래로 가도록 자세를 조정합니다. 그리고 두상 교정모 치료가 있습니다. 심한 사두, 단두, 장두일 때 치료하며, 두개골 성장을 유도해 두상을 교정합니다.

두상 교정모

두상 교정모는 두개골 조기 유합증 등의 뼈 질환이 없는 중증의 사두, 단두, 장두를 교정하는 의료기기입니다.

- 생후 6개월 이전에 착용을 시작해야 가장 효과적입니다.
- 하루 중 최대한 오랜 시간 착용하는 것이 중요합니다.
- 아기의 머리 성장에 따라 두상 교정모를 조정하여 계속 수정해야 합니다.

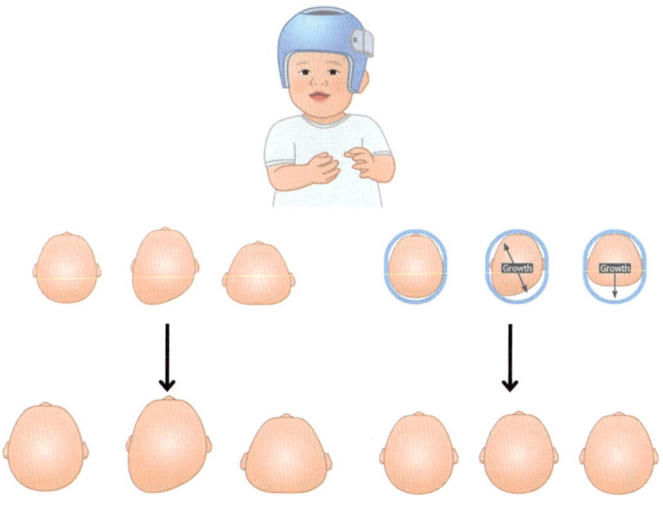

두상 교정모의 원리: 성장 제어와 성장 유도

원리

두상 교정모는 성장 제어와 유도 controlled growth, guided growth를 통해 교정합니다. 생후 8개월 이후에는 적용이 어렵습니다.

- **효과**: 자세 유지법보다 약 30% 높은 교정 효과
- **안전성**: 뇌 발달에 영향 없음

부모님을 위한 꿀팁! 이럴 땐 이렇게!

1. 아기의 머리는 말랑말랑한 반죽과 같습니다. 자세를 자주 바꿔 주고 엎드려 놀게 하면 균형 잡힌 모양을 유지할 수 있습니다.
2. 납작 머리가 걱정된다면, 생후 3개월 이내에 예방을 시작하세요.
3. 생후 6개월 이전에 전문가와 상담하여 두상 교정모 사용 여부를 결정하세요.
4. 조기 유합증이 의심될 경우, 신속히 전문의에게 진단을 받으세요.

머리 모양도 성장 과정의 일부입니다. 부모님의 세심한 관심과 사랑이 아이의 건강하고 아름다운 성장을 지켜 줄 것입니다.

소두증

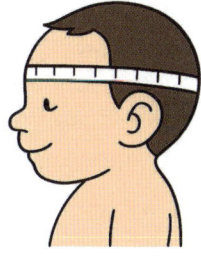 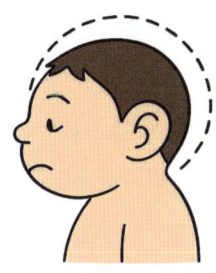 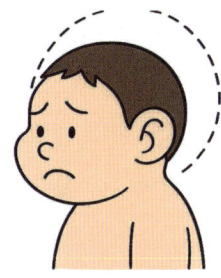

소두증

소두증이란 무엇인지, 그리고 아이의 발달에 어떤 영향을 미치는지 함께 살펴보겠습니다.

소두증

소두증은 머리 크기가 평균보다 작은 상태를 말합니다. 예를 들어, 머리둘레가 작은 아이들은 학습과 운동 발달에서 어려움을 겪을 가능성이 있습니다. 뇌 발달과 밀접하게 연관되어 아이의 성장 전반에 영향을 미칠 수 있기 때문입니다. 대개 임신 중 뇌와 머리가 자라는 과정이 원활하지 않거나 출생 후 뇌 성장이 멈출 때 소두증이 발생합니다.

출생 시 정상 머리둘레는 평균 35cm입니다. 이는 소아 발달 과정에서 중요한 지표로 사용됩니다. 머리둘레가 같은 나이와 성별의 3번째 백분위 미만일 경우 소두증으로 진단합니다. 이는 또래 아이 중 머리둘레 크기가 아래 3%에 해당하는 경우를 나타냅니다.

소두증은 뇌가 작아 머리도 작은 상태를 의미합니다. 중증 소두증에서는 특히 심각한 구조 이상이 자주 발견됩니다.

소두증이 아기의 건강에 미치는 영향

소두증은 아이의 상태와 원인에 따라 다양한 영향을 미칠 수 있습니다. 예를 들어, 중증 소두증이 있는 아이 중 약 절반이 언어 및 운동 발달 지연을 겪는다는 연구 결과가 있습니다. 또한, 일부 경우에는 시각 또는 청각 문제를 동반하기도 합니다. 증상이 가볍다면 머리 크기가 작아도 건강 문제 없이 성장할 수 있지만, 심하다면 뇌 발달 지연이나 학습 어려움이 나타날 가능성이 커질 수 있습니다.

- **가벼운 경우:** 머리 크기가 작아도 별다른 건강 문제 없이 성장할 수 있습니다.
- **심한 경우:** 뇌 발달 지연, 발달 장애, 경련, 청각과 시각 문제, 학습 어려움 등이 나타날 수 있습니다.

소두증의 원인

대부분의 소두증은 원인이 명확하지 않습니다. 하지만 일부는 다음과 같은 이유로 발생할 수 있습니다.

- **유전자 이상:** 특정 유전자 돌연변이가 소두증을 유발할 수 있습니다.
- **임신 중 감염:** 풍진, 톡소 플라스마증, 거대 세포 바이러스, 지카 바이러스 등이 대표적입니다. 예를 들어, 임신 중 풍진 감염은 태아에게 소두증을 포함한 선천적 이상을 초래할 위험성을 증가시킵니다.
- **영양 및 환경 요인:** 산모의 심각한 영양실조, 음주, 특정 약물 또는 독성 물

질 노출이 원인이 될 수 있습니다. 특히, 임신 초기의 알코올 섭취는 태아의 뇌 발달에 심각한 영향을 미칠 수 있습니다.
- **출생 후 원인:** 저산소증이나 심각한 영양 문제

임신 전에 풍진 면역 상태를 확인하고 필요한 경우 예방 접종을 하는 것이 중요합니다. 풍진 예방 접종은 산모가 감염을 방지해 태아의 소두증 발생 가능성을 낮추는 데 도움을 줍니다. 또한, 균형 잡힌 영양 상태를 유지하며 금주를 실천해야 합니다.

소두증 진단법

소두증은 아기의 머리둘레를 측정하여 두위 성장 차트에서 3번째 백분위 미만인지 확인하여 진단합니다. 부모는 아기의 머리둘레를 정기적으로 집에서 측정하고, 병원 방문 시 성장 차트와 비교하는 것이 좋습니다. 또한, 측정 시에는 이마와 뒤통수의 가장 넓은 부분을 정확히 측정해야 합니다. 이상이 의심될 경우, 의료진과 상담하세요. 출생 전에도 초음파 검사로 임신 중기 이후에 소두증을 진단할 수 있습니다. 소두증이 확인되면 뇌 MRI를 통해 구조 이상과 원인을 살피고, 청각, 시각 등 신체 부위의 이상 여부를 확인합니다. 또한, 뇌파 검사로 경련 가능성을 확인하며, 유전자 검사와 혈액 검사로 원인을 파악합니다.

소두증의 증상
- **가벼운 소두증:** 작은 머리 크기 외에는 특별한 문제가 없을 수 있습니다.
- **중증 소두증:** 언어 및 학습 지연, 발달 지연, 지적 장애 및 자폐 스펙트럼 장애 동반 가능, 심한 경우 걷기, 뛰기 등의 운동 발달 지연, 심각한 경우 경련, 빨기 장애 및 조기 사망

소두증이 있는 아이는 정기적인 검진을 통해 성장과 발달을 모니터링해야 합니다. 아쉽게도 소두증의 근본적인 치료법은 아직 없습니다. 그러나 꾸준한 관리와 지원으로 아이가 자기 잠재력을 발휘하도록 도울 수 있습니다.

- **경증**: 정기적인 검진으로 발달 상황 확인
- **중증**: 발달 지연에 관련한 물리 치료, 작업 치료, 언어 치료, 약물 치료(경련 등 증상 관리), 적절한 교육 및 인지 치료

부모님을 위한 꿀팁! 이럴 땐 이렇게!

1. 아기의 머리둘레를 정기적으로 측정하고, 성장 차트에서 또래와의 차이를 꾸준히 확인하세요.
2. 임신 계획 시 풍진 예방 접종을 완료하고, 임신 중에는 균형 잡힌 영양 섭취와 금주를 실천하세요.
3. 소두증으로 진단받았다면, 뇌 MRI 및 추가 검사를 통해 아이에게 맞는 치료 계획을 세우세요.
4. 소두증이라고 해도, 모든 경우가 심각하지 않음을 기억하세요. 아이마다 성장 과정과 필요가 다를 수 있습니다.

소두증은 조기 진단과 관리가 중요합니다. 아기의 발달 상태를 정기적으로 점검하고 필요한 지원을 받는 것이 아이의 삶의 질에 큰 차이를 만듭니다.

50

대두증: 아기의 머리가 너무 큰 걸까?

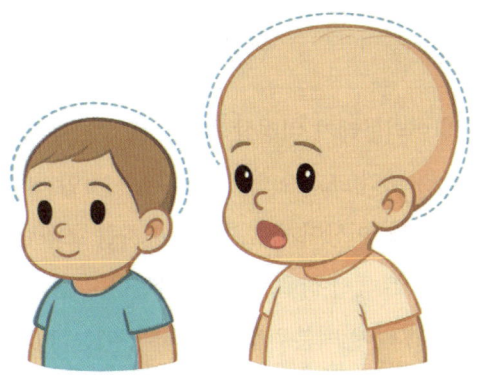

아기의 머리둘레가 조금 커 보이거나, 영유아 검진에서 대두증$^{Macro cephaly}$이라는 말을 들어 고민이 되나요? 이번에는 대두증을 알아보겠습니다.

머리 크기가 말해 주는 뇌 성장 이야기

아기의 머리둘레는 3세까지 주기적으로 측정합니다. 간단한 방법으로 집에서도 측정할 수 있습니다. 정확한 측정을 위해 줄자는 반드시 이마와 뒤통수의 가장 튀어나온 부분에 맞춰야 합니다. 이때 아이가 긴장하지 않도록 놀이처럼 접근하는 것이 중요합니다. 예를 들어, "우리 공룡 친구의 머리둘레를 재어 볼까?" 하고 장난감처럼 줄자를 보여 주며 자연스럽게 진행해 보세요.

- 신생아 평균 머리둘레: 35cm(뇌 무게 370g)
- 생후 12개월 평균 머리둘레: 47cm(뇌 무게 약 1kg)
- 성인의 평균 머리둘레: 55cm(뇌 무게 약 1.5kg)

뇌는 생후 1년 동안 가장 빠르게 성장하지만, 이후 점차 느려져 약 25세에 성장이 마무리됩니다.

대두증

대두증은 아기의 머리둘레가 비정상적으로 큰 상태를 말합니다. 쉽게 말해, 다른 또래 아기들보다 머리 크기가 현저히 클 때를 뜻합니다. 구체적으로는 머리둘레가 97번째 백분위 이상이거나 2 표준 편차를 초과할 때 대두증으로 진단합니다. 이는 성장 차트에서 상위 3%에 해당한다고 생각하시면 됩니다.

심한 대두증은 99.7번째 백분위를 초과하며, 이는 1,000명의 아이 중 단 3명만 해당할 정도로 드문 경우입니다. 이는 또래 아이 중에서도 머리둘레가 상위 0.3%에 해당하는 수준입니다. 이러면 지적 장애, 자폐 스펙트럼 장애, 또는 신경 유전성 질환과 관련될 수 있습니다. 이런 경우에는 아기의 발달 상태를 잘 관찰하고 필요한 검사를 통해 정확히 확인하는 것이 중요합니다.

대두증은 성장 차트를 사용해 성별과 나이에 따라 정상 범위를 평가합니다. 예를 들어, 12개월 된 아기의 평균 머리둘레는 약 47cm이며, 97백 분위 값은 약 49cm에 해당합니다. 성장 차트를 통해 또래와 비교하여 아기의 머리 크기를 평가할 수 있습니다. 그렇다면 대두증이 아기의 건강에 영향을 미칠까요? 대두증의 영향은 원인에 따라 다릅니다.

- **정상적 대두증**: 머리가 크더라도 발달에 문제가 없는 경우가 많습니다.
- **병적 대두증**: 신경학적 증상(발달 지연, 경련, 시야 문제 등)이 동반될 수 있습니다.

대두증의 주요 원인

대두증의 주요 원인은 아래와 같습니다.

- **수두증:** 뇌척수액이 지나치게 축적된 상태입니다. 뇌압이 증가하며 아래 증상이 나타날 수 있습니다.
    - 머리둘레가 몇 주에서 몇 달 사이 눈에 띄게 증가
    - 대천문이 딱딱하거나 부풀어 오름
    - 아이가 짜증을 내거나 무기력함
    - 구토, 경련, 보행 이상
- **영아 지주막하강 양성 비대**(benign enlargement of subarachnoid space, BESS)**:** 지주막 아래 뇌척수액이 비정상적으로 많이 쌓인 상태입니다. 대개 18개월 이후에는 자연스럽게 정상 상태로 회복됩니다.
- **가족성 대두증:** 부모 중 한 명이 대두증인 경우가 흔합니다. 하지만 심한 경우 다른 원인을 의심해야 합니다.
- **대사성 대두증:** 대사 질환으로 대사 물질이 축적되며, 발달 지연이 동반되는 경우가 많습니다. 예를 들어, 아이가 또래보다 앉기, 서기, 걷기 등의 신체 활동을 늦게 시작하거나, 언어 발달이 느린 경우가 이에 해당할 수 있습니다.
- **과성장 증후군:** 키와 신체 조직이 비정상적으로 큰 상태로, 대두증과 발달 지연이 함께 나타납니다.
- **기타 원인:** 취약 X 증후군, 신경섬유종증, 결절성 경화증 등

대두증이 의심될 때는?

아래와 같은 증상이 나타나면 소아청소년과에 방문해 정확한 진단을 받아 보세요. 조기 발견이 아이의 건강한 성장을 이끕니다.

- 머리둘레가 몇 주에서 몇 달 사이에 빠르게 증가하여 평소와 다른 변화가 느껴질 때

- 발달이 또래보다 느리게 진행될 때, 예를 들어서 앉기, 서기, 걷기 등을 늦게 시작하거나 언어 발달이 더딜 때
- 경련, 근육 긴장 이상 등의 신경계 증상이 나타날 때
- 눈, 코, 입 등에서 비대칭이나 기형이 보일 때
- 키와 체중이 빠르게 증가하며 비만 또는 과성장이 의심될 때
- 두부 외상 후 비정상적인 증상이 지속될 때

대두증 진단법

- **머리둘레 측정:** 정기 검진에서 평균을 크게 초과하면 추가 검사가 필요합니다.
- **영상 검사:** 초음파, CT, MRI 등으로 두개골 내부를 확인합니다.
- **발달 평가:** 신체 발달과 신경학적 상태를 점검합니다.

대두증 치료 및 관리

- **정상적일 때:** 특별한 치료는 필요 없지만 정기적으로 성장 상태를 관찰해야 합니다.
- **병적 원인:** 수술(션트 삽입술 등)로 뇌척수액을 배출하거나 특정 질환을 치료합니다.
- **발달 지원:** 발달 지연이 있다면 언어 치료, 물리 치료 등을 통해 지원합니다.

부모님을 위한 꿀팁! 이럴 땐 이렇게!

1. 머리둘레 측정은 집에서도 가능합니다. 예를 들어, 아이에게 "우리 공룡 친구의 머리를 재어 볼까?" 하고 줄자를 장난감처럼 보여 주며 놀이처럼 접근해 보세요. 아이가 불편해하지 않도록 놀이처럼 측정해 보세요.
2. 빠른 머리둘레 성장 발견 시 소아청소년과 방문을 권장합니다.
3. 가족력 확인도 중요합니다. 부모나 형제의 머리둘레 기록이 진단에 큰 도움이 될 수

있습니다.
4. 발달 지연이 함께 있을 땐 즉시 병원으로! MRI 등 정확한 검사가 필요합니다.

아기의 머리 성장은 건강의 중요한 신호입니다. 부모님의 세심한 관찰과 빠른 대응이 아이의 밝은 미래를 지키는 든든한 힘이 되어 줄 것입니다.

51

두혈종:
신생아의 머리에 생기는 출혈

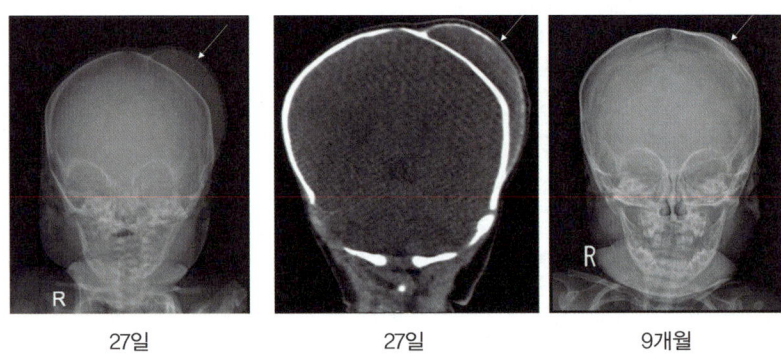

| 27일 | 27일 | 9개월 |

두혈종은 신생아의 출생 과정 중 발생할 수 있는 머리 부위 출혈로, 두개골과 피부 사이에 혈액이 고이는 상태를 말합니다. 대부분 자연적으로 흡수되지만, 부모가 이 상태를 올바르게 이해하고 있어야 합니다. 필요한 경우 전문가의 조언을 받아 보세요.

두혈종

두혈종은 출생 과정에서 아기의 두개골과 두피 사이에 혈액이 고이는 현상으로, 주로 분만 시 머리에 가해지는 압력에 의해 발생합니다. 특히 흡입 분만이나 겸자 분만과 같이 분만 도구를 사용하는 경우 발생 위험이 높아집니다. 아기가 산도를 원활하게 통과하지 못할 때, 의료진이 흡입기나 겸자를 이용해 아기의 머리를 끌어내는 과정에서 해당 도구가 머리에 직접적인 압력을 가하기 때문입니다.

두혈종이 있는 신생아의 머리는 한쪽이 볼록하게 부어오르며, 마치 작은 혹처럼 보일 수 있습니다. 이 부위는 부드럽고 물렁물렁한 촉감이며, 두개골을 둘러싸는 골막 아래에 혈액이 고여 생깁니다. 대부분은 특별한 치료 없이도 평균 3~8주에 점차 사라집니다. 초기에는 크기가 커질 수 있지만 시간이 지나면서 점차 줄어듭니다. 드물게 두혈종이 골화되어 딱딱한 덩어리로 남을 수 있습니다. 그러나 시간이 지나면 대개 자연적으로 호전되며, 머리카락으로 가려져 외관상 큰 문제가 없고 추가 치료는 거의 필요하지 않습니다.

증상

- 아기의 머리 한쪽에 부드럽고 경계가 뚜렷한 부종이 나타납니다.
- 부종은 만져도 아프지 않습니다. 초기에는 부종이 눈에 띄게 크지만, 1~2주가 지나면서 점차 작아지고, 3~8주 이내에 완전히 사라질 때가 많습니다. 회복 과정에서 부종이 단단해지거나 색이 변하는지도 관찰하는 것이 중요합니다.
- 두혈종은 두개골의 경계선을 넘지 않는다는 점이 주요 특징입니다.

두혈종의 주요 특징

- **위치:** 두개골을 둘러싼 골막 아래에 생깁니다.
- **중앙선 침범:** 두혈종은 중앙선을 넘지 않습니다.
- **자연 소실:** 대부분 사라지며, 약간의 흔적만 남을 수 있습니다.
- **골화:** 드물게 혈액이 골막 아래에 고이면 신체는 혈종을 제거하기 위해 대식 세포를 동원합니다. 이 과정에서 칼슘염이 축적되어 골화가 발생할 수 있습니다.

대부분의 두혈종은 심각하지 않으며 자연스럽게 치유됩니다. 하지만 드물게 혈종이 클 경우 다음과 같은 문제가 생길 수 있습니다.
- **빈혈**: 혈액 손실로 발생할 수 있습니다.
- **황달**: 혈종 내의 혈액이 분해되면서 빌리루빈 수치가 증가할 수 있습니다.
- **감염**: 드물지만, 혈종에 걸릴 가능성이 있습니다.

두혈종의 진단은 신체 검사와 병력 청취로 대부분 이루어지며, 필요시 영상 검사가 보조적으로 사용됩니다. 그래도 대부분의 두혈종은 치료 없이 2~6주 이내에 자연스럽게 흡수됩니다. 그러나 드물지만, 아래와 같은 상황에서는 의사가 치료를 권할 수도 있습니다.
- 심한 황달이 있으면 광선 치료를 시행합니다.
- 감염이 발생하면 항생제를 사용합니다.
- 드물게 혈종이 상대적으로 큰 경우 혈액 검사를 통해 추가 관리를 합니다.

두혈종과 혼동하기 쉬운 다른 상태들

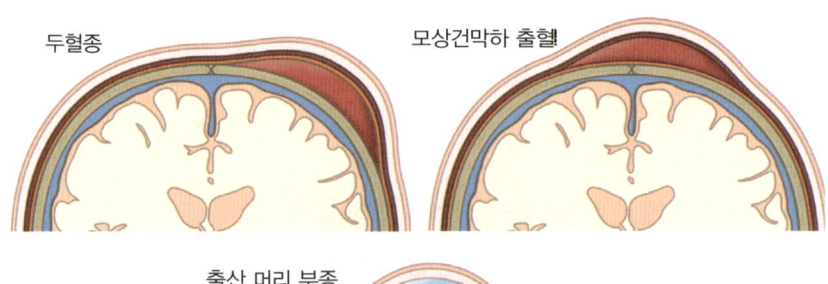

두혈종 / 모상건막하 출혈

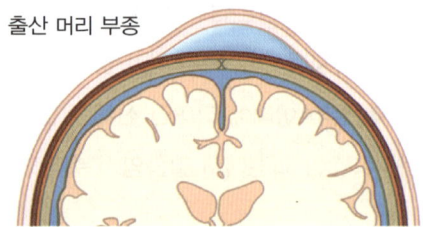

출산 머리 부종

모상건막하 출혈
두혈종과 달리, 모상건막하 출혈은 골막 바깥, 두피 아래에 발생합니다.
- **특징:** 중앙선을 넘어 퍼질 수 있으며, 심한 경우 쇼크를 유발해 수혈이 필요할 수 있습니다.
- **발생 원인:** 두개골과 두피를 연결하는 작은 정맥이 파열되어 생깁니다.

출산 머리 부종
출산 중 태아 머리에 발생하는 부종으로, 경계가 명확하지 않은 것이 특징입니다.
- **특징:** 두피 바로 아래 장액성 부종이 생기며, 몇 시간에서 며칠 내에 사라집니다.

아두 주형(머리 몰딩)
산도를 통과할 때 태아의 머리가 일시적으로 길쭉해지며 변형되는 상태입니다.
- **특징:** 생후 며칠 내에 머리 모양이 정상으로 돌아옵니다.

신생아 두개골 골절
분만 과정에서 함몰 골절이 생길 수 있으며, 일부 경우에는 수술을 해야 할 수도 있습니다.

부모님을 위한 꿀팁! 이럴 땐 이렇게!

1. 머리 한쪽에 부드러운 부종이 있고 중앙선을 넘지 않는다면 두혈종일 가능성이 큽니다.
2. 두혈종이 계속 남아 있거나 점점 커지면, 소아청소년과에 방문해 추가 진단을 받으세요.

3. 모상건막하 출혈은 쇼크를 유발할 수 있으니 즉시 진료를 받아야 합니다.
4. 출산 머리 부종과 아두 주형은 치료가 필요 없으며 시간이 지나면 해결됩니다.

두혈종은 대부분 자연적으로 회복됩니다. 부모님의 따뜻한 관심과 꾸준한 관찰이 아이의 건강한 회복을 돕는 든든한 힘이 됩니다.

영아 산통

영아 산통$^{infantile\ colic}$에 관해 알아보겠습니다. 이는 신생아 시기에 흔히 나타나는 증상으로, 보호자에게 큰 당혹감과 스트레스를 줄 수 있습니다. 콜릭은 아기가 특별한 원인 없이 갑작스럽고 격렬하게 우는 상태가 반복적으로 나타나는 현상을 말합니다. 대개는 소화기 미성숙으로 인한 복부 불편감, 특히 가스 차는 느낌과 관련이 있는 것으로 추정됩니다. 아기의 장이 아직 발달 과정에 있어 가스 배출이 원활하지 않기 때문에 생기는 일시적이고 자연스러운 현상입니다. 그러나, 이런 지속적인 울음은 보호자에게 큰 걱정을 줄 수 있으므로, 필요시 전문가의 상담을 받아 보는 것이 좋습니다.

영아 산통

생후 3주에서 3개월 무렵, 저녁마다 아기가 이유 없이 운다면 콜릭일 수 있습니다. 배에 가스가 차고 불편한 모습이 함께 나타난다면 더 확실합니다. 그러나 증상이 지속되면 소아청소년과 상담이 필요합니다.

증상

- **과도한 울음:** 주로 저녁이나 밤에 하루 3시간 이상 울음이 지속되거나, 일주일에 3회 이상 반복됩니다.
- **불편한 자세:** 아기가 무릎을 가슴 쪽으로 당기며 울거나, 손을 쥐는 등의 행동을 할 수 있습니다.
- **소화 불량:** 아기가 가스가 차 있는 것처럼 보이거나 배를 움켜쥐고 아파하는 경우가 있습니다.
- **신체적 건강 이상 없음:** 일반적으로 체중 증가나 발달에는 문제가 없으며, 울음이 끝난 후 아기는 비교적 편안해 보입니다.

점검표

- 과도한 울음(주로 저녁이나 밤에 하루 3시간 이상)
- 가스 찬 배
- 불편한 자세(무릎을 가슴 쪽으로 당기거나 손을 쥠)
- 울음 후에는 비교적 편안한 모습.

아기가 우는 이유

신경계 민감성, 환경적 요인 등이 복합적으로 작용할 수 있습니다.

- **소화계 미성숙:** 아기의 소화 시스템이 발달 중이라 장 속에 가스가 차거나 소화 효율이 낮아질 수 있습니다. 이는 콜릭 증상을 유발하는 주요 원인 중

하나로 알려져 있습니다.

- **배고픔 또는 과식:** 아기가 너무 많이 먹거나, 너무 자주 배고프면 불편해할 수 있습니다.
- **불안정한 신경계:** 아기의 신경계가 자극에 민감할 수 있어 울음으로 반응할 수 있습니다.
- **스트레스나 환경적 요인:** 부모의 스트레스, 주변 환경의 소음, 온도 변화 등도 아기의 불편함을 유발할 수 있습니다.
- **우유 단백질 알레르기 또는 불내증:** 특정 음식 반응으로 소화 문제가 발생할 수 있습니다.
- **장내 세균 불균형:** 아기의 장내 세균 균형이 아직 형성되지 않았을 수 있습니다.

영아 산통 완화법

영아 산통은 시간이 지나면서 대개 완화됩니다. 아기가 힘들어할 때 부모가 아기에게 해 줄 수 있는 방법은 다음과 같습니다.

- **수유 방법 점검:** 아기가 공기를 삼키지 않도록 천천히 수유하고, 먹고 나면 트림을 시켜 주세요.
- **배 마사지:** 아기의 배를 부드럽게 마사지하면 가스 배출에 도움이 될 수 있습니다.
- **안정적 환경 제공:** 아기를 조용한 환경에서 편안하게 눕히고, 살짝 흔들어 주면, 아기가 진정될 수 있습니다.
- **이유식 도입 여부:** 분유 수유 아기는 생후 4~6개월에는 이유식을 시작하는 것이 권장되지만, 이는 아기의 발달 속도와 생활 환경에 따라 다를 수 있습니다. 모유 수유 아기라면, 생후 6개월 이후가 적합하다는 의견도 있습니다.

- **모유 수유 중인 엄마의 식단 점검:** 엄마가 모유 수유를 하는 경우, 일부 음식이 아기의 배 속에 가스를 일으킬 수 있으므로 식단을 점검해 볼 필요가 있습니다.
- **부드러운 소리와 접촉 활용:** 자장가를 들려주거나 가볍게 등을 쓰다듬어 주세요. 예를 들어 「반짝반짝 작은 별」과 같은 멜로디가 적합합니다.

영아 산통은 일반적으로 생후 4개월 이후 점차 호전됩니다. 다만, 증상의 지속 기간은 아기의 발달 상태와 환경에 따라 달라질 수 있습니다. 따라서 다양한 원인으로 비슷한 증상을 보이는 질환들을 구별하는 것이 중요합니다.

- **위·식도 역류 질환:** 먹은 후 자주 구토하거나 산이 역류하며 가슴 쓰림 증상이 나타납니다.
- **유당 불내증:** 모유나 분유에 포함된 유당을 소화하지 못해 가스, 복부 팽만, 설사가 발생합니다.
- **우유 단백질 알레르기:** 설사, 구토, 피부 발진, 혈변 등이 동반됩니다.
- **장 중첩증:** 급성 복통, 구토, 딸기 젤리 같은 혈변을 보이며 응급 치료가 필요합니다.
- **요로 감염:** 발열, 소변 냄새, 식욕 부진, 과도한 울음 등이 특징입니다.
- **중이염:** 귀를 자주 만지거나 잡아당기며 발열을 동반할 수 있습니다.
- **변비:** 변이 단단하거나 보기 힘든 경우 배변 중 힘들어하고 울 수 있습니다.

증상이 지속되거나 의심스럽다면, 소아청소년과에 꼭 문의하세요.

부모님을 위한 꿀팁! 이럴 땐 이렇게!

1. 불안해하지 마세요: 영아 산통은 일시적인 상태로, 아기의 건강에는 큰 문제가 없습니다.
2. 아이에게 맞는 방법 찾기: 아기마다 효과적인 진정 방법이 다를 수 있으므로 여러 방법을 시도해 보세요.
3. 기본 상태 점검: 아기가 울 때 배고픔, 기저귀 상태, 피곤함 등을 먼저 확인하세요.
4. 의사와 상담: 아기의 울음이 지나치게 심하거나 다른 이상 증상이 동반된다면 전문가의 조언을 받아 보세요.

영아 산통은 아이가 성장해 나가는 한 과정입니다. 부모님의 따뜻한 관심과 인내가 아이에게 든든한 힘이 되어 줄 것입니다.

53

안면 비대칭

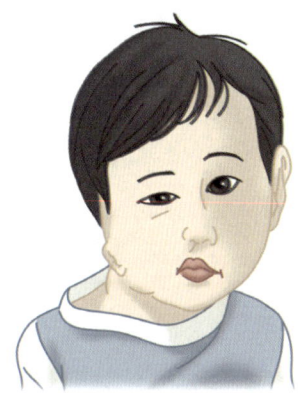 

　사람의 얼굴은 대개 완벽하게 대칭을 이루지 않습니다. 그러나 비대칭이 심해지면 건강과 자신감에 영향을 줄 수 있습니다. 안면 비대칭은 특히 아기에게서 얼굴 좌우의 발달 차이로 나타날 수 있습니다. 예를 들어, 한쪽 턱뼈가 작아 씹는 기능에 문제가 생기거나, 한쪽 귀 발달 이상으로 청력이 저하될 수 있습니다. 심한 경우에는 의료적 개입이 필요할 수 있으며, 임신 중 신경 능선 세포 이동 장애나 발달 지연 등이 주요 원인으로 알려져 있습니다.

　안면 기형 중 하나인 구순구개열은 신생아 1,000명당 1~2명에서 발생하는 가장 흔한 안면 기형입니다. 두개골 조기 유합증은 약 2,000명당 1명 꼴로 발생하며, 안면 왜소증은 약 4,000-5,000명당 1명으로 더 드문 질환입니다.

증상

안면 비대칭이 의심된다면, 아래 항목을 확인해 보세요.

- **눈의 비대칭:** 한쪽 눈이 작거나 위치가 다른가요?
- **아래턱의 이상:** 아래턱뼈가 작거나 짧은가요? 한쪽 턱관절이 형성되지 않았을 수도 있습니다.
- **귀의 형태 이상:** 귀가 작거나 외이도가 막혀 있지는 않은지 확인하세요. 소이증이 의심된다면 청력 검사를 권장합니다.
- **안면 근육 기능:** 한쪽 눈을 감지 못하거나 입을 완전히 닫지 못하는지 관찰하세요.
- **연부 조직의 비대칭:** 얼굴의 부드러운 조직이 한쪽으로 치우쳐 있지는 않나요?
- **구열 여부:** 입 둘레 근육이 터져 있는 '구열'이 보인다면 수술이 필요할 수 있습니다.

안면 비대칭이 아기의 건강에 미치는 영향

안면 비대칭은 대부분 심각한 건강 문제를 유발하지 않지만, 심한 경우 외모로 받는 스트레스, 씹기나 말하기 기능 저하, 두개골 이상과 같은 의학적 문제가 발생할 수 있습니다. 이런 경우 적절한 치료가 필요합니다. 안면 비대칭의 원인은 아래와 같이 매우 다양합니다.

- **출산 중 압력:** 분만 과정에서 머리와 얼굴에 압력이 가해져 일시적으로 나타날 수 있습니다.
- **자세 습관:** 한쪽으로만 눕거나 특정 방향으로 고개를 돌리는 습관이 영향을 줄 수 있습니다.
- **두개골 이상:** 두개골의 조기 유합^{craniosynostosis}같은 뼈 성장 문제로 발생할 수 있습니다.
- **근육 이상:** 얼굴 근육의 불균형이나 신경 손상(예 안면 신경 마비)이 원인일

수 있습니다.
- **유전적 요인:** 가족 중에 안면 비대칭이 있는 경우 유전적으로 나타날 수 있습니다.
- **아가미궁 발달 이상:** 태아 발생 초기의 1번, 2번 아가미궁의 발달 문제로 발생할 수 있습니다. 아가미궁은 태아의 얼굴과 목 주요 구조를 형성하는 배아 조직으로, 각각 아래턱뼈와 씹는 근육(1번 아가미궁), 안면 근육과 귀의 일부(2번 아가미궁)를 만듭니다. 이 과정에서 신경 능선 세포 이동 장애나 혈액 공급 문제로 발달이 저하될 수 있습니다.

병원 방문 시기

아래의 경우에는 전문적인 진료가 필요합니다.
- **비대칭이 심하고 시간이 지나도 개선되지 않을 때:** 예를 들어, 한쪽 턱뼈가 눈에 띄게 작거나 한쪽 눈을 감지 못하는 경우.
- **두개골 변형이나 턱 기능 문제가 동반되는 경우:** 씹기나 삼키기가 어려운 상황이 포함됩니다.
- **눈이나 입 주변의 움직임이 비대칭일 때(신경 문제 가능성):** 아이가 웃거나 말할 때 입꼬리 움직임이 좌우로 다르게 나타날 때.
- **고개를 한 방향으로만 돌리거나 근육 움직임이 제한될 때:** 지속적인 자세 불균형이 동반될 경우.

모든 안면 비대칭이 치료가 가능한 것은 아닙니다. 선천적 기형, 심각한 골격 이상으로 비대칭이 생겼다면, 완전한 교정이 어렵거나 치료가 제한적일 수 있습니다. 이러한 상황에서는 기능적 문제와 미용상 결과를 동시에 고려하여 개별화된 치료 계획을 세우는 것이 중요합니다. 그러나 성장 과정에서 자연스럽게 개선되기도 하니, 꾸준한 관찰이 중요합니다.

부모님을 위한 꿀팁! 이럴 땐 이렇게!

1. 아이의 웃는 사진을 찍어 좌우 근육의 움직임을 비교하고, 비대칭이 느껴지면 신경과에 방문하세요.
2. 귀 모양이나 외이도 상태를 관찰해 이상이 있으면 이비인후과에서 진료를 받아 보세요.
3. 치과나 소아청소년과에서 턱관절 상태를 점검받으세요. 필요한 경우 치료도 고려하세요.

안면 비대칭은 외모뿐 아니라 건강에도 영향을 미칠 수 있습니다. 씹기나 삼키기 기능 저하, 청력 손실, 턱관절 문제 등이 대표적입니다. 조기 관찰과 전문적인 진료를 통해 적절한 치료를 받는 것이 중요합니다.

허벅지 주름 비대칭

허벅지 주름 비대칭에 관해 알아보겠습니다. 허벅지 주름이 비대칭인 경우, 발달성 고관절 이형성증 여부를 확인해야 합니다.

허벅지 주름 비대칭

허벅지 주름은 아기의 다리를 구부렸을 때 보이는 피부의 접힌 선입니다. 좌우 허벅지의 주름이 다를 수 있는데, 이는 아기들에게 비교적 흔히 나타나는 현상입니다. 대부분 이 비대칭은 단순한 신체적 차이로, 심각한 문제를 의미하지 않습니다.

발생 원인

허벅지 주름 비대칭은 아기의 자세, 근육 긴장도, 또는 체중 분포의 차이에 따라 발생할 수 있습니다. 하지만 발달성 고관절 이형성과 관련될 수 있습니다. 이는 고관절이 제대로 맞물리지 않는 상태입니다. 심각한 상태인지 부모가 알아차리기 쉬운 징후는 다음과 같습니다.

- 주름 비대칭이 지속적으로 뚜렷하거나 점점 심해진다.
- 한쪽 다리가 짧아 보이거나, 아기가 다리를 움직이는 데 불편해 보인다.
- 엉덩이를 움직일 때 '딸깍' 하는 소리가 난다.

비대칭이 대수롭지 않거나 다른 증상이 없다면 대부분 걱정할 필요가 없습니다. 하지만 앞서 말씀해 드린 징후가 보이거나 소아청소년과 의사가 의심을 제기하면, 초음파 검사나 엑스레이로 고관절 상태를 확인해 보실 것을 권합니다.

발달성 고관절 이형성증

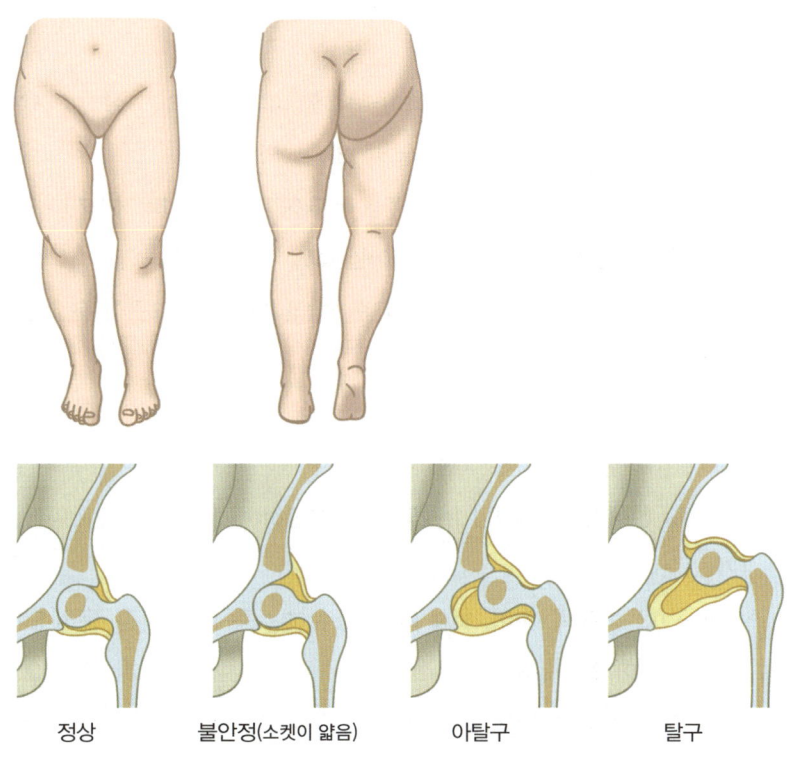

정상   불안정(소켓이 얇음)   아탈구   탈구

고관절(일명 엉덩관절)은 허벅지 뼈인 넓적다리뼈의 골두가 엉덩뼈 소켓에 맞물려 있는 형태(볼 앤드 소켓, ball-and-socket)의 관절입니다. 그리고 발달성 고관절 이형성은 소켓이 얇고 불안정하거나, 골두가 소켓 밖으로 일부

혹은 완전히 벗어난 상태를 말합니다. 이 질환은 출생 시부터 존재할 수 있으며, 이를 발달성 고관절 이형성증이라고 합니다. 이는 고관절 탈구, 불완전 탈구, 또는 비구의 발달 부족 등의 다양한 형태로 나타날 수 있습니다.

발달성 고관절 이형성이 발견되면 초기 단계에서는 보조기(예 파블릭 장치, Pavlik harness)를 사용하여 교정할 수 있습니다. 더 심각하다면 추가 치료나 수술이 필요할 수 있지만, 대부분의 아이는 조기 치료로 정상적인 발달을 보입니다.

증상

- **걷기 전 아기**: 허벅지나 엉덩이 피부 주름 비대칭, 다리가 잘 벌어지지 않음, 좌우 다리 길이 차이가 나타날 수 있습니다.
- **걷기 시작한 아기**: 허벅지 피부 주름 비대칭, 다리를 절뚝거리거나 양쪽에 이상이 있으면 비정상적인 걸음걸이를 보일 수 있습니다.
- **성인**: 관절염, 만성 통증이 나타날 수 있습니다. 이는 고관절 관절염이 생기는 주요 원인 중 하나입니다.

발달성 고관절 이형성증의 유병률과 원인

- **발생률**: 신생아 1,000명당 1~2명 정도 발생하며, 지역과 인종에 따라 차이가 있습니다.
- **위험 인자**: 가족력, 여아, 첫째 아기, 양수 과소증, 근성 사경, 둔위 태아 등 여러 요인이 있습니다.
- **역아 태아**: 역아 태아의 3~4%에서 발달성 고관절 이형성증 발생 위험이 커질 수 있습니다.
- **유전적 및 물리적 요인**: 콜라겐 대사 이상, 태아의 자궁 내 위치 등이 주요 요인으로 보고됩니다.

발달성 고관절 이형성증의 진단

- **생후 6개월 이전**: 고관절 초음파 검사로 진단합니다. 임신 중 아기의 머리가 위쪽에 있고, 엉덩이나 다리가 아래로 향한 상태(역아)였던 여자 아기는 생후 6주에 초음파 검사를 받는 것이 권장됩니다.
- **생후 6개월 이후**: 엑스레이 검사를 통해 진단할 수 있습니다.
- **조기 진단의 중요성**: 초기 발견은 치료 효과를 높이는 데 중요합니다.

예방과 치료

발달성 고관절 이형성증의 예방법과 치료법은 다음과 같습니다.

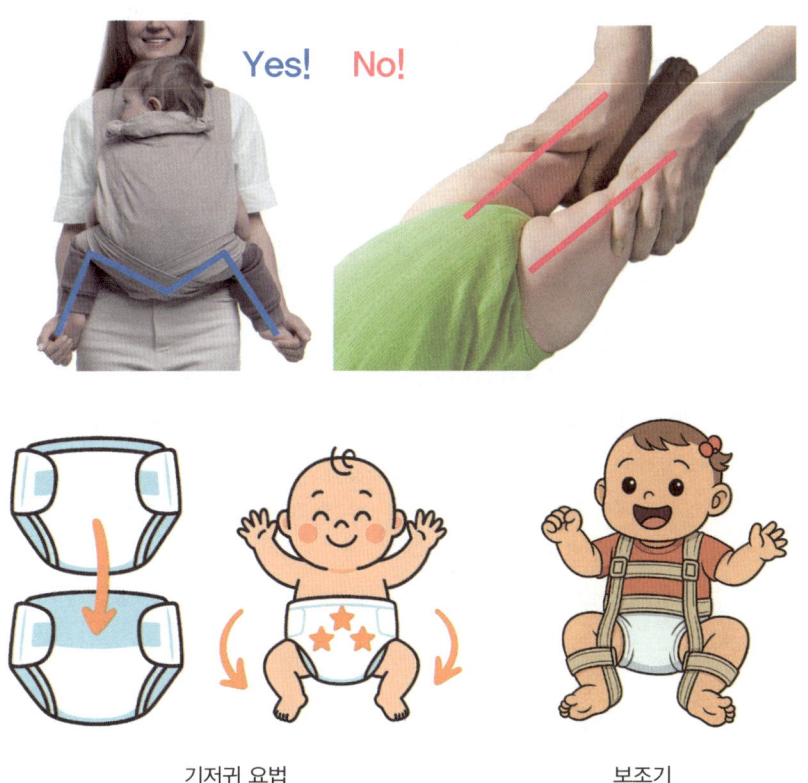

기저귀 요법   보조기

예방

- 신생아의 다리는 자연스럽게 구부러진 상태를 유지하는 것이 좋습니다.
- 속싸개를 사용할 때 무릎이 엉덩이보다 높은 M자 자세로 유지하세요. M자 자세는 고관절을 안정화하여 발달을 돕는 데 중요합니다.
- 아기를 안거나 업을 때도 M자 자세를 유지하도록 주의하세요.

치료

- **기저귀 요법:** 신생아가 M자 다리 자세를 유지할 수 있도록 기저귀 두 개를 겹쳐 고관절이 제대로 자리 잡도록 유도합니다.
- **보조기 사용:** 기저귀 요법으로 호전되지 않으면 보조기를 착용합니다.
- **정복술과 석고 고정:** 6개월 이후 기저귀 요법이 효과가 없으면 시행합니다.
- **수술:** 18개월 이후 또는 성인에서는 수술이 필요할 수 있습니다.

부모님을 위한 꿀팁! 이럴 땐 이렇게!

1. 주기적으로 관찰하세요! 허벅지 주름이 비대칭인지, 다리 움직임에 제한이 있는지 확인하세요.
2. 위험 인자가 있다면 조기 검진을 받으세요! 가족력, 역아 출산 등 위험 요인이 있다면 생후 6주 내 초음파 검사를 추천해 드립니다.
3. 아기 자세에 신경 쓰세요! 속싸개나 아기띠를 사용할 때, 다리가 M자 형태를 유지하도록 주의하세요.
4. 전문가 상담을 주저하지 마세요! 이상이 의심되면 가까운 소아청소년과에 방문해 정확한 진단과 상담을 받으세요.
5. 치료 계획을 따르세요! 기저귀 요법, 보조기 사용 등 전문가의 지시에 따라 적절히 관리하세요.

아기의 건강한 발달을 위해 조기 발견과 적절한 관리가 중요합니다. 부모님의 세심한 관찰과 관심이 큰 도움이 될 것입니다.

55 엉덩이 딤플

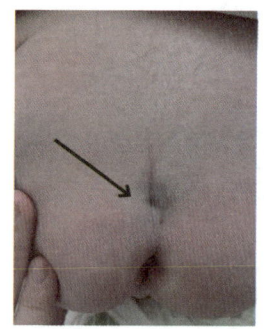 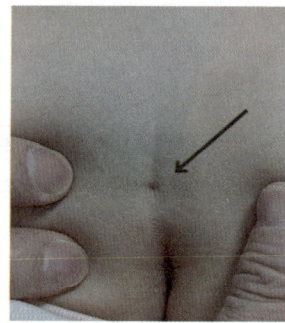 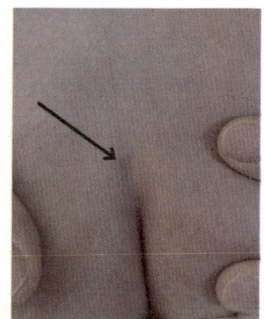

엉덩이 딤플^{dimple}은 얼굴의 보조개처럼 귀여운 외형이지만, 드물게 척수나 척추와 관련된 건강 문제를 시사할 수 있습니다. 특히 딤플이 깊거나 주변에 털, 점 같은 특징이 동반되면 추가 검사가 필요합니다. 안전한 딤플과 위험한 딤플을 구분하는 방법도 알려 드리겠습니다.

엉덩이 딤플

엉덩이 딤플은 얼굴의 보조개처럼 엉덩이 부위가 오목하게 들어간 것을 말합니다. 일반적으로 딤플 주변은 피부가 매끄럽고, 색이 변하거나 염증이 없는 것이 특징입니다. 딤플의 위치와 크기는 다양하며, 맨눈으로 확인하기 쉬운 경우가 많습니다. 100명의 신생아 중 2~8명에서 나타나며, 아주 작은 딤플부터 독특한 형태까지 여러 모습으로 관찰될 수 있습니다.

안전한 딤플과 위험한 딤플

위험한 엉덩이 딤플이란 딤플 아래의 척추나 척수에 이상이 있는 경우를 말합니다. 예를 들어, 딤플 아래 내부에 지방종이 존재하거나 척수가 정상 위치에서 고정되지 않는 때가 있습니다. 딤플 주변에 머리카락이 자라거나 피부에 점이 동반된 경우가 흔합니다. 반면, 척추나 척수에 이상이 없다면 안전한 딤플입니다.

위험한 경우
- 척추 이분증이 동반될 수 있음
- 딤플이 깊고 내부와 연결되어 있어 감염 및 마비를 유발할 가능성이 있음
- 지방이 신경을 압박하거나 당겨서 척수 견인 증후군을 초래할 수 있음

척수 견인 증후군은 대소변 기능 이상, 다리의 감각 저하, 만성 통증, 걸음걸이 이상을 유발할 수 있습니다. 대소변 기능 이상은 배뇨 시 어려움이나 변비로 나타날 수 있으며, 걸음걸이 이상은 절뚝거리거나 다리를 제대로 들지 못하는 증상을 포함합니다. 이 질환은 척수가 고정되어 정상적인 움직임이 제한되면서 발생하며, 진단은 주로 신경학적 검사와 MRI를 통해 이루어집니다. 따라서 딤플의 형태와 내부 상태를 자세히 관찰해야 합니다.

딤플의 유형

딤플을 분류할 때는 위치, 크기, 동반 증상을 기준으로 삼습니다. 예를 들어, 딤플이 항문 바로 위에 있고 크기가 작으며 동반 증상이 없다면, 1형 딤플로 분류됩니다. 이러한 기준에 따라 딤플은 세 가지로 나뉩니다.

1형 딤플
- 엉덩이 분리선 안쪽, 항문 바로 위에 위치
- 비교적 작은 크기
- 척추 이상 없음(수술 필요 없음)

2형 딤플
- 엉덩이 분리선에 위치하지만, 한쪽으로 구부러짐
- 백조의 목처럼 보이는 형태
- 약 50%에서 척추와 척수 이상 발견

3형 딤플
- 엉덩이 분리선보다 위쪽에 위치
- 등 볼록 돌출, 머리카락, 점, 추가적인 선 등 동반
- 약 37.5%에서 수술 필요

1형 딤플은 대체로 안전하며, 척추나 척수에 이상이 없는 경우가 대부분입니다. 반면, 2형과 3형은 척추 및 척수의 이상 위험이 상대적으로 큽니다.

엉덩이 딤플 검사

딤플 검사는 시각적 관찰과 영상 검사를 통해 이루어집니다. 시각적 관찰에서는 딤플의 위치, 크기, 주변 피부 상태를 자세히 살펴 이상 여부를 확인합니다. 영상 검사는 초음파와 MRI를 사용하며, 초음파는 영유아의 척추 물렁뼈를 통해 내부 구조를 확인하고, MRI는 더 세밀한 진단에 활용됩니다.

- **시각적 관찰:** 딤플의 위치와 형태를 확인

- **초음파 검사:** 영유아 대상, 척추 물렁뼈를 통해 검사
- **MRI 검사:** 생후 6개월 이상 등, 척추뼈가 단단해져 초음파 검사가 어려운 경우에 실시

비정상적인 연결 구조나 지방종의 존재 여부를 확인하여 위험성을 평가합니다.

부모님을 위한 꿀팁! 이럴 땐 이렇게!

1. 딤플이 작고 항문 가까이에 있다면, 대체로 안전합니다. 그러나 소아청소년과 전문의의 진단을 통해 정확히 확인하는 것이 중요합니다.
2. 딤플 부위가 한쪽으로 치우치거나 크기가 크다면, 초음파 검사를 통해 정확히 확인해 보세요. 검사 후 이상 소견이 발견되면 추가로 MRI를 통해 더욱 정밀한 진단을 받을 수 있습니다.
3. 딤플이 깊고 내부에 털, 점, 혹 같은 이상 소견이 보이면 즉시 소아청소년과에 방문하세요.

엉덩이 딤플은 대부분 큰 문제가 없지만, 적절한 검사를 통해 안전을 확인하는 것이 중요합니다.

56

신생아 쇄골 골절:
알아두면 안심되는 이야기

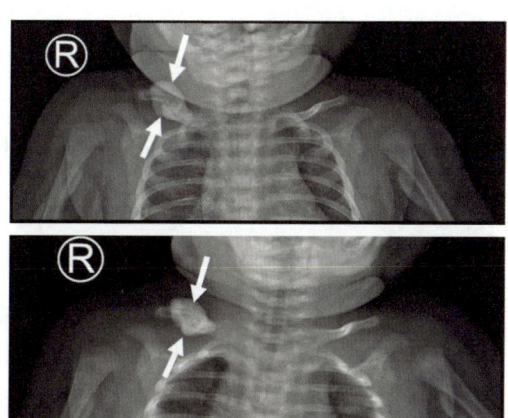

신생아 쇄골(일명 빗장뼈) 골절에 관해 알아보겠습니다. 신생아 쇄골 골절은 비교적 흔히 발생하며, 약 1,000명의 신생아 중 2~3명에서 발생합니다. 쇄골은 목덜미 아래에서 어깨와 연결된 뼈로, 어깨의 일부를 구성하는 중요한 역할을 합니다.

의심되는 이상 증상

신생아 쇄골 골절의 대표적인 증상은 골절이 있는 쪽 팔의 움직임 감소입니다. 예를 들어, 아기가 한쪽 팔을 거의 사용하지 않거나, 팔을 들려고 할 때 울음을 터뜨린다면 이를 의심해 볼 수 있습니다. 하지만 증상이 거의 없을 수도 있어 정확한 진단을 위해 엑스레이 검사가 필요할 때가 있습니다.

골절된 뼈가 어긋나면 겉으로도 튀어나와 보이기에 비교적 쉽게 알아차릴 수 있습니다. 뼈가 어긋나지 않으면 가골(뼈 재생 조직)이 형성된 후에야 엑스레이에서 확인될 수 있습니다. 상완 신경총이라는 신경 다발 문제가 동반될 수 있으며, 골절된 쪽 팔의 움직임이 현저히 줄어든다면 동반된 신경 손상을 의심해야 합니다.

주요 원인과 위험 요인

신생아 쇄골 골절의 주요 원인은 출산 중 겪는 어려움입니다. 예를 들어, 어깨 걸림(견갑 난산)이나 진공 흡입 분만과 같은 상황에서 발생 위험이 커질 수 있습니다. 다음은 골절의 주요 위험 요인입니다.

- **출생 시 체중이 많이 나갔다면:** 과체중은 골절의 주요 위험 요소입니다.
- **초산 또는 두 번째 출산:** 산모의 출산 경험이 적을수록 위험이 커집니다.
- **출산 방법:** 진공 흡입 분만이나 겸자 분만 시 골절 위험이 증가합니다. 견갑 난산(어깨 걸림) 상황에서도 골절이 흔합니다.
- **제왕 절개:** 특히 출생 체중이 4,000g 이상이라면, 골절 가능성이 큽니다.
- **근성 사경:** 근성 사경이 있는 아동은 쇄골 골절 발생률이 약 7배 높습니다.

신생아 쇄골 골절의 치료

대부분의 신생아 쇄골 골절은 별도의 치료 없이도 자연스럽게 회복됩니다. 이는 아기의 골절 부위에서 새로운 뼈 조직이 빠르게 생성되기 때문입니다. 시간이 지나면 가골이 형성되고, 점차 강하고 건강한 뼈로 회복됩니다. 초기에 골절된 쪽 팔을 몸통에 고정해 약 1~2주 동안 움직임을 최소화합니다. 그리고 시간이 지나면서 이 가골이 점차 기존 뼈와 결합하여 원래의 형태와 기능을 회복하게 됩니다. 이 과정에서 부모는 아기의 양쪽 팔 움직임이 대칭인지 잘 관찰해야 합니다. 만약 한쪽 팔을 잘 움직이지 않는다면 의료진과 꼭 상의하세요. 실제로, 치료 없이도 6개월이 지나면 후유증 없이 자연 치유된 사례가 많습니다.

부모님을 위한 꿀팁! 이럴 땐 이렇게!

1. 신생아의 팔 움직임을 관찰하세요. 골절이 의심되면 엑스레이 검사를 받으세요.
2. 출산 전 정보를 확인하세요. 아기의 체중과 분만 방법에 따라 골절 위험이 달라질 수 있으므로, 의료진과 충분히 상담하세요.
3. 대부분의 쇄골 골절은 자연적으로 치유되며 수술이 필요한 경우는 극히 드뭅니다.

신생아 쇄골 골절은 회복되는 경우가 많아, 지나치게 걱정하지 않아도 됩니다. 적절한 관리와 관찰로 아기의 건강을 지킬 수 있습니다!

57
신생아 귀 교정

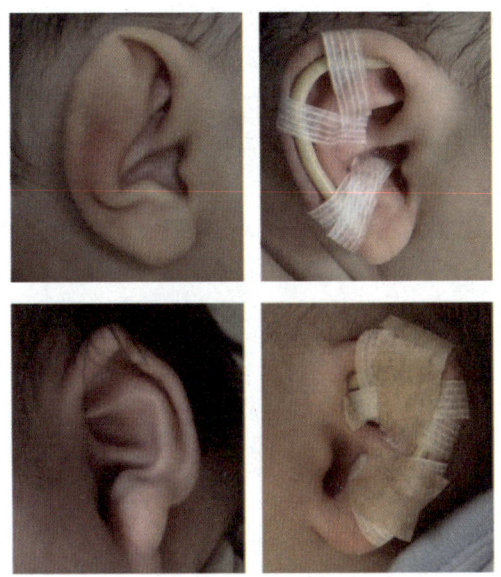

　대부분의 귀 변형은 출산 전후에 가해지는 물리적 압박으로 발생합니다. 예를 들어, 자궁 내에서 태아의 머리나 다른 신체 부위가 귀를 압박하는 경우 등이 있습니다. 귀 변형은 비교적 흔한 문제로, 약 10세 아동의 13%에서 관찰됩니다. 이러한 변형이 저절로 회복되지 않으면 외모 스트레스를 받거나, 친구나 주변의 놀림을 받는 일 등이 생기므로 아이의 심리적 부담을 초래할 수 있습니다.

　신생아의 귀는 출생 직후 연골이 부드럽고 유연하므로, 선천적인 귀 모양

이상은 초기 몇 주 이내에 교정을 시작하면 효과적으로 개선될 가능성이 큽니다. 귀 교정은 귀의 형태를 보다 정상에 가깝고 자연스럽게 개선할 수 있는 안전한 비수술적 치료 방법으로 평가받고 있습니다.

신생아 귀 교정

 귀 교정이란, 생후 3개월 이전 신생아와 영아의 귀 모양을 비수술적으로 교정하여 균형 잡힌 외형을 만들어 주는 치료 방법입니다. 이 치료 과정은 아기에게 큰 불편을 주지 않으며, 의료용 테이프와 실리콘 교정기를 활용해 안전하게 진행됩니다. 귀 교정은 생후 3개월 이내 신생아와 영아를 대상으로 하며, 생후 6주 이전에 시작하는 것이 가장 효과적입니다. 생후 1주 이내에 교정을 시작한다면, 약 2주 만에 효과가 나타날 수 있다고 알려져 있습니다. 의료용 실리콘 귀 교정기를 사용하여 변형된 귀를 교정하고, 원하는 귀 모양으로 만든 후 의료용 테이프로 고정합니다. 교정 장치는 매주 조정하며, 조정 과정에서 귀의 상태를 세밀히 점검합니다. 필요하다면, 교정기 위치와 압력을 미세 조정하여 더 균형 잡힌 귀 모양을 완성합니다.

귀 교정 효과

 아주대 병원의 연구에 따르면, 생후 2개월 이전의 영아를 대상으로 귀 교정을 시행한 결과 평균 4~6주의 교정 기간이 필요했습니다. 보호자 대부분이 효과를 긍정적으로 평가했으며, 약 63%의 아이들이 반창고가 유발한 피부 문제를 겪었지만, 이는 대부분 가벼운 수준이었습니다. 전체적으로 70% 이상의 아이들에게서 긍정적인 효과가 나타났습니다.

신생아 귀 교정이 필요한 경우

귀 교정은 귀 변형에만 적용할 수 있으며, 귀의 구조적 이상인 귀 기형에는 해당하지 않습니다. 귀 기형은 귀의 정상 구조가 제대로 형성되지 않은 상태로, 귀의 일부 구조가 없거나 외이도가 형성되지 않은 경우를 말합니다. 반면 귀 변형은 귀의 구조는 정상적으로 형성되었으나 물리적 압박 때문에 변형된 상태를 뜻합니다.

신생아 귀 교정이 가능한 시기

귀 교정은 생후 3개월 이전에 시작해야 합니다. 이 시기의 신생아 귀 연골은 어머니에게서 받은 에스트로겐 덕분에 부드럽고 유연하여 교정 효과가 높습니다. 생후 3개월이 지나면 연골이 단단해져 교정 효과가 떨어지므로, 이 시기를 놓치지 않는 것이 중요합니다.

귀 교정은 안전한 시술로, 1982년 일본에서 처음 도입된 후 그 효과와 안전성이 검증되었습니다. 2010년에는 미국식품의약국에서 이 장치를 안전한 의료기기로 승인하여 치료법의 안정성을 인정받았습니다.

부모님을 위한 꿀팁! 이럴 땐 이렇게!

1. 초기 발견이 중요합니다! 아기의 귀 모양에 이상이 있다고 느껴진다면 생후 6주 이내에 소아청소년과에 방문하세요. 빠른 조치가 치료 효과를 높입니다.
2. 꾸준한 관리가 필요합니다! 귀 교정기를 사용 중이라면 매주 전문가와 상담하여 교정 상태를 점검하고 장치를 조정해야 합니다.
3. 부작용을 점검하세요! 교정 중 아이 피부에 발진이나 자극이 발생하면 즉시 의료진과 상의하세요. 간단한 처치로 해결할 수 있는 경우가 많습니다.

귀 변형은 흔히 발생하지만, 적절한 시기에 교정을 받으면 아이의 외모와 자신감에 긍정적인 영향을 줄 수 있습니다. 정확한 정보를 바탕으로 현명한 선택을 하시기 바랍니다!

경기 발작과
열 경기의 응급 처치

이번에는 경기 발작과 열 경기의 응급 처치를 알아보겠습니다. 경기 발작과 열 경기는 뇌의 비정상적인 전기 활동으로 발생하며, 적절한 응급 처치가 중요합니다. 특히 열 경기는 6개월에서 5세 사이의 어린이에게 자주 발생합니다. 이는 뇌의 발달 과정에서 체온 변화에 더 민감하기 때문입니다.

응급 처치법

응급 처치 방법은 경기 발작과 열 경기가 유사합니다. 우선 공통적인 방법부터 말씀드리겠습니다.

- **안전한 곳에 눕히기:** 환자를 안전하고 평평한 곳에 눕히고, 주변의 위험한 물건이나 가구를 치워 부상을 방지합니다.
- **머리를 옆으로 돌리기:** 환자의 머리를 옆으로 돌려 구토물이나 타액이 기도로 들어가지 않도록 합니다. 이렇게 하면 기도를 확보하여 질식의 위험을 줄일 수 있습니다.
- **입에 아무것도 넣지 않기:** 발작 중에 입에 물건을 넣는 것은 질식이나 구강 부상을 초래할 수 있으므로 절대 넣지 않습니다. 과거에는 발작 중 혀를 깨무는 것을 방지하려고 물건을 넣는 방법이 권장되었지만, 현재는 이 방법이 질식과 부상의 위험을 증가시키는 것으로 밝혀져 금하고 있습니다.
- **시간 측정:** 발작이 시작된 시간을 정확히 기록하세요. 5분 이상 지속되면 즉시 119에 연락하여 응급 의료 지원을 요청합니다.
- **경기 종료 후 안정시키기:** 경기가 끝난 후 환자가 완전히 의식을 회복할 때까지 지켜봅니다. 의식을 회복한 후 부상 여부를 확인하세요. 필요할 경우 병원에 방문하여 추가 진료를 받습니다.

열 경기에서는 체온을 천천히 낮추는 것이 중요합니다. 체온을 낮출 때는 천천히 조처해야 하며, 아이가 오한을 느끼지 않도록 주의하세요. 다음 방법이 도움이 됩니다.
- 아이의 옷을 가볍게 입히거나 벗깁니다.
- 시원한 환경을 제공하여 체온을 낮춥니다.
- 필요할 경우 해열제를 투여합니다.
- 응급 상황에서는 물수건으로 이마, 겨드랑이, 목 뒷부분을 닦아 체온을 낮추세요. 이 부위들은 혈관이 피부 가까이에 있어 열을 효율적으로 방출할 수 있습니다. 25~30도 정도의 미지근한 물을 씁니다. 너무 차갑거나 뜨거운 물은 사용하지 않도록 주의하세요.

부모님을 위한 꿀팁! 이럴 땐 이렇게!

1. 발작이 발생하면 당황하지 말고 환자를 안전한 곳으로 옮기세요. 주변의 위험 요소를 제거하고 환자의 머리를 옆으로 돌려 기도를 확보하세요.
2. 입에 물건을 넣지 않는 것이 가장 안전합니다. 혀를 깨무는 것은 대부분 생명에 위협을 주지 않습니다.
3. 발작 시간이 5분 이상 지속되거나 발작 후 의식이 회복되지 않는다면 즉시 119에 연락하세요.
4. 아이에게 열 경기가 나타나면, 체온을 낮추는 것이 가장 중요합니다. 옷을 가볍게 해 주고, 미지근한 물수건으로 몸을 닦아 주세요. 열이 높을 경우, 해열제를 사용할 수 있습니다.
5. 응급 처치 후에도 이상 증상이 지속되거나 걱정이 된다면 소아청소년과에 방문하여 진료를 받으세요.

경기 발작과 열 경기는 당황스럽지만, 차분한 대처로 아이를 안전하게 지킬 수 있습니다. 부모님의 따뜻한 관찰과 신속한 조치가 우리 아이의 건강을 든든하게 지켜 줄 것입니다.

59

영유아 건강 검진 발달 선별 검사

    영유아 건강 검진은 대중적으로 많이 알려진 국가 지원 프로그램입니다. 이번에는 영유아 건강 검진 안에 포함된 발달 선별 검사에 관해 자세히 알아보겠습니다. 이 검사는 아이의 발달 상태를 간단하게 평가하여, 심화 검사가 필요한지를 결정하는 중요한 도구입니다. 발달 선별 검사를 통해 우리 아이의 발달 상태를 더 깊이 이해할 기회를 가져 보세요.

발달 평가

    발달 평가는 영유아의 신체적, 언어적, 인지적, 사회적 발달 상태를 확인하는 과정입니다. 이 과정에서 아이가 발달 단계의 어디쯤에 접어들었는지를 평가하며 다음과 같은 주요 항목을 다룹니다.

- **운동 발달:** 대근육 운동(걷기, 뛰기)과 소근육 운동(손가락 사용) 능력을 점검합니다.
- **언어 발달:** 단어 사용, 문장 구성, 의사소통 능력을 평가합니다.
- **인지 발달:** 문제 해결 능력, 기억력, 집중력을 확인합니다.
- **사회성 발달:** 또래 및 가족과의 상호 작용, 감정 표현과 조절 능력을 관찰합니다.
- **감각 통합 능력:** 다양한 감각(시각, 촉각, 청각 등)의 통합 능력을 확인합니다.

발달 평가는 생후 9~12개월에 시행하는 3차 건강 검진부터 발달 선별 검사(Korean Developmental Screening Test for Infants and Children, K-DST)가 포함되어 체계적으로 이루어집니다. 그리고 결과에 따라 필요한 조처를 할 수 있습니다.

발달 선별 검사의 의미

발달 선별 검사는 아이의 발달 상태를 간단하고 빠르게 확인하는 도구입니다. 전문적인 검사가 아닌 간이 평가 형태로, 아이가 또래와 비교하여 정상적인 발달 경로에 있는지를 확인합니다. 선별 검사에는 다음과 같은 장점이 있습니다.

- **빠른 문제 발견:** 발달 지연이나 이상이 의심되는 부분을 조기에 감지하여, 심화 평가로 연결할 기회를 제공합니다.
- **부모와의 소통 강화:** 검진 결과를 바탕으로 부모에게 현재 아이의 상태를 쉽게 설명하고 필요한 양육 방향을 안내합니다.
- **효율적인 자원 활용:** 심화 검사가 필요한 아이를 선별하여 적시에 필요한 지원을 받을 수 있도록 합니다.

이 검사는 모든 아이가 동일한 기준으로 평가받을 수 있게 설계되어, 발달 문제를 놓치지 않고 조기에 대응할 수 있도록 돕습니다.

발달 평가 결과에 따른 심화 평가

발달 평가 결과에서 추가 검사가 필요하다고 판단될 경우, 심화 평가를 권유받게 됩니다. 심화 평가는 전문적인 검사와 상담을 통해 아이의 상태를 더욱 자세히 확인하는 과정입니다. 예를 들어, 언어 발달 지연이 의심된다면, 언어 치료 전문가의 상담이나 청력 검사가 포함될 수 있습니다. 심화 평가를 통해 다음과 같은 결과를 얻을 수 있습니다.

- **정상:** 추가적인 지원이나 치료가 필요하지 않으며, 아이의 발달이 적절한 범위에 속합니다.
- **발달 지연:** 특정 영역에서 발달이 또래보다 느리다면, 전문가의 도움을 받아 적절한 치료나 개입을 시작할 수 있습니다.
- **전문의 상담:** 소아청소년과나 소아재활의학과 전문의에게 찾아가 평가 결과를 토대로 구체적인 조언을 받습니다.
- **심화 검사:** 필요에 따라 언어 치료, 물리 치료, 심리 검사 등을 시행합니다.
- **개별 맞춤 계획 수립:** 검사 결과에 따라 아이의 발달을 지원하기 위한 맞춤형 치료 또는 교육 계획을 수립합니다.
- **지속적인 모니터링:** 정기적으로 아이의 발달 상태를 추적하여, 적절한 지원을 이어 갑니다.
- **추가 평가 필요:** 명확한 진단을 내리기 위해 더 정밀한 검사를 진행해야 할 수도 있습니다.

부모님을 위한 꿀팁! 이럴 땐 이렇게!

1. 발달 상태에 관한 걱정이 생길 때: 아이가 또래보다 발달 속도가 느리다고 느껴진다면 조기에 전문가의 도움을 받으세요. 빠른 대처가 아이의 성장에 큰 도움을 줍니다.
2. 심화 평가가 권장될 때: 당황하지 마세요. 심화 평가는 아이를 더 깊이 이해하고 필요한 지원을 제공하기 위한 과정입니다.
3. 전문의 상담 준비: 상담 전에 아이의 행동과 발달 상태를 관찰하고 기록해 두면 전문가와 더욱 효과적으로 대화할 수 있습니다.
4. 지속적인 관심: 발달 지원은 단기 개입으로 끝나지 않습니다. 꾸준히 아이의 상태를 확인하고, 적절한 자극과 환경을 제공해 주세요.

발달 선별 검사는 아이가 건강하고 행복하게 자라기 위한 중요한 첫걸음입니다. 정기적으로 검진을 받고, 필요시 전문가의 도움을 받아 아이의 잠재력을 최대한 끌어내세요!

60 모로 반사

모로 반사^{Moro reflex}는 신생아의 원시 반사 중 하나로, 출생 직후부터 나타나는 정상적인 반응입니다. 이는 아기가 위험한 상황에 대처하고 자신을 보호하기 위한 본능적인 반응으로 여겨집니다. 예를 들어, 갑작스러운 소음이나 자세 변화뿐 아니라 밝은 빛이나 피부에 닿는 차가운 공기에 민감한 반응도 초기 생존 메커니즘으로 설명됩니다. 독일의 소아청소년과 의사 에른스트 모로^{Ernst Moro}가 처음으로 기술했기에 그의 이름을 따서 모로 반사라고 불립니다.

발생 시기

모로 반사는 출생 직후부터 시작되어 생후 4~6개월까지 관찰됩니다. 이는 이 시기에 대뇌와 신경계가 발달하면서 반사 행동이 점차 의도적이고 통제된 움직임으로 바뀌기 때문입니다. 초기에는 갑작스러운 소리에 양팔을 펼치는 반사적 행동을 보이지만, 이후에는 손을 뻗어 원하는 물체를 잡으려는 의도적인 움직임으로 발전합니다. 반사는 갑작스러운 소리나 움직임, 아기를 살짝 떨어뜨리는 것 같은 자세 변화, 밝은 빛, 또는 차가운 공기와 같은 다양한 환경적 자극으로 쉽게 유발될 수 있습니다. 모로 반사의 주요 단계는 다음과 같습니다.

- 아기가 팔을 양쪽으로 벌리고 손가락을 펼칩니다.
- 벌린 팔을 다시 몸 쪽으로 모읍니다.
- 놀란 표정을 짓거나 울음을 터뜨리기도 합니다.

대뇌가 발달함에 따라 이 반사는 자연스럽게 사라집니다. 모로 반사는 정상적인 신경 발달을 보여 주는 지표로 활용됩니다.

모로 반사의 의미

모로 반사는 신생아가 환경에 적응하고 생존을 위한 초기 신경 반응을 형성하는 데 중요한 역할을 합니다. 이 반사는 신경계의 초기 적응 능력을 보여 주는 중요한 지표로도 활용됩니다.

- **정상적일 때:** 생후 초기 모로 반사가 나타나는 것은 건강한 신경 발달을 의미합니다.
- **이상 신호:** 모로 반사가 나타나야 할 시기에 보이지 않거나 생후 4~6개월 이후에도 지속된다면, 신경학적 문제가 있을 가능성을 고려해야 합니다.

속싸개의 역할

모로 반사는 수면 중에도 나타나 신생아를 깨우기도 합니다. 이 때문에 수면에 방해가 될 수 있어, 속싸개를 활용하면 도움이 됩니다.

- **속싸개 활용법:** 전통적인 속싸개나 스와들업과 같은 제품으로 아기의 팔 움직임을 부드럽게 제한하면 모로 반사를 줄일 수 있습니다.
- **편안한 환경 조성:** 갑작스러운 소음이나 밝은 빛을 최소화하고 방의 조명을 낮추며 부드러운 음악을 틀어 주세요. 또한, 방 온도를 적절히 유지하고 외부 소음을 차단할 방법을 고려해 보세요.

부모님을 위한 꿀팁! 이럴 땐 이렇게!

1. 아기가 모로 반사로 자주 깬다면, 수면 중 속싸개를 사용하여 아기를 안심시키고 안정된 환경을 만들어 주세요. 방의 조명을 어둡게 하고, 소음을 줄이는 것도 효과적입니다.
2. 신생아기에 모로 반사가 전혀 보이지 않거나 6개월이 지나도 지속된다면, 가까운 소아청소년과에 방문하여 전문가의 상담을 받아야 합니다.
3. 과도한 반사로 아기가 불안해하면, 아기를 부드럽게 안아 안정감을 주고, 조용하고 편안한 환경에서 안정을 취하게 도와주세요.

모로 반사는 아기의 발달 과정에서 자연스럽게 나타났다가 사라지는 반응입니다. 아기의 반응을 주의 깊게 관찰하고, 필요한 경우 전문가와 상담하는 것이 중요합니다.

61
터미 타임: 아기를 위한 특별한 시간

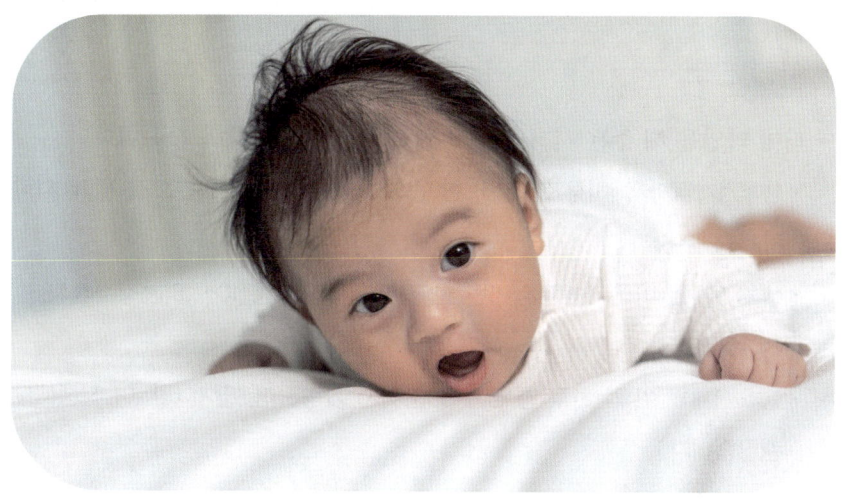

터미 타임$^{Tummy\ Time}$은 깨어 있는 동안 아기를 엎드린 자세로 눕혀 근육 발달과 운동 기능 향상을 돕는 활동입니다. 영어 단어 'Tummy'는 배를 뜻하는 귀엽고 캐주얼한 표현으로 주로 아이들과의 대화에서 사용됩니다. 터미 타임은 1994년 등으로 재우는 운동이 시작된 이후 대중화되었습니다. 이 캠페인은 영아 돌연사 증후군 예방을 위해 아기 등을 대고 눕히는 것을 권장했으나, 이 때문에 납작 머리 증후군이 증가했습니다. 이를 해결하기 위해 깨어 있는 동안 엎드린 자세를 권장하며 터미 타임이라는 용어가 생겨났습니다.

시작 시기

생후 1~2주부터 시작할 수 있습니다. 아기가 깨어 있고 기분이 좋은 시간을 선택하세요. 예를 들어, 아기가 배가 고프지 않고 낮잠을 잘 자고 난 후가 적합합니다.

- **피해야 할 상황:** 아기가 배에 가스가 차 있거나, 졸려 하거나, 방금 수유를 한 직후는 피하세요.

시행 빈도

터미 타임을 해 주는 시기별 적정 빈도와 시간은 아래와 같습니다.

- **생후 1개월까지:** 하루 2~3번, 한 번에 1~5분, 총 5~10분으로 짧게 시작하세요.
- **생후 2개월 이후:** 하루 3~5번, 한 번에 1~5분, 총 10~15분으로 점차 늘려 보세요.
- **생후 3개월 이후:** 하루 총 20~30분까지 가능하며, 짧게 나누어 진행해도 괜찮습니다.

터미 타임을 즐겁게 하는 방법

아이가 터미 타임을 즐기려면, 부모는 아래 사항에 주의를 기울여야 합니다.

- **편안한 환경 만들기:** 바닥에 담요나 매트를 깔고 아기를 눕혀 주세요. 책이나 소리 나는 장난감을 활용하면 아기의 흥미를 끌기 좋습니다.
- **안전한 자세 유지:** 처음에 부모의 가슴 위에서 진행하면 아기가 안정감을 느낄 수 있습니다.
- **항상 감시하기:** 아기 옆에서 항상 지켜보며, 아기가 피곤해하거나 불편해 보이면 즉시 중단하세요.

주의 사항

- 하루 1~2분으로 시작해 매주 조금씩 시간을 늘려 주세요.
- 수면 중에는 절대 엎드린 자세로 두지 마세요.
- 아기가 힘들어하거나 거부하면 다른 시간에 다시 시도하세요.

터미 타임의 유익함

터미 타임은 아기의 목과 어깨 근육을 키워 주며, 뒤집기, 기어가기, 걷기 같은 발달 단계에 필요한 근육과 협응 능력을 키워 줍니다. 또한 납작 머리 증후군을 예방하는 데 효과적입니다.

부모님을 위한 꿀팁! 이럴 땐 이렇게!

1. 짧은 시간부터 시작: 처음에는 1~2분으로 짧게 시작하세요.
2. 눈을 맞추며 즐거운 분위기 조성: 아기와 눈을 맞추고 부드럽게 이야기하거나 웃어 주세요.
3. 부드러운 표면 활용: 딱딱한 바닥보다 담요나 매트를 활용하세요.
4. 아기가 거부할 때: 재미있는 소리를 내며 관심을 유도하세요.
5. 힘들어 보일 때: 부모의 가슴 위에서 시도하거나 시간을 줄여 보세요.
6. 배가 불편해 보일 때: 가스를 배출한 후나 배가 고프지 않을 때 진행하세요.
7. 지루해할 때: 장난감이나 거울을 활용해 흥미를 유도하세요.

터미 타임은 아기의 작은 도전이자 큰 성장의 시작입니다. 부모님의 따뜻한 격려와 관심이 아이에게 건강한 힘을 선물해 줄 것입니다.

62

터미 타임을 할 때
아기 목이 기운다면

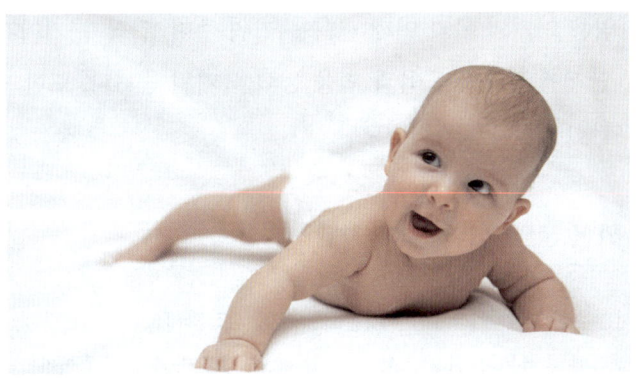

터미 타임 중 아기 목이 기울 때가 있습니다. 이번에는 이 현상에 관해 자세히 알아보겠습니다.

터미 타임 시 목 기울어짐

어린 아기가 터미 타임을 할 때 목이 기우는 것은 흔한 현상입니다. 아기가 목 근육을 발달시키는 과정에서 특정 방향으로 자주 고개를 돌리는 습관 때문에 발생할 수 있기 때문입니다. 그러나 시간이 지나도 나아지지 않거나 한쪽으로만 지속적으로 기운다면 전문가의 진단이 필요합니다.

- **발달 단계**: 목 근육이 아직 충분히 발달하지 않아 나타날 수 있습니다.
- **근력 불균형**: 한쪽 목 근육이 더 약하거나 강할 때 발생할 수 있습니다.

- **사경(기운 목)**: 목 근육(특히 흉쇄유돌근)이 짧아져 고개가 한쪽으로 기울어질 수 있습니다.

터미 타임을 할 때 목이 기우는 상태가 계속된다면 조기 대처가 필요합니다. 조기에 교정하지 않으면 다음과 같은 문제가 생길 수 있습니다.
- 얼굴 비대칭, 두개골 비대칭(납작 머리, 사두, 단두) 발생 가능성
- 목 근육 불균형으로 생기는 자세 문제
- 운동 발달 지연(뒤집기, 앉기 등)

터미 타임을 할 때 목이 기운다면, 다음과 같이 행동해 주세요.
- **자세 교정**: 터미 타임 시 반대 방향으로 아이의 시선을 유도하세요. 장난감이나 소리를 이용해 아이의 흥미를 끌면 도움이 됩니다. 아이를 눕힐 때 머리를 반대 방향으로 돌려놓는 것도 효과적입니다.
- **부드러운 스트레칭**: 전문가의 지도를 받아 목 근육을 부드럽게 스트레칭하세요.
- **환경 조정**: 터미 타임 시 아이가 안정감을 느끼도록 부모가 가까이 있어 주세요.
- **터미 타임 조정**: 터미 타임 시간을 짧게 시작하여 점점 늘리세요.

전문가를 찾아가야 할 시점

다음과 같은 경우에는 재활의학과나 소아청소년과 의사의 상담이 필요합니다.
- 목 기울임이 시간이 지나도 개선되지 않을 때
- 고개를 한쪽으로만 돌리고 반대 방향으로 움직이기 어려워할 때
- 움직임에 제한이 있거나 통증이 있는 것처럼 보일 때
- 두개골 비대칭이 점점 심해지는 경우

아이는 성장할수록 근육도 발달합니다. 따라서 터미 타임 시 목 기울어짐은 자연스럽게 좋아질 수 있습니다. 하지만 증상이 지속되거나 심하다면 가능한 한 빨리 교정하는 편이 좋습니다. 그럴수록 문제 해결이 쉬워집니다.

터미 타임은 아이의 근육 발달과 전반적인 성장에 매우 중요하므로 계속해야 합니다. 다만, 아이가 불편해하지 않도록 터미 타임의 자세를 조정하고, 시간을 조절하면서 점차 늘려 가기 바랍니다.

부모님을 위한 꿀팁! 이럴 땐 이렇게!

1. 터미 타임 시 목이 기우는 현상은 흔히 나타날 수 있지만, 지속적이거나 심하다면 전문가 상담이 필요합니다.
2. 가정에서도 자세 교정, 스트레칭, 환경 조정 등으로 도움을 줄 수 있습니다.
3. 조기에 대처하면 대부분 정상 발달로 돌아올 수 있으므로, 부모님의 관심과 적절한 조치가 중요합니다.

아이의 건강과 발달이 걱정되는 건 당연합니다. 필요할 경우 소아청소년과에서 정확한 진단을 받아 마음의 안정을 찾으세요!

관절에서 뚝 소리가 나는 이유: 기포의 비밀

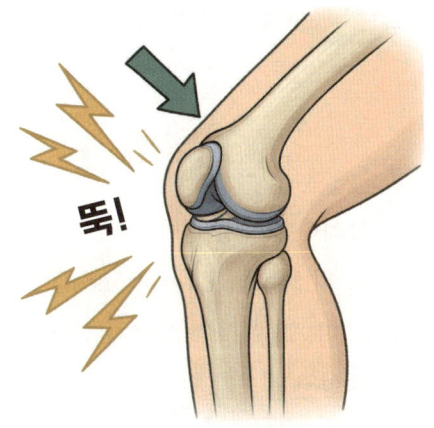

아기의 무릎에서 '뚝' 하는 소리가 나면 아기가 괜찮은지 걱정되기도 합니다. 어느 날, 아이가 손가락을 꺾으며 "이 소리가 뭐야?"라고 묻기도 합니다. 이 질문은 단순하지만, 우리 몸에서 나는 관절음의 정체에 관한 질문입니다.

손가락을 꺾으면 뚝 소리가 나고, 바로 다시 꺾으면 소리가 나지 않습니다. 그런데 일정 시간이 지나면 또다시 소리가 납니다. 사람들은 이 소리가 뼈나 연골이 부딪혀서 나는 것 혹은 관절이 손상된 신호라고 생각하기도 합니다. 하지만 연구에 따르면, 이 소리는 뼈가 부딪히는 소리가 아니라 기포가 형성될 때 나는 소리입니다. 이번에는 이 관절음의 기원에 관해 알아보겠습니다.

과학적으로 밝힌 뚝 소리의 원인: 기포 이론

이 소리의 정체를 밝히기 위해 2015년, 캐나다 앨버타 대학교 연구팀이 MRI(자기 공명 영상)를 이용해 관절에서 소리가 나는 순간을 실시간으로 촬영했습니다. 그 결과, 소리는 기포가 터질 때가 아니라 형성될 때 발생한다는 사실이 확인되었습니다.

기존에는 관절 내 기포가 터지면서 소리가 난다는 기포 붕괴 이론이 있었지만, MRI 촬영을 통해 관절이 당겨질 때 내부 압력이 낮아지면서 순간적으로 기포가 형성되고, 바로 그 순간 뚝 소리가 난다는 것이 실험적으로 입증되었습니다.

마찰 핵 형성

이 현상을 설명하는 물리학적 개념이 마찰 핵 형성^{Tribonucleation}입니다. 마찰 핵 형성의 tribo-는 그리스어 $\tau\rho\iota\beta\epsilon\iota\nu$(tribein), 즉 '문지르다, 비비다, 마찰하다'에서 유래했습니다. 핵 형성^{Nucleation}이란 어떤 새로운 구조(기체 기포, 결정, 액체 방울 등)가 생성되는 초기 단계를 의미합니다. 기존에 존재하지 않던 작은 입자, 즉 핵^{nucleus}이 형성되어, 그 위로 더 많은 물질이 모이며 성장하는 과정입니다. 예를 들어, 유리판 두 개를 물에 적신 후 붙였다가 갑자기 떼면 '뽁' 하는 소리가 납니다. 왜냐하면 유리판 사이에 순간적으로 공간이 생기면서 기포가 형성되기 때문입니다. 또 다른 예로, 빵 두 개를 손으로 눌러 붙였다가 갑자기 떼어 내면 순간적으로 공간이 생깁니다. 이처럼, 마찰 핵 형성은 맞닿아 있던 두 개의 표면이 갑자기 떨어질 때 순간적으로 기포가 형성되는 현상을 설명합니다. 관절 내부는 활액$^{Synovial\ Fluid}$이라는 윤활액으로 차 있으며, 이 액체는 뼈와 뼈 사이의 마찰을 줄여 줍니다. 관절을 당기거나 구부릴 때, 내부 압력이 급격히 낮아지면 활액 속에 있던 기체(산소, 질소, 이산화탄소 등)가 갑자기 기포로 변하면서 '뚝' 하는 소리가 납니다. 즉, 소리의 정체는 기포 붕괴가 아니라 기포 생성입니다.

> **무릎에서 나는 뚝 소리! 괜찮을까요?**
>
> 손가락뿐 아니라 무릎에서도 뚝 소리가 날 수 있습니다. 특히 무릎을 구부렸다가 펼 때 혹은 오래 앉아 있다가 일어날 때 무릎에서 소리가 나곤 합니다. 그리고 이 소리도 대개 정상적인 기포 형성 과정으로 발생합니다. 그러나 소리와 함께 통증이 있거나, 무릎이 붓거나 염증이 있거나, 걸을 때 무릎이 불편하다면, 관절염, 연골 손상 등이 생겼을 가능성이 있으니, 정형외과나 재활의학과에서 검사를 받아 보는 것이 좋습니다.

병적인 소리와 정상 소리의 구별

소리가 난다고 해서 무조건 문제는 아닙니다! 정상적인 소리와 병적인 소리를 구별하는 것이 중요합니다. 병적인 관절 소리 의심 신호는 다음과 같습니다.

- 소리와 함께 통증이 동반될 때
- 반복적으로 같은 움직임에서 지속적인 소리가 날 때
- 무릎이 붓거나 염증 징후가 있을 때
- 보행 시 절뚝거림이 나타날 때
- 한쪽 무릎에서만 반복적으로 소리가 날 때

이런 경우에는 정형외과나 재활의학과에 방문하여 초음파나 X-ray 검사를 받는 것이 좋습니다. 그러나 기포 생성으로 나타난 관절음은 정상적인 생리학적 현상이므로 특별히 조처하지 않아도 됩니다.

구분	정상 관절음	병적 관절음
발생 원리	관절액 내 기포 형성과 붕괴	연골 손상, 인대 문제, 관절염
소리의 특징	특정한 움직임에서만 발생	지속적이거나 반복적으로 들림
통증	없음	동반될 수 있음
관절 부종	없음	붓기, 염증 동반
보행 이상	없음	절뚝거리거나 운동 제한 발생

부모님을 위한 꿀팁! 이럴 땐 이렇게!

1. 아기가 불편해하지 않는다면 걱정하지 않아도 돼요!
2. 소리만 나고 통증이 없다면 정상적인 성장 과정일 가능성이 큽니다.
3. 부드러운 마사지와 스트레칭으로 근육을 이완시켜 주세요.
4. 무릎 주변 근육을 부드럽게 마사지하면 관절 안정성이 높아질 수 있어요.
5. 다양한 자세로 자연스럽게 움직이도록 유도하세요.
6. 특정 움직임에서만 소리가 난다면, 다양한 자세로 활동하도록 돕는 것이 좋습니다.
7. 그래도 걱정된다면 초음파 검사를 받아 보세요. 검사를 통해 뼈와 연골 상태를 확인하면 부모님도 안심할 수 있습니다!

아기의 뚝 소리는 대부분 성장 과정에서 나타나는 자연스러운 현상입니다. 부모님의 따뜻한 관심과 정확한 이해가 아이의 건강한 성장을 지켜 주는 든든한 힘이 됩니다.

한쪽으로만 뒤집는 아기

아기가 한쪽으로만 뒤집는 이유와 대처법을 알아보겠습니다. 뒤집기는 대근육 운동 발달의 첫 단계로, 아기들이 자기 몸을 조금씩 조절하는 과정입니다. 대체로 생후 3~6개월 사이에 시작되며, 생후 4~5개월이 되면 등을 대고 있던 아기가 '짜잔!' 하며 배로 뒤집는 모습을 보여 줍니다. 이때 다리를 차고 골반을 비틀며, 엉덩이와 어깨를 부드럽게 움직입니다. 하지만, 한쪽 팔이 바닥에 깔려 헤매는 모습도 자주 볼 수 있는데요, 이는 아기의 근육 발달 과정에서 흔히 나타나는 현상입니다. 이럴 때는 아기가 팔을 빼도록 살짝 도와주거나, 더 쉽게 움직일 수 있도록 바닥에 있는 시간을 늘려 주면 도움이 됩니다. 그렇게 반복 연습을 통해 생후 5~6개월에는 양방향으로도 뒤집을 수 있게 됩니다. 놀라운 발전입니다!

한쪽으로만 뒤집는 이유

아기가 한쪽으로만 뒤집는 이유를 알아볼까요?

한쪽 근육이 더 강하거나 반대쪽이 약할 때 이런 현상이 나타날 수 있습니다. 이런 경우에는 반대쪽으로 뒤집기를 유도해야 합니다. 좋아하는 장난감을 아기가 잘 뒤집지 않는 쪽에 놓은 후 "이리 와 봐~!"하며 흥미를 유발해 보세요. 바닥에서 자유롭게 놀 수 있도록 시간을 늘려 주어도 좋습니다.

아기가 항상 오른쪽으로만 고개를 돌리고 그 방향에서 편안함을 느낀다면, 근성 사경을 의심해 볼 수도 있습니다. 전문가의 진단과 치료가 필요할 수 있으니, 너무 걱정하지 마시고 소아청소년과나 재활의학과에 문의하세요.

아기의 단순 취향도 고려해 봐야 합니다. 어떤 아기들은 그냥 한 방향이 좋을 수도 있습니다. '이쪽이 내 길이야!'라고 선언한 듯한 모습인데요. 이는 자연스러운 발달 과정의 일부일 가능성이 큽니다. 장난감 위치를 자주 바꾸거나 보호자가 위치를 바꿔 아기의 흥미를 유발해 보세요.

마지막으로, 시간이 해결사입니다. 생후 4~6개월의 아기들은 아직 모든 방향으로 자유롭게 움직이는 것이 어려울 수 있습니다. 시간이 지나면서 자연스럽게 해결될 수 있습니다. 바닥에서 노는 시간을 늘리고 장난감을 활용해 아기가 다양한 방향으로 움직이도록 도와주면 좋습니다.

한쪽으로만 뒤집기의 발달 점검 신호

다만 몇 가지 신호에는 주의가 필요합니다.
- 한쪽으로만 뒤집기가 1달 이상 지속될 때
- 목을 한쪽으로만 돌리려 하고 움직임이 제한되어 보일 때
- 뒤집는 행동 외에도 발달 지연이 의심될 때

이럴 때는 전문가의 진단이 필요합니다. 예를 들어, 목 근육 긴장 여부를

확인하는 초음파 검사나 아기의 움직임 범위를 평가하는 발달 검사 등을 추천합니다. 소아청소년과 전문의나 재활의학과 전문의에게 찾아가 정확한 진단을 받아 보세요.

부모님을 위한 꿀팁! 이럴 땐 이렇게!

1. 아기의 뒤집기를 유도하려면 바닥에서 자주 놀게 해 주세요. 푹신한 매트보다 단단한 바닥이 더 효과적입니다.
2. 장난감이나 보호자의 얼굴로 아기의 관심을 끌어 반대쪽으로 움직이도록 유도해 보세요. 아기가 특정 방향으로만 움직이려고 한다면, 자주 위치를 바꾸어 아기가 다양한 자극을 받을 수 있도록 해 주세요.
3. 이상 신호가 의심된다면, 소아청소년과나 재활의학과에서 전문가의 조언을 받아 보세요.

뒤집기는 세상을 향한 아기의 첫 도약입니다. 부모님의 따뜻한 격려와 꾸준한 응원이 아이의 건강한 성장을 이끌어 줍니다.

65

기는 모습이 이상해요

아이가 기는 모습이 다른 또래와 조금 다르게 보인다면, 부모로서 걱정이 될 수 있습니다. 하지만 초기 관찰과 적절한 조치를 통해 아이의 발달을 올바르게 도울 수 있습니다.

배 밀기

아기의 기기 동작은 생후 6개월 이후에 나타납니다. 사람마다 얼굴이나 목소리, 걷는 모습이 다르듯이, 기는 모습도 각기 다를 수 있습니다. 기기 동작은 출생 직후의 엎드려 있는 동작, 즉 터미 타임부터 준비되며, 목을 가누는 것에서 시작됩니다.

생후 5~7개월쯤 되면 아기는 비행기 자세를 취합니다. 이는 목과 몸통에 힘이 생겼다는 신호입니다. 이후에는 한자리에서 빙글빙글 도는 동작을 보이는 일도 있습니다.

배 밀기는 아기가 배로 바닥을 밀며 이동하는 동작으로, 영어로는 creeping, belly crawling, combat crawling, 또는 army crawling이라고도 부릅니다. 이런 영어 명칭들은 배 밀기 동작이 다양한 상황에서 사용됨을 보여 줍니다. 초기 배 밀기는 주로 팔을 사용해 짧은 거리를 천천히 이동하고, 완성 단계에서는 양팔과 다리를 사용해 더 긴 거리를 빠르게 이동합니다. 예를 들어, 초기 배 밀기는 한 번에 짧은 거리를 느리게 이동하는 모습이 보일 수 있으며, 완성 단계에서는 더 긴 거리를 빠르게 이동하는 모습이 나타납니다. 드물지만 비대칭적인 배 밀기를 보이는 아기도 있습니다.

네발 기기

아기가 힘이 더 생기면 상체를 지면에서 들어 올려 네발 기기를 시작합니다. 이 동작은 주로 생후 7~9개월 사이에 나타나며, 배 밀기를 경험한 아기들이 자연스럽게 발전하게 됩니다.

네발 기기는 배 밀기보다 효율적인 이동 방식이라, 지면과의 저항이 적어 더 빠르고 안정적으로 이동할 수 있습니다. 보통 8~9개월이 되면 네발 기기를 익힙니다.

독특한 네발 기기

아기마다 네 발 기기 방식이 조금씩 다를 수 있습니다.
- 한쪽 무릎을 구부리고 한쪽 발만 바닥에 대는 비대칭적인 동작
- 무릎을 땅에 대지 않고 곰처럼 이동하는 동작
- 배 밀기나 네발 기기를 건너뛰고 앉은 자세에서 엉덩이와 팔, 몸통을 이용해 이동하는 동작

이러한 독특한 네발 기기 방식은 아기의 개별적인 발달 패턴일 수 있지만, 다음과 같은 경우에는 특별한 관찰이 필요합니다. 예를 들어, 한쪽 다리나 팔만 주로 사용하거나, 움직임이 매우 비대칭적일 때는 신경학적 문제를 의심해 볼 수 있습니다. 또한, 이동 과정에서 지속적인 불편감을 호소하거나 전혀 장소 이동을 시도하지 않는다면, 전문가의 상담이 필요할 수 있습니다.

기기 동작의 발달 점검 신호

기기 동작에서 주의해야 할 신호는 다음과 같습니다.

- **한쪽 팔다리의 힘이 유난히 약하다면:** 한쪽 팔이나 다리를 거의 쓰지 않거나 움직임이 불편한 모습을 보입니다.
- **조산아로 태어나 3~4기의 심한 뇌출혈을 경험하면:** 운동 발달 속도가 느리거나 비대칭적인 움직임이 관찰될 수 있습니다.
- **심각한 운동 발달 지연:** 다른 또래보다 앉기나 이동 시작이 몇 개월 이상 늦는 경우입니다.
- **장소 이동을 위한 방법 자체가 없다면:** 아기가 굴러서라도 이동하려는 시도가 없다면 주의가 필요합니다.

기기 동작은 배 밀기나 네발 기기를 반드시 거칠 필요는 없습니다. 하지만 아이가 원하는 곳으로 자신만의 방법으로 이동할 수 있어야 합니다. 이때, 아이마다 이동 방식이 다를 수 있습니다.

부모님을 위한 꿀팁! 이럴 땐 이렇게!

1. 아기가 목과 몸통에 힘을 기를 수 있도록 매일 터미 타임 시간을 가져 보세요.
2. 모든 아기가 같은 방식으로 기지는 않습니다. 다만, 한쪽 팔다리가 유난히 약하거나 이동이 전혀 되지 않는다면 전문가의 도움을 받으세요.
3. 아기의 발달 상황을 기록해 두면, 소아청소년과나 재활의학과에 방문할 때 큰 도움이 됩니다.
4. 아기가 기는 모습을 보일 때 옆에서 응원하고 놀이로 유도하면 즐겁게 발달을 촉진할 수 있습니다.

아기의 발달을 지켜보는 것은 부모에게도 특별한 경험입니다. 하지만 발달 점검 신호가 보인다면 망설이지 말고 전문가의 상담을 받아 보세요!

66

W자 앉기의
오해와 진실

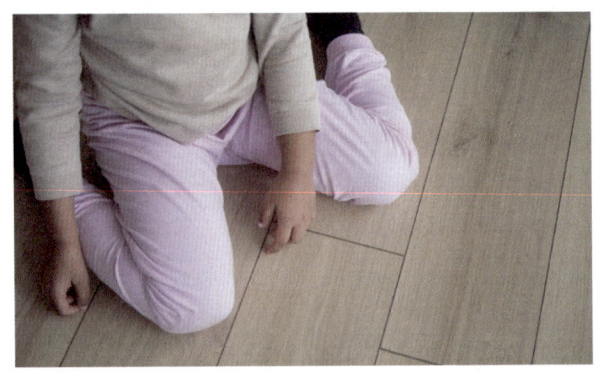

　W자 앉기는 엉덩이와 무릎을 꺾어 넓적다리뼈가 W자 모양이 되도록 앉는 자세를 말합니다. 그리고 그림처럼 W자로 앉아서 노는 아이들을 종종 볼 수 있습니다. 일부 신문 기사에서는 W자 앉기가 아이들의 자세에 부정적인 영향을 준다고 주장합니다. 이 자세가 근육 발달을 방해하고 체중 이동이나 몸통 회전 자세를 어렵게 한다는 의견도 있습니다. 다리 근육 단축이나 허리, 골반 통증을 유발할 수 있다는 우려가 제기되기도 합니다. 과연 이 주장이 사실인지 알아보겠습니다.

W자 앉기와 넓적다리뼈의 기울기

　W자 앉기와 관련하여 중요한 것은 전경입니다. 전경은 넓적다리뼈의 목

부분이 지면에서 앞으로 기울어 있는 각도를 말합니다. 쉽게 말해, 넓적다리뼈가 마치 앞쪽으로 기울어진 막대처럼 보인다고 생각하면 됩니다. 예를 들어, 공을 차기 위해 다리를 드는 모습을 상상해 보면 이 각도가 어떻게 작용하는지 이해하기 쉽습니다.

- 정상 전경: 10~20도
- 신생아의 전경: 30~40도(성장하며 감소)

3~6세 아이 중 60% 이상이 W자 앉기를 선호하는 이유는 넓적다리뼈 전경이 증가하여 있기 때문일 수 있습니다. 이는 성장 과정 중 나타나는 정상적인 뼈 구조 변화입니다. 그러나 W자 앉기가 전경을 증가시키거나 고관절

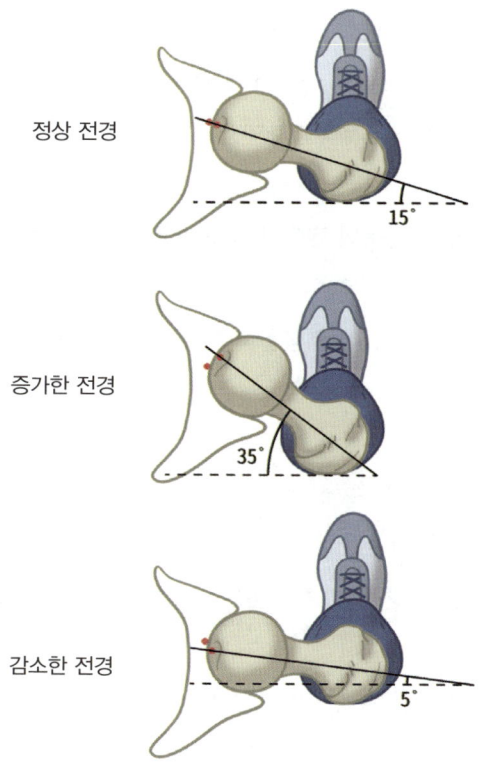

이형성증을 유발하지는 않습니다. 따라서 대부분은 W자 앉기를 억지로 교정할 필요는 없습니다.

일부에서는 W자 앉기가 고관절 내회전을 지속시키고 몸통 힘을 키우기 어렵게 한다고 주장합니다. 그러나 이는 과장된 내용입니다. 책상 다리나 나비 자세를 통해 고관절 스트레칭이 유익할 수 있지만, 이는 모든 아이에게 적합하지 않을 수 있습니다. 전경이 증가한 아이들에게는 오히려 책상 다리가 불편할 수 있습니다.

W자 앉기가 오래 지속되면 생기는 문제점

W자 앉기가 아이들의 성장이나 성인기 건강에 어떤 영향을 미칠까요? 대부분의 아이는 성장하면서 자연스럽게 W자 앉기 자세를 하지 않게 됩니다. 10~14세 즈음에는 전경이 줄며 자세가 변화하기 때문입니다. 하지만 아이가 성인기까지 W자 앉기를 지속한다면, 다음과 같은 문제가 발생할 수 있습니다.

- **근육 불균형**: 고관절 주변 근육의 긴장과 약화가 장기적으로 관찰될 수 있습니다.
- **자세 문제**: 골반과 허리의 정렬에 영향을 미쳐 통증이나 자세 불균형을 초래할 가능성이 있습니다.

W자 앉기를 줄이는 쉬운 방법

W자 앉기를 습관적으로 하지 않도록 부모가 실천할 수 있는 예방 팁은 다음과 같습니다.

- **다양한 자세를 권장**: 놀이를 통해 아이가 다양한 자세(책상 다리, 나비 자세 등)를 시도하도록 유도하세요.

- **적극적인 환경 제공:** 아이가 앉을 때 편안한 의자나 쿠션을 제공하여 자연스럽게 다른 자세를 취하도록 돕습니다.
- **놀이를 통한 접근:** 놀이 중 특정 자세를 흥미롭게 만들어 다양한 자세를 연습하게 하세요.
- **긍정적인 강화:** 아이가 W자 앉기 외 다른 자세를 시도할 때 칭찬과 격려를 아끼지 마세요.

W자 앉기의 장단점

W자 앉기에는 다음과 같은 장단점이 있습니다.

장점

- **안정성 제공:** 넓은 지지 면을 형성하여 넘어질 가능성을 줄이고 안정성을 제공합니다.
- **자율적인 활동 지원:** 몸통 균형을 잡기 어려운 아이들에게 활동 시간을 늘릴 수 있는 환경을 제공합니다.

단점

- **근육 긴장 유발 가능성:** 다리 근육이 단축될 가능성이 있고, 고관절에 과도한 부담이 갈 수 있습니다.
- **체중 이동 제한:** 체중 이동이나 몸통 회전 자세를 어렵게 할 수 있습니다.

병적인 W자 앉기를 알아보는 방법

다음과 같은 경우는 병적인 W자 앉기를 의심해 볼 수 있습니다.
- 아이의 자세가 비대칭적인 경우

예 한쪽 다리만 W자로 앉는 경우
- 자세를 바꿀 때 불편함이나 통증을 호소하는 경우
- 다양한 앉기 자세를 선호하지 않고, W자 앉기만 고집하는 경우
- 발달 지연이나 비정상적인 근 긴장도가 관찰되는 경우

점검표

다음 상황에서는 소아청소년과나 재활의학과 전문의에게 진료를 받아야 합니다.
- 아이가 자세를 바꿀 때 얼굴을 찡그리거나 통증을 호소하나요?
- 한쪽 다리만 사용하거나 한 방향으로만 앉으려 하나요?
- 앉기 자세가 또래 아이와 확연히 다르거나 반복적이지는 않나요?

W자 앉기는 언제 자연스럽게 없어지나요?

대부분의 아이는 성장 과정에서 넓적다리뼈 전경이 점차 감소하며 W자 앉기를 하지 않게 됩니다.
- 3~6세: W자 앉기가 일반적으로 관찰되는 시기입니다.
- 7~10세: 다양한 자세를 시도하며 W자 앉기 빈도가 줄어듭니다.
- 10~14세: 전경 감소로 자연스럽게 W자 앉기를 하지 않게 되는 것이 일반적입니다.

부모님을 위한 꿀팁! 이럴 땐 이렇게!

1. 다양한 자세 시도 유도: 아이가 다양한 앉기 자세를 자연스럽게 시도하도록 놀이를 활용하세요.
2. 걱정하지 마세요: 아이가 W자 앉기를 주로 하지만 불편함을 호소하지 않는다면, 성

장하면서 자연스럽게 해결됩니다.
3. 전문의 상담: 한쪽 다리로만 W자 앉기를 하거나 통증을 호소한다면, 전문의에게 진료를 받으세요.
4. 조기 치료: 뇌성마비나 발달 지연이 의심될 경우, 아이의 움직임을 자세히 관찰하고 소아재활의학과 전문의를 찾아 상담하세요.

다양한 자세 경험이 아이를 더 튼튼하게 만듭니다. 오늘도 따뜻한 시선으로 아이를 지켜봐 주세요.

67

긴급 상황!
아이 낙상 대처 가이드

　아이의 낙상은 가정에서 흔히 발생할 수 있는 사고로, 부모가 신속하고 올바르게 대처하는 것이 중요합니다. 사고 후 아이의 상태를 자세히 관찰하고, 필요할 경우 즉시 전문가의 도움을 받는 것이 아이의 안전을 지키는 첫걸음입니다.

아이가 떨어지지 않도록 예방하는 방법

아이의 낙상을 예방하는 방법은 다음과 같습니다.
- 침대나 높은 곳에서 추락 방지용 가드를 설치하세요.

- 바닥에 미끄럼 방지 매트를 깔아 사고를 예방하세요.
- 아이가 이동하는 공간에 장애물이 없도록 정리하세요.
- 아이가 높은 곳에 올라가지 않도록 항상 주의를 기울이세요.

확인법

아이의 낙상 후 괜찮은지 확인하는 방법은 다음과 같습니다.
- 아기의 반응을 즉시 확인하세요.
- 아기가 떨어진 후 곧바로 우는지 확인합니다. 울음은 일반적으로 아기가 의식이 있음을 나타냅니다.
- 큰 부상이 없을 가능성도 있지만, 외상이 없는지 추가로 확인해야 합니다.
- 아이가 울지 않는다면, 즉시 아기의 의식을 확인하고, 반응이 없으면 바로 응급실로 이동해야 합니다.

사고가 얼마나 심각한지 확인하려면 다음 상황도 점검합니다.
- 떨어진 높이가 1미터 이상인 경우, 즉시 병원에 방문하세요.
- 아이가 3~4세 이상일 때 본인의 키보다 높은 곳에서 떨어졌다면 머리 부상의 위험이 있습니다.
- 충격의 강도(딱딱한 바닥이나 모서리에 부딪혔는지)를 고려하세요.
- 떨어진 높이와 사고 환경에 따라 응급실 방문 여부를 결정하세요.

아이가 잘 움직이는지 확인하는 방법
- 아기가 스스로 움직이거나 반응하는지, 움직임이 자연스러운지 확인합니다.
- 만약 아기가 움직이려 하지 않거나 비정상적인 자세로 누워 있다면, 문제가 있을 수 있습니다.

사고 직후 해야 할 행동

- 아이가 바로 움직이게 하지 말고, 안정시키세요.
- 상황을 파악한 후, 필요한 경우 바로 응급 처치를 하세요.
- 부상을 확인하기 위해 아이의 상태를 신중히 살피세요.
- 의심스러운 경우, 빠르게 응급실로 데려가세요.

아이 머리와 몸을 자세히 살펴보기

- 머리에 혹이나 멍, 출혈, 또는 열감이 있는지 꼼꼼히 살펴보세요.
- 먼저 혹과 멍의 크기, 출혈 여부를 확인하고 이상이 발견되면 냉찜질로 초기 대처를 한 뒤 병원에 데려갑니다.
- 작은 혹이라면 차가운 물수건이나 냉찜질을 10분 정도 해 주세요.
- 머리에 상처나 출혈이 있다면 즉시 소아청소년과 응급실로 이동하세요.
- 목이 비정상적으로 꺾이거나 움직일 때 통증을 느끼는 것 같으면, 즉시 목을 고정하고 병원으로 가야 합니다.
- 팔, 다리, 몸통을 확인하며 특정 부위를 만졌을 때 아기가 심하게 울면 골절 가능성을 고려하고 병원에 방문해야 합니다.

아이가 신경학적으로 괜찮은지 살피기

- 아기가 비정상적으로 졸려 하거나 혼수 상태처럼 보이면 뇌진탕 또는 더 심각한 머리 부상일 수 있습니다. 혼수 상태를 의심할 수 있는 경우는 깨워도 반응이 없거나 눈을 뜨지 않고, 몸에 힘이 없으며 늘어진 상태가 포함됩니다. 떨어진 직후 지나치게 졸려 하거나 자려 한다면 즉시 의사의 진찰이 필요합니다. 한 번의 구토는 충격이나 스트레스 때문일 수 있지만, 여러 번 구토하거나 수 시간 후에 구토가 발생하면 병원으로 가야 합니다.
- 아이의 두 눈 동공 크기가 같은지 살펴보세요. 동공 크기가 다르거나 빛에 반응이 없다면 머리 손상의 가능성도 염두에 두어야 합니다.

- 팔, 다리 상태와 이상 반응을 확인하세요. 팔, 다리가 제대로 움직이지 않거나 비정상적인 반사 또는 발작 증상이 있으면 즉시 병원으로 이동해야 합니다.

하루 동안 아이 상태를 세심히 관찰하기

아기가 괜찮아 보이더라도 24시간 동안 상태를 주의 깊게 관찰하세요. 예를 들어, 구토, 졸음, 비정상적인 반응, 또는 평소와 다른 행동 변화가 있는지 확인하세요. 특히, 이런 변화가 반복되거나 심해지면 병원에 방문하세요. 깨워도 반응이 없거나 눈의 동공 크기가 다르다면, 즉시 병원에 방문해야 합니다. 머리 손상은 몇 시간 뒤에 증상이 나타날 수 있습니다.

하루가 지나도 상태 확인하기

24시간 이후에도 아래와 같은 증상이 나타나면 병원에 재방문하세요.
- 구토가 멈추지 않는 경우
- 지속적인 졸음이나 비정상적인 반응
- 평소와 다른 행동 변화가 지속될 때

아이 행동과 식사 상태 확인하기

- 아기가 평소와 다르게 무기력하거나 지나치게 보채거나 짜증을 낸다면 상태를 의심하세요.
- 지나치게 졸려 하거나 깨워도 반응이 없다면 머리 손상의 징후일 수 있습니다.
- 식사량이 줄거나 활발하지 않다면 상태를 지속적으로 관찰해야 합니다.

흔히 일어나는 낙상 사고와 대처 방법

- **소파에서 떨어졌을 때:** 부드러운 바닥이라도 머리를 부딪쳤다면 즉시 상태

를 확인해야 합니다.

- **높은 침대에서 떨어졌을 때**: 머리 손상의 가능성이 있으므로 병원에 방문하세요.
- **걸음마 연습 중 넘어짐**: 무릎과 손을 확인하며 부종이 생겼다면, 냉찜질 후 아이의 상태를 관찰하세요.

응급 상황에서 빠르게 대처하는 방법

다음과 같은 응급 징후가 나타나면 즉시 119에 전화하거나 응급실로 이동하세요.

- 아기가 의식을 잃거나 깨워도 반응이 없을 때
- 경련을 일으키거나 발작 증상이 있을 때
- 반복적인 구토가 발생할 때
- 머리나 얼굴에서 출혈이 멈추지 않을 때는 깨끗한 거즈나 수건으로 출혈 부위를 부드럽게 눌러 지혈을 시도하세요. 지혈이 되지 않으면 계속 압박을 유지하며 즉시 응급실로 이동하세요. 출혈 부위를 심장보다 높게 유지하면 출혈을 줄이는 데 도움이 됩니다.
- 양쪽 눈의 동공 크기가 다르거나 비정상적인 동공 반응이 있을 때

병원에 도착한 후, 아기가 떨어진 높이와 사고 후 상태(울음, 움직임, 구토 여부 등)를 의사에게 상세히 설명하세요. 의사는 CT나 MRI와 같은 검사를 통해 머리 손상 여부를 확인할 수 있습니다.

부모님을 위한 꿀팁! 이럴 땐 이렇게!

1. 아이가 놀라지 않도록 차분히 대처: 아이가 놀라거나 불안해하지 않도록 조용히 다가가 말하며 안심시켜 주세요.
2. 떨어진 상황을 확인: 아이가 어디서, 어떻게 떨어졌는지 주의 깊게 관찰해 병원 방문 시 설명할 수 있도록 준비하세요.
3. 머리와 몸을 먼저 확인: 머리 외상 여부를 살피고, 혹시 모를 골절 증상(예 비정상적인 자세, 통증)을 확인하세요.
4. 증상이 의심되면 바로 병원으로: 반복적인 구토, 비정상적인 동공 크기, 혼수 상태 등이 나타나면 즉시 병원으로 데려가세요.
5. 24시간 내내 세심하게 관찰: 구토, 졸음, 이상 행동 등 머리 손상 징후가 나타날 수 있으니 하루 동안 상태를 주의 깊게 살피세요.
6. 냉찜질은 필수: 혹이 생겼을 경우, 차가운 물수건이나 냉찜질로 부기를 줄여 주세요. 하지만 통증이 계속 이어지거나 부기가 심하다면 병원에 방문하세요.

아이의 작은 사고에도 부모님의 차분한 대응이 가장 큰 힘이 됩니다. 침착하고 따뜻한 관심으로 아이의 건강한 성장을 지켜 주세요.

68

영아 돌연사 증후군

아기가 평온하게 자는 모습을 보면 부모님도 안심하고 휴식을 취할 수 있습니다. 하지만 건강하게 보이던 아기가 갑자기 사망하는 영아 돌연사 증후군$^{SIDS,\ Sudden\ Infant\ Death\ Syndrome}$에 관해 들어 본 적이 있으신가요? 영아 돌연사 증후군은 생후 1년 미만의 영아가 갑자기 설명할 수 없는 이유로 사망하는 것을 의미합니다. 다행히 부모가 안전한 수면 환경을 조성하면, 영아 돌연사 증후군의 위험을 크게 줄일 수 있습니다. 이번에는 영아 돌연사 증후군의 원인과 예방 방법을 알아보겠습니다.

영아 돌연사 증후군

영아 돌연사 증후군이란 특별한 질병이나 외부적 원인 없이 건강하던 아기가 갑자기 사망하는 현상을 말합니다. 일반적으로 생후 2~4개월 사이에 가장 많이 발생하며, 대부분 잠을 자는 동안 발생합니다.

발생 원인

현재까지 연구된 바에 따르면, 영아 돌연사 증후군은 다음과 같은 세 가지 요인이 함께 작용할 때 발생할 가능성이 커집니다.

- **아기의 신체적 취약성**: 일부 아기는 뇌의 호흡 조절 기능이 미숙하여 위험할 수 있습니다.

- **위험한 수면 환경:** 엎드려 자거나 부드러운 침구를 사용하면 위험이 증가합니다.
- **중요한 발달 시기:** 생후 2~4개월은 아기의 신체가 빠르게 성장하는 시기로, 수면 중 호흡 조절이 불완전할 수 있습니다.

영아 돌연사 증후군 예방법

1. 반드시 아기를 '등으로 눕혀' 재우세요. 아기를 잘 때 반드시 천장을 바라보게(등으로 눕혀서) 재워야 합니다. 엎드려 자는 자세는 영아 돌연사 증후군의 가장 큰 위험 요인입니다. 옆으로 눕혀 재우는 것도 아기가 뒤집혀 엎드릴 수 있기에 안전하지 않습니다.

2. 단단한 매트리스와 빈 침대를 사용하세요. 아기 침대는 딱딱한 매트리스 위에 이불, 베개, 인형, 범퍼 패드 등을 두지 않고 깔끔하게 유지해야 합니다. 푹신한 침구나 베개는 아기의 얼굴을 덮어 질식의 위험을 높입니다. 아기를 재울 때 이불을 사용해야 한다면, 어깨까지 덮는 것이 아니라 가슴 아래까지만 덮어 주세요.

3. 아기와 같은 침대에서 자지 마세요. 부모와 함께 자면, 아이에게 정서적으로 안정감을 줄 수 있지만, 실제로는 매우 위험할 수 있습니다. 부모님의 몸이 아기를 덮거나, 침구에 얼굴이 파묻히는 등의 사고가 발생할 수 있기 때문입니다. 부모님 방에 아기 침대를 따로 두고 아기를 재우는 것이 가장 안전합니다.

4. 적정 실내 온도를 유지하세요. 아기를 너무 따뜻하게 입히거나, 실내 온도를 높이면 위험할 수 있습니다. 실내 온도는 20~22도가 적당합니다. 아기는 성인보다 체온 조절 능력이 미숙하므로 땀을 많이 흘리거나 몸이 뜨거워지면 위험할 수 있습니다.

5. 모유 수유는 영아 돌연사 증후군 예방에 도움이 됩니다. 모유 수유를 하는 아기는 그렇지 않은 아기보다 영아 돌연사 증후군 위험이 50% 이상 낮아

진다는 연구 결과가 있습니다. 모유는 아기의 면역력을 높이고, 수면 중 호흡 조절을 돕는 효과가 있습니다. 가능한 한 최소 6개월 이상 모유 수유를 하는 것이 좋습니다.

자주 받는 질문과 답변

Q: 영아 돌연사 증후군은 왜 발생하나요?

A: 현재까지 정확한 원인은 밝혀지지 않았지만, 연구에 따르면 영아 돌연사 증후군은 주로 아기의 신경계와 호흡 조절 기능이 미숙한 상태에서, 위험한 수면 환경이 더해질 때 발생할 가능성이 큽니다. 특히, 엎드려 자는 자세, 부드러운 침구 사용, 과도한 보온, 부모와 같은 침대에서 자는 경우 등이 위험을 증가시킵니다.

Q: 우리 아기는 건강한데, 그래도 영아 돌연사 증후군 위험이 있나요?

A: 네, 건강한 아기라도 영아 돌연사 증후군이 발생할 수 있습니다. 특히 생후 2~4개월 사이의 아기가 가장 위험하며, 출생 시 체중이 적거나 미숙아로 태어났거나, 부모가 흡연하는 환경에서 자랄 때 위험이 더 커집니다. 하지만 부모가 안전한 수면 환경을 조성하면, 영아 돌연사 증후군의 위험을 크게 줄일 수 있습니다.

Q: 우리 아기가 밤에 자꾸 뒤집어요. 어떻게 해야 하나요?

A: 생후 4~6개월이 지나면 아기가 스스로 뒤집을 수 있습니다. 이 시기가 되면 부모가 일일이 아기를 다시 눕히기가 어렵습니다. 하지만 초기에는 반드시 '등으로 눕혀' 재워야 합니다. 아기가 스스로 뒤집었을 때 생길 수 있는 위험을 줄이기 위해 아기 침대에는 부드러운 이불이나 인형을 두지 말고 단단한 매트리스를 사용하세요.

Q: 같은 방에서 자는 것은 좋은가요?

A: 네! 부모와 같은 방에서, 하지만 따로 분리된 아기 침대에서 재우는 것이 가장 안전합니다. 연구에 따르면 부모와 같은 방에서 자는 아기는 영아 돌연사 증후군 위험이 약 50% 줄어듭니다. 하지만 같은 침대에서 함께 자면 부모님의 몸이나 침구가 아기를 덮어 질식 위험이 커질 수 있으므로 반드시 아기 침대를 따로 마련하는 편이 좋습니다.

Q: 우리 집은 따뜻한데, 아기에게 이불을 덮어 줘야 할까요?

A: 실내 온도가 20~22도 정도라면 아기에게 이불을 덮어 줄 필요가 없습니다. 오히려 너무 두껍게 입히거나 이불을 덮으면 과열되어 위험할 수 있습니다. 만약 아기가 추워 보인다면 얇고 가벼운 옷을 한 겹 더 입히는 것이 안전한 방법입니다.

부모님을 위한 꿀팁! 이럴 땐 이렇게!

1. 아기를 항상 '등으로' 눕혀 재우세요. 엎어 재우면 위험이 커집니다.
2. 아기 침대는 간단하고 단단하게 유지하세요. 부드러운 이불, 베개, 인형은 모두 치워 주세요.
3. 부모와 같은 침대에서 자지 않도록 하세요. 같은 방, 다른 침대에서 재우는 것이 가장 안전합니다.
4. 실내 온도를 20~22도로 유지하세요. 과도한 보온은 피하고, 아기의 체온을 자주 확인하세요.
5. 모유 수유는 아기의 면역력을 높이고 호흡 조절에 도움을 줍니다.

영아 돌연사 증후군은 완전히 예방할 수는 없지만, 위에서 소개해 드린 방법을 실천하면 위험을 크게 줄일 수 있습니다. 아기의 건강하고 안전한 수면을 위해 부모님께서 올바른 정보를 알고 실천해 주시길 바랍니다.

69

머리 박는 아이

머리 박는 아이에 관해 알아보겠습니다. 아이가 벽이나 바닥에 머리를 박는 행동에는 어떤 의미일까요

아이가 왜 머리를 박을까요?

아이가 머리를 박는 것은 기분이 나쁘거나 좌절될 때 나타나는 행동입니다. 특히 말로 감정을 표현하기 어려운 아이들이 이러한 행동을 보일 가능성이 큽니다. 극심한 좌절을 느낄 때 나타날 수 있지만, 모든 아이가 좌절한다고 머리를 박는 것은 아닙니다. 감정 표현 방식은 아이마다 다릅니다. 그렇다면 머리를 박는 행동이 신체적으로 위험하지 않을까요?

아이의 머리 박는 행동이 신체적으로 위험하지 않도록 벽이나 바닥에 충격을 완화할 수 있는 안전한 환경을 마련해 주세요. 반복적으로 머리를 강하게 박는다면 전문가 상담이 필요합니다.

머리를 박는 행동의 원인

머리 박는 행동이 나타나면 부모는 원인을 파악해야 합니다. 아이가 왜 이런 행동을 하는지 분석하고 적절한 해결책을 마련하는 것이 중요합니다.

- 언어 지연/언어 장애: 언어로 감정을 표현하지 못해 좌절을 느낄 때 발생

할 수 있습니다. 이럴 때는 언어 치료와 전문가의 도움이 필요합니다.
- **형제간 경쟁과 질투:** 형제나 동생을 향한 질투심이 머리 박는 행동으로 나타날 수 있습니다. 모든 자녀에게 공평한 애정을 보여 주고 비교하는 행동은 피해야 합니다.
- **원하는 것을 하지 못하게 할 때:** 좋아하는 활동이 중단되면 머리를 박는 행동을 보일 수 있습니다. 아이와 대화를 통해 타협하고 다른 활동으로 자연스럽게 유도하는 것이 효과적입니다.
- **지나친 훈육:** 잦은 꾸중은 아이의 감정을 억압하며 머리를 박는 행동으로 이어질 수 있습니다. 긍정적인 훈육 방법과 감정을 존중하는 태도가 필요합니다.
- **지나친 지적과 지시:** 과도한 지시는 스트레스를 줄 수 있습니다. 자율성을 존중하고 꼭 필요한 경우에만 지시하는 것이 중요합니다.
- **발달 장애와 연관된 행동:** 발달 지연이 있는 아이는 경기 발작처럼 머리 박는 행동을 보일 수 있습니다. 반복적인 행동이 나타나면 전문가 상담이 필요합니다.

대부분의 아이는 특정 발달 시기에 이러한 행동을 보여 주며, 대부분은 시간이 지나면서 자연스럽게 줄어듭니다. 그러나 행동이 4세 이후에도 지속되거나 심각하다면 전문가의 도움을 받아야 합니다. 또한, 머리 박는 행동을 방치하면 부정적인 감정 표현 방식으로 발전할 수 있습니다. 욕설, 물리적 폭력, 가구 파손 같은 행동으로 이어질 수 있으므로 초기에 문제를 발견하고 해결해야 합니다. 아이의 감정을 공감하고 이해하며 스트레스를 해소할 수 있는 대체 활동(예 그림 그리기, 운동)을 제공하세요. 아이가 머리를 박는 행동은 부모의 사랑이 부족하다는 신호가 아닙니다. 아이가 자신의 감정을 표현하는 방법을 찾지 못했을 가능성이 크기 때문에, 꾸준히 대화하고 애정을 표현하는 것이 중요합니다.

부모님을 위한 꿀팁! 이럴 땐 이렇게!

1. 즉각적인 관심과 위로: 아이가 머리를 박으면 진정시키고 부드럽게 물어보세요. "왜 그래? 무슨 일이야?"라고 물으며 아이의 감정을 이해하려는 노력을 보여 주세요.
2. 감정 표현 훈련: 아이가 말로 감정을 표현하는 방법을 가르쳐 주세요. "화났어!"라고 말하는 연습을 함께 해 보는 것도 좋습니다.
3. 전문가 상담: 행동이 지속되거나 심각할 경우, 소아청소년과나 아동 발달 전문 클리닉의 도움을 받으세요.
4. 긍정적인 환경 조성: 잦은 지적이나 꾸중 대신 칭찬과 격려로 자존감을 높여 주세요. 부드러운 태도와 공감이 큰 도움이 됩니다.
5. 놀이와 활동 활용: 아이의 에너지를 긍정적으로 발산할 수 있는 놀이와 활동을 통해 스트레스를 줄여 주세요.

머리 박는 행동도 아이가 감정을 표현하는 방법일 수 있습니다. 부모님의 따뜻한 이해와 세심한 관심이 아이의 건강한 감정 발달을 돕는 소중한 힘이 됩니다.

70
과잉보호의 문제점

아이를 과잉보호하면 어떤 문제점이 발생할까요? 과잉보호가 자녀에게 미치는 영향을 함께 살펴보겠습니다.

과잉보호

과잉보호는 부모가 의식적이든 무의식적이든 아동의 행동, 생각, 감정 등을 지나치게 간섭하고 부모에게 의존하기를 조장하는 양육 방식입니다. 예를 들어, 아이가 친구들과 놀이를 하려고 할 때 부모가 모든 상황에 개입하거나, 아이의 숙제를 부모가 대신해 주는 행동이 이에 해당할 수 있습니다. 이는 자녀의 자율성을 감소시키고 의존성을 형성합니다.

아동은 환경을 스스로 탐색하고 활용하며 성장해야 합니다. 하지만 과잉보호는 아이가 환경을 제어하는 능력을 제한하기에, 자율성과 주도성, 근면성과 건전한 자아 정체성을 갖춘 어른으로 성장하기가 쉽지 않습니다. 농구를 하려는 아동에게 헬멧을 쓰게 하는 과잉보호 사례를 생각해 보세요. 아동은 불만스러운 표정을 짓지만, 이런 과잉보호가 계속되면 어머니가 없는 상황에서 불안함을 느끼게 될 수도 있습니다. 이런 방식은 건강한 어른으로 성장하는 데 방해가 됩니다.

과잉보호가 학업에 미치는 영향

과잉보호는 자녀의 학업 성취도와 학습 태도에도 부정적인 영향을 미칠 수 있습니다. 부모가 자녀의 숙제를 대신해 주는 행동은 자율성과 책임감이 자라나는 것을 방해합니다. 자녀가 스스로 문제를 해결하는 과정을 경험하지 못하면 성취감을 느끼지 못하고, 결과적으로 학업의 동기부여가 줄어들 수 있습니다. 또한, 부모의 과도한 간섭은 자녀가 학업에서 실패를 두려워하게 하고, 도전을 꺼리게 하는 원인이 될 수 있습니다.

과잉보호의 시기별 방식

과잉보호는 연령대에 따라 다른 방식으로 나타날 수 있습니다.
- **유아기**: 부모가 모든 결정을 대신하며, 아동이 스스로 선택하거나 도전할 기회를 빼앗습니다. 이는 탐구심과 독립심 발달을 저해합니다.
- **아동기**: 놀이와 학습 활동에서 부모가 지나치게 개입하면, 자녀의 문제 해결 능력과 사교성이 발달하지 못할 수 있습니다.
- **청소년기**: 과도한 통제는 자녀의 독립성과 자기 정체성 형성을 방해하며, 반항심이나 갈등을 초래할 수 있습니다.

부모는 자녀의 나이에 따라 적절한 수준의 지원과 자율성을 제공하는 방법을 고민해야 합니다.

과잉보호로 유발되는 형제간 갈등

과잉보호가 차별적으로 이루어지면 경쟁이나 갈등이 심화될 수 있습니다. 예를 들어, 특정 자녀만 과잉보호를 하면 다른 형제는 소외감을 느끼고, 부모와의 관계가 나빠질 가능성이 있습니다. 이를 예방하려면 부모는 모든 자녀에게 공정한 태도를 유지하고, 각 자녀의 필요에 맞는 지원을 제공해야 합니다.

과잉보호가 아이에게 미치는 영향

우리의 뇌에는 감정을 조절하는 편도체라는 작은 구조가 있습니다. 이는 두려움과 불안을 느끼고 기억하는 데 중요한 역할을 합니다. 2019년 미국 듀크대학의 연구에서는 어린 시절 과잉보호를 경험한 성인은 화난 표정만 봐도 편도체가 과잉 반응을 보인다고 보고했습니다. 이는 과잉보호 속에서 성장한 아동이 성인이 되어 공포나 두려움을 더 쉽게 느끼게 됨을 보여 줍니다.

부모의 과잉보호는 아이가 스스로 환경을 통제하는 능력을 약화합니다. 이는 문제 해결 능력이나 의사 결정 능력 같은 중요한 기술을 개발할 기회를 제한합니다. 환경 통제력이 부족하다고 느낀 아이는 실제 위협이나 가상의 위협에도 과잉 경계나 공포를 경험할 가능성이 큽니다.

과잉보호가 아이 행동에 미치는 영향

2020년 연구에 따르면, 조산아의 부모는 만삭아 부모보다 과잉보호를 하는 경향이 크다고 합니다. 이 때문에 조산아는 성장하면서 과잉 행동이나 충동성을 보일 가능성이 커질 수 있습니다. 이는 조산아가 더 연약하다는 이유로 부모가 지나치게 보호하려는 태도에서 비롯됩니다. 과잉보호는 아이의 행동 발달에도 부정적인 영향을 미칠 수 있습니다.

과잉보호를 줄이는 법

과잉보호 성향이 있는 부모는 자신의 불안을 관리하고 자녀를 신뢰하는 연습해야 합니다. 다음은 도움이 되는 방법들입니다.

- 자녀의 능력을 믿고, 작은 실수는 성장의 일부로 받아들이기
- 자신의 불안을 인지하고, 필요하다면 전문가의 도움을 받아 감정 조절 방법 배우기
- 자녀의 활동을 관찰하면서 적절한 거리 두기 연습하기

과잉보호 확인법

부모가 스스로 과잉보호하고 있는지 확인할 수 있는 간단한 질문을 활용하세요.

- 자녀가 도전하려는 순간 내가 개입하려는 경향이 있는가?
- 자녀의 모든 결정을 내가 대신 내리고 있지는 않은가?
- 자녀가 실수했을 때 이를 지나치게 걱정하거나 지나치게 해결해 주려고 하지 않는가?

이런 질문을 통해 자기 양육 방식을 점검하고, 개선이 필요한 부분을 찾아 보세요.

왜 어떤 문화에서는 과잉보호가 더 많을까요?

특정 문화권에서는 과잉보호가 더 흔히 나타날 수 있습니다. 예를 들어, 한국과 같이 교육 열풍이 강한 문화에서는 부모가 자녀의 학업에 지나치게 개입할 때가 많습니다. 부모는 아이의 자율성을 존중하는 방향을 고민해야 합니다.

부모님을 위한 꿀팁! 이럴 땐 이렇게!

1. 아이가 스스로 해 보게 하세요! 예를 들어, 아이가 장난감을 정리하거나 간단한 요리를 돕도록 하는 활동을 해 보게 하세요. 문제 해결이 필요한 퍼즐이나 게임을 함께 시도하도록 유도하면 자율성을 키우는 데 도움이 됩니다. 실수는 자율성과 회복 탄력성을 키우는 데 중요한 과정입니다.
2. 위험과 안전의 균형을 맞추세요! 자녀의 활동을 무조건 막기보다는, 안전한 환경에서 도전할 수 있도록 지원하세요.
3. 불안은 부모부터 관리하세요! 부모님의 불안은 자녀에게 전염될 수 있습니다. 부모가 자신의 감정을 관리하고 자녀에게 긍정적인 모델이 되어 주세요.

과잉보호는 사랑에서 비롯되지만, 그 결과는 반드시 긍정적이지 않을 수 있습니다. 아이가 건강하고 자율적인 어른으로 성장하도록 적절한 균형을 찾아보세요.

71

기질에 따른 맞춤 육아법

이번에는 아이의 기질에 따른 맞춤 육아법을 알아보겠습니다. 아이의 행동과 태도를 결정하는 데는 기질과 성격이 중요합니다. 이들은 특정 상황에서의 행동 방식, 선호하는 경험, 감정 표현 방식을 좌우합니다.

기질

기질은 어떻게 행동하는지를 나타내는 행동의 패턴입니다. 신생아는 각자 고유한 기질을 가지고 태어나며, 환경과 기질의 적합성에 따라 성격이 발달합니다. 이는 음식을 만들 때 재료에 따라 요리의 맛이 달라지는 것과 비슷합니다.

미국 뉴욕대학병원 정신과 의사 스텔라 체스와 알렉산더 토마스는 뉴욕 종단 연구를 통해 아이들의 기질이 성격 형성과 생활 전반에 미치는 영향을 분석하며, 기질별 맞춤 양육법의 중요성을 강조했습니다. 이 연구에서는 아이를 다음 세 가지 기질로 분류했습니다.

- **순한 기질:** 대부분 긍정적이고 행복하며, 새로운 환경에 쉽게 적응합니다. 규칙적이고 예측할 수 있는 생물학적 패턴을 보입니다.
- **까다로운 기질:** 새로운 환경에서 적응이 어려우며, 자극에 민감하게 반응합니다. 생물학적 행동이 불규칙하고 대체로 행복하지 않은 편입니다.

- **느린 기질:** 새로운 자극에 반응 속도가 느리며, 적응하는 데 시간이 걸립니다.

3살 때 기질은 성인이 되어서도 지속되는 경향이 있습니다. 순한 기질의 아이는 다양한 양육 방식에도 잘 성장하지만, 까다로운 기질의 아이는 보다 구조적이고 일관된 양육이 필요합니다.

우리 아이 기질 파악

자녀의 기질을 파악할 때 다음과 같은 방법을 활용할 수 있습니다.
- **행동 관찰 점검표:** 아이가 특정 상황에서 보이는 행동을 기록하세요. 낯선 사람과의 첫 만남이나 새로운 환경에서의 반응 등을 점검표로 정리합니다.
- **전문가 상담:** 필요시 소아 발달 전문가나 심리학자와 상담하여 아이의 기질을 더 깊이 이해할 수 있습니다.
- **부모의 직관 활용:** 부모는 아이와의 일상에서 아이의 기질을 직관적으로 느낄 수 있습니다. 감정 표현, 놀이 방식, 스트레스 반응 등을 주의 깊게 관찰하세요.

기질에 맞춘 육아법

아이의 기질에 따른 맞춤 육아는 부모와 자녀 간의 관계를 조화롭게 하고 아이의 행복한 발달을 돕습니다. 기질은 선천적 특성이므로, 부모는 이를 이해하고 적합한 양육 방식을 적용해야 합니다.

느린 기질의 아이

느린 기질의 아이는 결정과 적응에 시간이 필요합니다. 예를 들어, 새로운 물건을 바로 사용하지 않고 며칠 뒤에 사용하는 경향이 있습니다. 부모가 기다려 주고 격려한다면 아이는 자기 속도에 맞춰 잘 성장할 수 있습니다.

까다로운 기질의 아이

까다로운 기질의 아이는 새로운 환경에서 부정적이거나 반항적인 모습을 보일 수 있습니다. 이런 아이에게 지나치게 규칙적이고 계획적인 생활을 강요하면 스트레스를 받을 수 있습니다. 자율성과 융통성을 허용하고 아이의 감정을 비난하지 않는 태도가 중요합니다.

부모와 아이 기질이 다를 때 대처법

부모와 아이의 기질이 다를 때 다음과 같은 조언을 참고할 수 있습니다.
- 순한 기질의 부모가 까다로운 기질의 아이를 키울 때는 아이의 감정과 스트레스를 이해하려는 노력이 필요합니다. 아이에게 안정적이고 일관된 환경을 제공하세요.
- 까다로운 기질의 부모가 순한 기질의 아이를 키울 때는 아이의 자율성과 선택권을 존중하며, 과도한 통제를 피해야 합니다.

기질의 변화는 가능한가?

기질은 선천적인 행동 스타일입니다. 반면, 성격은 경험과 환경의 영향을 받아 형성됩니다. 기질은 성격의 토대가 되며, 두 요소는 서로를 보완합니다. 아이의 기질은 타고난 특성이지만, 부모의 양육 방식에 따라 긍정적으로 발달할 수 있습니다. 예를 들어 아이가 새로운 경험을 두려워한다면 작은 목표를 설정하고 성공 경험을 쌓도록 도와주면 좋습니다. 감정을 표현하기 어려운 아이에게는 감정을 말로 표현하는 법을 알려 주세요.

형제자매가 기질이 다를 때

형제자매의 기질이 다를 경우 다음 방법을 시도해 보세요.

- **서로의 기질을 존중하는 대화:** "동생은 새로운 걸 좋아하니까 같이 새로운 놀이를 해 볼래?"와 같은 긍정적인 접근이 유용합니다.
- **각자 다른 방식으로 칭찬과 격려:** 예를 들어, 한 아이는 창의력을, 다른 아이는 성실함을 칭찬합니다.

학교생활

기질에 따라 학교생활을 준비하는 방법도 달라질 수 있습니다.

- **까다로운 기질의 아이:** 새로운 학급이나 선생님에 관해 미리 설명하고, 학교에서의 하루 일정을 미리 연습해 보세요.
- **느린 기질의 아이:** 아침 준비 시간을 충분히 주고, 느긋하게 출발할 수 있도록 돕습니다.

스트레스 관리

각 기질에 따른 스트레스 상황과 지원 방법은 다음과 같습니다.

- **순한 기질의 아이:** 스트레스를 덜 받지만, 간혹 감정을 숨길 수 있으므로 정기적으로 대화를 나누며 감정을 확인하세요.
- **까다로운 기질의 아이:** 스트레스를 받기 쉽습니다. 감정을 표현할 기회를 주고, 차분히 기다리며 지원합니다.
- **느린 기질의 아이:** 변화를 천천히 받아들일 수 있도록 시간과 설명을 제공합니다.

성격의 발달

성격은 기질과 달리 경험과 환경의 영향을 받아 형성됩니다. 기질은 성격의 기초를 형성하며, 둘은 서로 보완적인 관계입니다.

그 때문에 부모는 발달 단계별 아이의 과제를 이해하고 이에 맞게 지원해야 합니다. 자세한 사항은 아래 표를 참고하시기 바랍니다.

발달 단계	과제와 위기	덕목 (virtue)	긍정적 결과	부정적 결과
영아기 0~1세	신뢰(trust) 불신(mistrust)	희망 (hope)	일어나는 일들을 신뢰함	일어나는 일에 불안감을 느낀다.
유아기 2~3세	자율성(autonomy) 수치심(shame)	의지 (will)	자기를 통제하는 것에 자신감이 있다.	자신을 부끄럽게 생각한다.
유치원기 3~6세	자기 주도(initiative) 죄책감(guilt)	목적 (purpose)	자신의 활동을 선택, 결정하며 자신감을 키운다.	자신을 부족하게 여기고 죄책감을 가진다.
아동기 6~11세	근면(industry) 열등(inferiority)	유능 (competence)	사물을 이해하고 조직하는 능력을 갖춘다.	사물을 이해하고 조직하는 능력이 떨어지게 된다.
청소년기 12~20세	정체성(identity) 정체성 혼란(role confusion)	충성 (fidelity)	자기 정체성을 확립한다	자신의 정체성에 혼미함을 느낀다.

부모님을 위한 꿀팁! 이럴 땐 이렇게!

1. 아이의 기질 이해하기: 아이가 어떤 기질인지 파악하고 이를 존중해 주세요. 억지로 바꾸려 하기보다 아이의 특성을 긍정적으로 수용하세요.
2. 맞춤 양육 방식 찾기: 순한 기질의 아이는 다양한 양육 방식에 적응할 수 있지만, 까다로운 기질의 아이는 일관된 구조와 융통성이 필요합니다.
3. 실수와 실패를 수용하기: 아이가 실수했을 때 비난보다는 격려를 통해 자기 효능감을 키워 주세요.
4. 긍정적 관계 형성하기: 아이의 감정을 비난하지 않고 이해하려는 태도를 가지면 더 좋은 부모-자녀 관계를 형성할 수 있습니다. 또한 공감의 언어를 사용하고 아이가

자기감정을 표현할 기회를 제공하는 것도 중요합니다.

아이의 기질을 이해하는 것은 사랑의 또 다른 표현입니다. 부모님의 따뜻한 관심과 존중이 아이가 자신만의 색깔을 아름답게 펼칠 수 있도록 돕습니다.

조기 미디어 노출의 영향

어린 시절의 미디어 노출은 아이의 발달에 긍정적이거나 부정적인 영향을 미칠 수 있는 중요한 요소입니다. 특히, 지나친 미디어 사용은 언어 발달 지연, 주의력 문제, 사회적 상호 작용 감소와 같은 부작용을 초래할 수 있어 신중한 접근이 필요합니다.

생후 24개월은 아이의 뇌가 급속히 발달하는 시기로, 언어, 감정, 사회성 등의 기초가 형성됩니다. 이 시기의 미디어 노출은 아이가 놀이와 상호 작용을 통해 학습해야 할 기회를 제한할 수 있습니다. 미디어보다는 부모와의 상호 작용이나 주변 환경 탐색이 아이에게 더 풍부한 학습 경험을 제공합니다.

우리 아이의 뇌 발달 단계

엄마 뱃속에서 아기의 뇌세포는 증식하고, 각자 적절한 곳에 자리를 잡습니다. 출생 후 뇌 발달은 다음의 3단계로 이루어집니다.

- **회로 형성**: 뇌세포 간 신호 연결
- **수초화**: 신호 전달을 돕는 지방막 형성
- **가지치기**: 불필요한 연결 제거

위 과정은 18세까지 계속됩니다. 그렇다면 조기 미디어 노출은 뇌 발달에 어떤 영향을 줄까요?

미디어 과다 사용 시 문제

발달 중인 뇌는 현실 세계보다 빠른 속도의 미디어에 익숙해질 수 있습니다. 이는 현실의 느리고 낮은 자극에 일부 아이가 주의를 덜 기울일 가능성이 있다는 점을 시사합니다. 이러한 문제는 동물 실험뿐 아니라 사람을 대상으로 한 연구에서도 확인되었습니다. 연구에서 나타난 미디어의 영향은 다음과 같습니다.

- **작업 기억 저하:** 지나친 미디어 노출은 문제 해결과 일상 활동에 중요한 작업 기억 발달에 부정적 영향을 미칩니다. 예를 들어, 일상적인 활동에서 기억력을 활용하는 능력이 감소할 수 있습니다.
- **언어와 인지 발달 저하:** 4~6세에 언어와 인지 발달이 지연되면 이후 학교생활에도 부정적인 영향을 미칩니다.
- **소아 비만 증가:** 미디어에 노출된 아이는 음식 광고를 더 접하고 과식할 가능성이 큽니다. 또한 장시간 미디어에 빠지면서, 신체 활동이 줄어드는 문제점도 발생합니다.
- **수면 시간 단축:** 블루 라이트와 자극적인 콘텐츠는 수면 시간을 줄이며, 이는 성장과 발달에 악영향을 줄 수 있습니다.
- **부적절한 콘텐츠와 개인 정보 노출의 위험성:** 아이에게는 콘텐츠의 부적절함을 판단할 능력이 아직 부족하며, 개인 정보가 무방비하게 노출될 가능성도 큽니다.

아이 나이별 적합한 미디어 사용 가이드
- 0~2세: 미디어 노출을 최대한 피하고, 부모와의 상호 작용과 놀이를 우선시 하세요.
- 3~5세: 하루 1시간 이내로 제한하며, 교육적이고 나이에 적합한 콘텐츠를 선택하세요.
- 6~12세: 하루 2시간 이내로 제한하고, 균형 잡힌 활동(운동, 독서 등)을 병행하세요.

미디어가 아이의 미래에 미칠 수 있는 영향

조기 미디어 노출은 청소년기나 성인기에도 영향을 미칠 수 있습니다.

- **주의력 문제:** 지속적인 미디어 자극은 주의력 결핍과 집중력 문제를 유발할 수 있습니다.
- **사회적 관계 문제:** 대면 상호 작용 부족으로 사회적 기술 발달이 늦어질 수 있습니다.
- **건강 문제:** 장시간 앉아서 미디어를 사용하는 습관은 비만과 같은 신체적 문제를 초래할 수 있습니다.

부모가 보여 주는 좋은 예
- 부모가 스스로 미디어 사용을 조절하고 아이들에게 모범을 보이는 것이 중요합니다.
- 가족 활동을 통해 아이와의 관계를 강화하세요. 예를 들어, 미디어 없는 저녁 시간을 정하고 가족과 함께 보드 게임이나 독서를 즐길 수 있습니다.

미디어를 대신할 재미있는 활동
- **독서:** 아이의 흥미를 끌 수 있는 책을 선택하세요.
- **블록 놀이:** 창의성과 문제 해결 능력을 키울 수 있습니다.
- **미술 활동:** 그림 그리기, 색칠하기 등은 아이의 표현력을 증진합니다.
- **야외 활동:** 자연을 탐험하거나 공원에서 뛰어노는 시간을 가지세요.

미디어 사용 줄이는 방법
- 미디어 사용 시간을 점진적으로 줄이며, 일주일에 하루는 '미디어 없는 날'로 설정하세요.
- 잠자기 1시간 전에는 모든 스크린을 끄고 책 읽기나 명상과 같은 활동을 추천합니다.

미디어의 좋은 점

미디어에는 다음의 긍정적 효과도 있습니다.

- **교육적 콘텐츠:** 「세서미 스트리트」 같은 프로그램은 3~5세 아이의 독해력, 인지, 사회성을 향상하는 데 도움을 줄 수 있습니다.
- **건강 메시지 전달:** 소아 비만 예방과 회복 탄력성을 가르칩니다.
- **사회적 접촉 확대:** 국제적인 문화와 언어를 접할 기회를 제공합니다.

부모님을 위한 꿀팁! 이럴 땐 이렇게!

1. 미디어 사용 시간 정하기: 하루 1시간 이내로 제한하고, 나이에 맞는 프로그램을 선택하세요.
2. 함께 보기: 아이와 함께 미디어를 시청하며 내용을 설명하고 질문을 받아 주세요.
3. 미디어 없는 시간 만들기: 가족 식사 시간이나 놀이 시간에는 스크린을 멀리하세요.
4. 수면 환경 조성: 침실에 텔레비전, 컴퓨터, 모바일 기기를 두지 마세요. 블루 라이트는 멜라토닌 생성을 억제해 수면의 질을 낮출 수 있습니다.
5. 운동과 놀이 유도: 미디어 시청 대신 야외 활동과 놀이 시간을 늘리세요.

미디어는 잘 활용하면 유익하지만, 과하면 아이의 성장에 영향을 줄 수 있습니다. 부모님의 따뜻한 관심과 현명한 선택이 아이의 건강한 미래를 만듭니다.

73

디지털 미디어 사용법

스마트폰과 태블릿, 어떻게 사용하는 것이 좋을까요? 언제부터 화면을 보여 줘도 괜찮을까? 소아·청소년이 디지털 미디어에 노출되면 학습 기회나 상상력 자극과 같은 긍정적 효과가 있을 수 있습니다. 하지만 지나친 사용은 수면 부족이나 사회적 상호 작용 감소로 이어질 수 있습니다. 이번에는 디지털 미디어를 안전하고 효과적으로 사용하는 방법을 알아보겠습니다.

놀이와 상호 작용이 왜 중요할까요?

어린 시절에는 창의력, 문제 해결 능력, 그리고 감정 조절과 같은 핵심 기술이 중요합니다. 이러한 능력은 놀이와 부모와의 상호 작용을 통해 더욱 효과적으로 발달합니다. 부모와의 적절한 상호 작용은 5세 미만 아동들의 사고력과 실행 기능 발달에도 매우 중요합니다. 따라서 디지털 미디어는 아래와 같이 규칙을 정해서 사용해 보기를 권합니다.

- **사용 금지 장소 정하기:** 침실과 식사 공간에서는 디지털 미디어를 사용하지 않도록 합니다.
- **사용 시간 정하기:** 식사 시간, 잠자기 1시간 전, 놀이 시간에는 디지털 미디어 사용을 피하세요. 충분한 수면, 운동, 독서, 놀이는 아이들의 전인적 성장에 중요한 역할을 합니다.
- **부모가 좋은 본보기 되기:** 부모가 디지털 미디어를 적게 사용하면 아이들도 자연스럽게 따라 합니다. '방해 금지' 모드로 휴대전화를 멀리 두는 것도 효과적입니다.
- **함께 보고 대화하기:** 5세 미만 아동은 혼자 미디어를 사용하지 않도록 하고, 부모와 함께 보며 내용을 설명해 주세요.
- **전자책도 상호 작용을 하며 읽기:** 전자책도 인쇄된 책처럼 아이와 대화하며 읽어 주세요.

과도한 화면 시청은 불안, 집중력 저하, 정서적 안정감 감소를 유발할 수 있습니다. 그러니 디지털 디톡스(미디어 사용 중단), 실외 활동, 창의적 놀이를 통해 균형을 맞추세요. 그 외에도 지켜 주면 좋은 가정 속 미디어 관리법은 다음과 같습니다.

우리 가족의 미디어 규칙 만들기

- **규칙 만들기:** 가족 간 합의를 통해 사용 시간, 장소, 목적을 설정하세요.
- **규칙 실천하기:** 계획표를 만들어 실행하며 부모가 먼저 모범을 보이세요.

디지털 미디어의 좋은 점, 이렇게 활용해요
- **창의력 키우기**: 그림 그리기, 음악 제작 앱을 활용하세요.
- **학습 도우미로 활용하기**: 언어 학습 앱이나 과학 실험 관련 디지털 자료를 활용하세요.

우리 아이가 미디어에 너무 빠졌다면
- **징후 확인하기**: 과도한 사용, 사용 제한 시 짜증 또는 불안감이 나타나는지 살펴보세요.
- **대처 방법**: 점진적으로 사용 시간을 줄이고, 대체 활동(운동, 독서)을 제공하세요.

부모도 디지털 미디어를 현명하게 사용하세요
- **스트레스 관리**: 부모가 스스로 일정 시간 미디어 사용을 줄이고, 스트레스를 해소할 취미를 찾아보세요.
- **가족과 함께하는 시간 만들기**: 디지털 기기 없이 보내는 시간을 정기적으로 계획하세요.

세계보건기구가 권장하는 아이 생활 방식

다음의 표는 세계보건기구(WHO)가 나이별 디지털 미디어 사용 시간, 신체 활동, 수면 시간에 관해 권장하는 기준을 요약한 것입니다. 이를 통해 아이들의 건강한 성장과 발달을 도울 수 있습니다.

나이	디지털 미디어 노출시간	신체 활동 시간	수면 시간
0~3 개월	0	터미 타임 30분 포함하여 30분 이상	14시간 이상
4~11 개월	0	터미 타임 30분 포함하여 30분 이상	12시간 이상
12~23 개월	0	3시간 이상	11시간 이상
24~35 개월	60분 이하	중등도 이상의 신체 활동 60분 포함하여 3시간 이상	11시간 이상
36~59 개월	60분 이하	중등도 이상의 신체 활동 60분 포함하여 3시간 이상	10시간 이상

부모님을 위한 꿀팁! 이럴 땐 이렇게!

1. 침실과 식탁을 디지털 미디어 프리 존으로: 아이가 자는 공간이나 식사하는 공간에서는 디지털 기기를 멀리하세요. 부모도 함께 실천하면 효과가 배가됩니다.
2. 놀이와 대화로 더 풍부한 시간을: 식사 시간이나 놀이 시간에는 디지털 기기를 잠시 내려놓고 아이와 대화하거나 함께 놀아 주세요.
3. 디지털 미디어는 함께 사용: 아이가 디지털 기기를 사용할 때는 혼자 두지 말고 부모가 함께 내용을 보며 아이의 이해를 도와주세요.
4. 적극적인 대체 활동 제공: 신체 활동, 독서, 실제 놀이 등을 통해 아이가 자연스럽게 디지털 미디어에서 벗어나도록 유도하세요.
5. 본보기가 되기: 부모님이 디지털 미디어 사용 시간을 줄이면, 아이도 자연스럽게 따라 하게 됩니다.

디지털 미디어의 올바른 사용으로 아이들에게 건강한 미래를 선물하세요! 꾸준한 관심과 지도로 아이들이 건강하게 성장할 수 있도록 도와주세요!

74

배변 훈련법

배변 훈련, 즉 기저귀를 떼는 과정은 부모와 아이 모두에게 중요한 성장의 순간입니다. 이 과정은 아이에게 독립성과 자신감을 심어 줄 기회이기도 합니다. 이 과정이 스트레스가 아닌 즐거운 추억이 되도록 하는 방법을 알아보겠습니다!

배변 훈련은 언제 시작하면 좋을까요?

기저귀는 언제 떼는 게 가장 적절할까요? 우선 아이가 언제부터 대소변을 가릴 수 있는지부터 알아보겠습니다.

- 24개월: 약 25%의 아동이 낮 동안 대소변을 가릴 수 있습니다.
- 36개월: 약 98%의 아동이 낮 동안 대소변을 가립니다.
- 밤 시간: 낮보다 더 긴 시간이 필요합니다.

배변 훈련은 아이의 신경계 발달이 충분히 이루어져야 가능합니다. 신경계가 성숙하면 항문과 요도 괄약근을 조절하는 능력이 생기며, 이를 바탕으로 대소변을 자발적으로 조절할 수 있습니다. 기저귀를 일찍 떼더라도 다른 발달이 특별히 빠르거나 촉진되는 것은 아니므로 너무 조바심을 가질 필요는 없습니다. 그러나 여자아이가 만 5세, 남자아이가 만 6세까지 소변을 가리지 못한다면 우려할 만한 신호일 수 있습니다. 이럴 경우, 소아청소년과 진료를 통해 질병 여부를 확인하는 것이 중요합니다.

배변 훈련을 시작 전 준비해야 할 것들

배변 훈련을 시작하기 전에 아래 사항들을 미리 알아두고 준비합시다.

부모가 준비해야 할 물품

아이 전용 변기 또는 변기 시트를 준비하세요. 변기 시트는 아이들이 성인 변기를 더 편안하게 사용할 수 있도록 돕는 물품입니다. 성인 변기의 크기와 높이를 아이들에게 적합하게 하는 데 사용되며, 아이들이 안전하게 변기에 앉을 수 있게 합니다. 보호 매트(훈련 중에 발생할 수 있는 실수 방지), 아이가 좋아하는 책, 장난감 등 화장실을 편안한 공간으로 만들어 줄 물건들도 준비합니다.

부모의 마음가짐

아이의 발달 속도에 맞추어 여유를 갖고 시작합니다. 실패를 자연스러운 과정으로 받아들이고, 긍정적으로 대처하세요.

아이에게 훈련 시작을 자연스럽게 알리는 방법

아이에게 배변 훈련의 필요성과 즐거움을 잘 설명해 주세요. "우리 이제 멋진 변기에 앉아 보자!"와 같은 긍정적 언어를 사용합니다. 아이가 화장실을 친근하게 느낄 수 있도록 놀이처럼 접근해 주세요.

배변 훈련 하는 법

아이의 배변 훈련을 좀 더 원활히 할 수 있도록 아래와 같은 사항들을 유념해 주세요.

- **보상 도구 사용**: 스티커나 작은 선물 같은 보상 도구를 사용하여 아이의 동기를 높입니다.
- **아기 변기 준비**: 아이에게 맞는 크기의 변기를 준비합니다. 어른 변기를 사용할 때는 변기 시트를 사용하고, 발판도 준비합니다.
- **안심 환경 조성**: 아이가 화장실에 가는 것을 무서워한다면, 부모가 함께 있어 주거나 문을 열어 둡니다.
- **긍정적 피드백**: 성공 시 칭찬하고 실패 시 나무라지 않습니다. "괜찮아, 다음에 다시 해 보자"라고 말하며 긍정적으로 격려하세요. 억지로 변기에 앉히지 말고, 규칙적인 습관이 형성되도록 기다립니다.
- **야간 대소변 훈련**: 낮 동안 대소변을 가리게 되면 자기 전 쉬를 보게 합니다. 물을 많이 마신 날에는 중간에 쉬를 하게 합니다.

아이가 변기에 앉기 싫어한다면

아이가 변기에 앉기를 거부하거나 싫어할 수 있습니다. 그럴 때는 다음과 같이 아이를 유도해 보세요.

변기에 앉기를 거부한다면
- 강요하지 말고 아이가 편안함을 느끼도록 기다립니다.
- 변기에 앉는 것을 게임처럼 만들어 주거나, 장난감을 변기 주변에 두어 친근감을 느끼게 합니다.

두려움이나 불안감 완화

- 부모가 먼저 변기 사용하는 모습을 보여 주는 것도 도움이 됩니다.
- 화장실을 밝고 친근한 장소로 꾸며 줍니다.

배변 훈련이 잘되지 않는다면

배변 훈련이 잘되지 않는다면, 다음과 같은 방법을 써 볼 수도 있습니다.

36개월이 지나도 잘되지 않는다면

- 스트레스를 받지 않도록 기저귀를 사용하는 것을 허용하면서 천천히 진행합니다.
- 반복적으로 긍정적인 환경을 제공하며, 아이가 준비되기를 기다립니다.

전문가에게 도움을 요청하는 기준

- 5세 이후에도 배변 조절이 어렵거나 아이가 심리적 불안을 겪는다면, 소아 청소년과 진료를 받는 것이 좋습니다.
- 신체적 문제나 행동 장애의 가능성을 확인합니다.

형제자매와 함께

- 형제자매의 성공 사례를 아이에게 긍정적으로 보여 줍니다.
- 형제자매 간의 경쟁심을 유도하되, 지나치게 비교하지 않도록 주의합니다.
- 함께 변기에 앉는 놀이를 통해 자연스럽게 배변 훈련을 진행합니다.

특별한 도움이 필요한 아이는 어떻게 훈련하나요?

자폐 스펙트럼 장애, 주의력 결핍 과잉 행동 장애(ADHD)등 신경 발달 장애 아동에게는 더 많은 시간이 필요할 수 있습니다. 구조화된 일정을 만들어 아이가 규칙적으로 변기에 앉는 습관을 기를 수 있도록 도와줍니다. 시각적 지원 도구(사진 카드 등)를 활용하여 단계를 이해하도록 돕습니다.

배변 훈련이 실패할 때는 어떻게 해야 할까요?

배변 훈련이 실패했다면 다음과 같이 해 보세요.

실패 원인 파악하기
- 아이가 신체적으로 준비가 되지 않았는가?
- 화장실 환경이 아이에게 불편하거나 낯설지 않은가?
- 부모가 지나치게 기대하여 아이에게 압박을 주지 않았는가?

실패를 극복하는 방법
- 실패를 자연스러운 과정으로 받아들이고 아이를 격려합니다.
- 변기에 앉지 못한 이유를 함께 이야기하며 개선점을 찾습니다.

> **배변 훈련 성공을 위한 팁**
> - 칭찬 많이 하기: 성공하면 아낌없이 칭찬하세요.
> - 실패해도 괜찮아!: 실패해도 괜찮다고 안심시키며, 아이가 느끼는 좌절에 공감해 주세요. 그리고 "다음에 다시 해 보자"라고 말하며 격려하는 모습을 보여 주세요.
> - 스트레스 없이 진행하기: 아이가 즐겁고 자연스럽게 배변 훈련을 진행하도록 유도하세요.

부모님을 위한 꿀팁! 이럴 땐 이렇게!

1. 아이가 준비되지 않았다면 기다리세요: 발달에는 개인차가 있습니다.
2. 변기에 앉는 게 즐겁다고 느껴지게 해 주세요: 아이가 좋아하는 책을 읽거나 노래를 부르며 즐거운 시간을 보내세요.
3. 작은 성공도 축하하세요: "잘했어!"라는 칭찬 한마디가 아이에게 큰 동기부여가 됩니다.
4. 화장실을 안전한 공간으로: 문을 열어 두거나 익숙한 장난감을 준비해 화장실을 편안한 장소로 느끼게 하세요.
5. 밤에는 쉬를 보게 도와주세요: 잠들기 전 물 섭취를 조절하고 쉬를 보도록 유도하세요. 또한, 부모가 중간에 아이를 깨워 화장실에 갈 수 있도록 도와주는 것도 유용할 수 있습니다. 이때, 너무 자주 깨우지 않도록 아이의 수면 패턴을 고려하세요.

대부분의 아이는 결국 배변 훈련에 성공합니다. 이 과정이 자연스럽고 행복한 추억이 되기를 응원합니다!

도수 치료:
손끝으로 건강을 지키는 기술

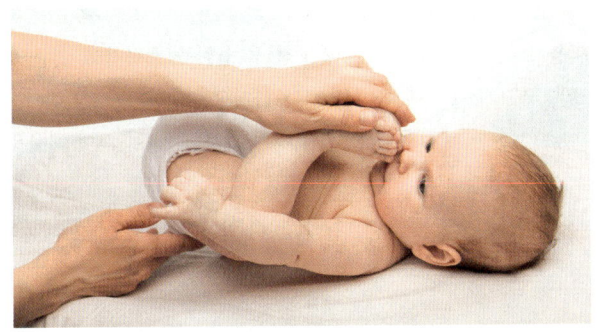

 이번에는 도수 치료에 관해 알아보겠습니다. 도수 치료는 물리 치료사가 손으로 수행하며, 근골격계의 통증과 기능 장애를 완화하는 데 활용합니다. 도수 치료의 목표는 통증을 줄이고, 운동 범위를 회복하며 치유를 촉진하는 것입니다. 특정한 증상이나 상태에 따라 맞춤형으로 치료가 제공됩니다.

도수 치료에서 주로 사용하는 방법

 도수 치료는 환자의 상태에 따라 맞춤형으로 시행되며, 각 방법은 관절 운동성과 근육 유연성 향상에 도움을 줍니다.

- 관절 가동(Joint Mobilization): 관절의 기능을 개선하기 위해 부드럽게 움직이는 방법입니다.
- 관절 조작(Joint Manipulation): 빠르고 가벼운 힘을 사용해 관절의 움직임을

정상으로 되돌리는 방법입니다.

- **연부 조직 가동**(Soft Tissue Mobilization): 근육이나 근막 같은 부드러운 조직의 긴장을 풀어 주는 방법입니다.

도수 치료가 우리 몸에 좋은 이유

도수 치료는 근골격계 질환 치료와 재활에 널리 활용되고 있습니다. 다음은 주요 효과입니다.

- **통증 완화**: 관절과 연부 조직의 기능을 회복시키고 통증을 줄입니다.
- **운동 범위 증가**: 관절과 주변 조직의 유연성을 높여 일상적인 활동이 원활해집니다.
- **기능 회복**: 손상된 조직이나 관절의 기능을 회복시키고 신체의 전반적 기능을 개선합니다.
- **근육과 조직의 강화**: 근육의 긴장을 줄이고 강화를 돕습니다.
- **자세와 동작 개선**: 잘못된 자세나 동작 습관을 교정하여 재발을 방지합니다.

도수 치료는 수술 후 회복이나 부상 후 재활에서도 필수적인 역할을 합니다. 그리고 도수 치료는 아이들의 특정 질환에도 효과적입니다.

- **뇌성마비**: 근육의 긴장도를 조절하고 운동 범위를 늘리며 자세와 균형을 개선합니다.
- **사경**: 목의 움직임을 정상화하고 근육 불균형을 교정하여 비틀림을 완화합니다.
- **발달 지연**: 근육의 힘과 조절 능력을 향상하고 운동 능력과 신체 기능을 개발합니다.

각 질환에 관해 물리 치료사와 협력하여 맞춤형 치료 계획을 세우는 것이 중요합니다.

도수 치료의 흥미로운 역사

도수 치료는 역사가 깁니다. 고대 이집트에서는 마사지와 정골 치료가 널리 쓰였으며, 그리스의 히포크라테스는 관절을 조작하는 방법을 기록으로 남겼습니다. 로마에서는 갈렌이 신체 균형과 조작 요법에 관한 연구를 발전시켰습니다.

중세 아시아에서는 중국의 투이 나$^{Tui\ Na}$와 인도의 아유르베다 마사지가 발전했으며, 중동에서는 전통적인 히자마^{Hijama} 요법과 관절 조작 기술이 널리 사용되었습니다. 19세기 말에는 앤드루 테일러 스틸$^{Andrew\ Taylor\ Still}$이 정골 의학^{Osteopathy}을 창립하며 현대 도수 치료의 기초를 다졌습니다. 그는 신체의 구조와 기능의 상호 작용을 강조하며, 건강을 회복하기 위한 비침습적 접근 방식을 개발했습니다. 20세기 초에는 물리 치료 분야에서 도수 치료가 체계화되었습니다. 현대 도수 치료는 과학적 연구와 임상 경험을 기반으로 계속 발전하고 있습니다.

부모님을 위한 꿀팁! 이럴 땐 이렇게!

1. 아이가 뇌성마비나 발달 지연, 사경과 같은 질환으로 고통받고 있다면 재활의학과 전문의를 찾아가 보세요. 초기 진단과 치료가 중요합니다.
2. 집에서도 아이의 자세와 움직임을 유심히 관찰하세요. 그리고 아이에게 잘못된 습관이 있다면, 물리 치료사와 상의하세요.
3. 치료 효과를 높이기 위해 물리 치료사의 지침을 꾸준히 따르며, 아이가 즐겁게 운동하도록 격려하세요.

도수 치료는 아이와 성인의 통증을 완화하고, 운동 범위를 개선하며, 자세를 교정하는 데 효과적인 치료법입니다.

76  성장판 검사

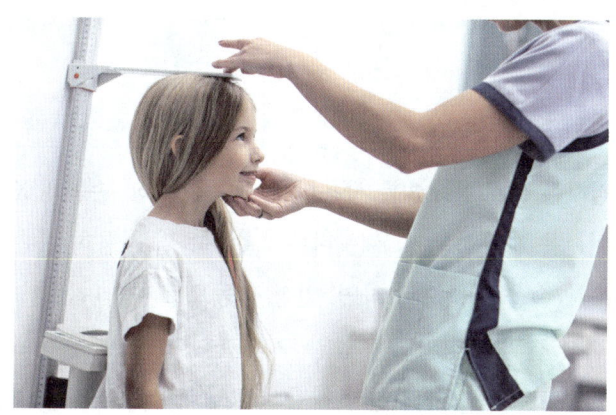

아이들의 성장과 관련된 성장판 검사growth plate examination, epiphyseal plate examination를 알아보겠습니다. 성장판 검사는 아이가 얼마나 더 자랄 수 있을지, 그리고 뼈가 어떻게 자라고 있는지 확인할 수 있는 중요한 검사입니다.

성장판 검사의 필요성

성장판은 뼈의 끝부분에 있는 연골 조직으로, 아이들이 자라면서 뼈를 길게 만드는 데 중요한 역할을 합니다. 성장판이 열려 있으면 뼈가 계속 자라지만, 성장판이 닫히면 더 이상 자라지 않습니다. 일반적으로 사춘기가 끝날 때쯤 성장판이 닫히게 됩니다. 따라서 성장판 검사는 아이가 얼마나 더 클 수 있을지를 예측하는 데 도움을 줄 뿐 아니라, 아이의 전반적인 건강 상태를 이해하는 데도 중요한 역할을 합니다. 그리고 검사를 통해 또래보다 뼈 성장이 빠를 경우 성조숙증을 의심해 보아야 하며 뼈 성장이 느리다면 성장 호르몬이 부족할 가능성이 있습니다.

이 검사를 통해 아이의 성장 상태를 더욱 구체적으로 이해하고, 적절한 관리와 치료를 계획할 수 있습니다.

성장판 검사 방법

성장판 검사는 주로 X-ray를 사용하며, 보통 왼손과 손목의 X-ray를 촬영합니다. 왼손을 사용하는 이유는 비우세 손, 즉 덜 사용하는 손이기 때문입니다. 비우세 손을 기준으로 하면, 일상 활동으로 나타나는 뼈 발달의 차이를 줄여 검사 결과의 정확도를 높일 수 있습니다. 예를 들어, 오른손잡이가 왼손을 기준으로 측정하면 일상 사용으로 나타나는 뼈의 차이를 최소화 할 수 있습니다. 그리고 X-ray 촬영을 통해 평가된 뼈 나이$^{bone\ age}$는 실제 나이보다 뼈의 성숙도를 나타내는 지표입니다. 뼈 나이가 실제 나이보다 많으면 뼈 성장이 빠른 것으로 볼 수 있습니다. 반대로 뼈 나이가 실제 나이보다 적으면 성장 지연 가능성을 의심할 수 있습니다.

뼈 나이 평가에 주로 사용되는 방법

- **그리울리치와 파일(Greulich and Pyle)**: X-ray 사진을 도감과 비교해 뼈 나이를 추정합니다. 이 방법은 간단하고 빠르지만, 개인 차이를 충분히 반영하지 못할 수 있습니다.
- **태너-화이트하우스(Tanner-Whitehouse)**: 특정 기준에 따라 뼈의 상태를 평가합니다. 이 방법은 더 세부적이고 정밀하지만, 시간이 더 걸릴 수 있습니다.

뼈 성장에 문제가 생길 때

정상적인 골화 과정에서 특정 나이대에 나타나야 할 뼈의 발달 상태는 중요한 성장 지표입니다. 비정상적인 골화 패턴은 아이의 성장 상태를 나타내는 신호로, 다음과 같을 때 주의가 필요합니다.

- **골화되지 않으면 비정상**: 일반적으로 아이가 자라는 과정에서 나이에 따라 뼈의 골화가 단계적으로 이루어집니다. 이 시기에 골화가 나타나지 않는다면 성장 지연을 의심할 수 있습니다.
- **골화가 너무 빠르면 비정상**: 손목뼈 중 특정 부위는 보통 3세 이후 골화가 시작됩니다. 만약 이보다 빨리 골화가 이루어진다면 성조숙증과 같은 상태를 고려해야 합니다.

비정상적인 골화 패턴은 성장 호르몬 이상, 대사 질환, 성조숙증, 또는 만성 질환과 관련될 수 있습니다. 예를 들어, 성장 호르몬 결핍증이 의심되면 정밀 검사를 통해 치료 계획을 세울 수 있으며, 조기 발견이 장기적인 성장과 발달에 큰 영향을 미칩니다. 따라서 정기적인 평가와 적절한 조처가 중요합니다.

검사 결과의 이해

검사 결과에 따라 다음과 같은 결론을 내릴 수 있습니다.

뼈 나이와 실제 나이가 일치하면 정상입니다. 이는 아이의 성장이 예상대로 진행되고 있으며 추가 조처가 필요하지 않음을 의미합니다. 반면, 뼈 나이가 실제 나이보다 많으면 성장이 빠르게 진행 중일 가능성이 있으며, 이는 성조숙증과 같은 상태와 연관될 수 있습니다. 뼈 나이가 실제 나이보다 적으면 성장 지연이 의심되므로 추가 검사가 필요할 수 있습니다.

성장판 검사가 필요할 때

- 아이가 또래보다 키가 작거나 큰 경우
- 사춘기에 가까워지거나 사춘기가 지연된 경우

부모님을 위한 꿀팁! 이럴 땐 이렇게!

1. 아이의 키나 성장 속도가 또래와 크게 다르다면 주저하지 말고 소아청소년과에 상담받으세요.
2. 성장판 검사는 간단한 X-ray 검사로 진행되므로, 지나치게 걱정할 필요가 없습니다. 아이와 함께 편안한 마음으로 검사를 받으세요.

성장판 검사를 통해 얻은 결과는 아이의 성장 계획을 세우는 데 큰 도움을 줄 수 있습니다.

Part 12

발달 장애와 특별한 지원

영아 연축

영아 연축infantile spasm은 생후 4~8개월 사이의 영아에게서 주로 발생하는 드문 형태의 경련성 뇌전증입니다. 조기 진단과 치료가 이루어지지 않으면 발달 지연이나 신경학적 손상이 이어질 수 있어 빠른 개입이 중요합니다.

영아 연축이란

영아 연축은 생후 12개월 이전에 시작되는 질환으로, 아기의 뇌에서 비정상적인 신호가 발생해 몸이 갑자기 굽혀지거나 펴지는 경련 증상이 나타납니다. 단순한 놀람 반응처럼 보일 수 있지만, 조기 진단이 필요합니다. 짧고 급작스러운 근육 수축이 특징이며, 아기가 몸을 앞으로 숙이거나 팔다리를 갑자기 펴거나 구부리는 행동을 보입니다.

웨스트 증후군

웨스트 증후군은 영아 연축, 발달 지연, 그리고 고진폭 부정 뇌파hypsarrythmia가 동시에 나타나는 질환입니다. 주로 생후 4~8개월 사이에 발병하며, 발달 문제를 동반할 수 있습니다. 이 증후군은 영국 의사 윌리엄 제임스 웨스트가 1841년에 처음 보고했습니다. 특징적 고진폭 부정 뇌파는 매우 불규칙하고 혼란스러운 뇌파 패턴을 의미하며, 조기 진단과 치료가 중요합니다.

영아 연축 증상

부모가 주의 깊게 관찰하면 다음과 같은 증상이 보일 수 있습니다.
- 갑작스럽게 고개를 끄덕이는 행동
- 팔이나 다리를 뻗거나 움츠리는 짧은 움직임
- 주로 아침에 잠에서 깰 때나 졸릴 때 증상이 나타남
- 표정이 갑자기 불안하거나 어색해 보이는 경우

증상은 시간이 지나면서 더 강해지고 빈도도 늘어날 수 있습니다. 발작 중 아기가 울거나 불쾌한 표정을 지을 수도 있습니다.

발생 원인과 진단법

영아 연축의 원인은 다양하며, 약 3분의 1에서는 명확한 원인을 찾기 어렵습니다. 주요 원인은 다음과 같습니다.
- 뇌허혈, 뇌출혈, 결절성 경화증 같은 유전 질환.
- 뇌염, 대사성 뇌 병변, 염색체 이상 및 유전자 이상.

원인을 찾을 수 없는 경우 예후가 더 좋은 편이며, 진단법은 아래와 같습니다.
- **특징적 연축:** 몸을 굽히거나 펴는 반복적인 동작
- **뇌파 검사:** 경기 사이에 나타나는 고진폭 부정 뇌파 확인
- **영상 및 유전 검사:** MRI – 뇌허혈, 뇌출혈 여부 확인 / 대사 검사 및 양전자 방출 검사 – 대사 이상 확인 / 유전자 검사 – 염색체 이상 파악

치료

치료는 가능하며, 가능한 한 빨리 발견하여 적절한 치료를 해야 합니다. 그리고 증상이 나타나면 다음 단계를 따르는 것이 중요합니다.

- 증상이 나타나면 즉시 동영상으로 촬영해 기록하세요.
- 전문의를 만나 신속히 진단을 받습니다.
- 치료 계획을 전문의와 논의하고 충실히 따릅니다.

약물 치료

프레드니솔론^{prednisolone}과 비가바트린^{vigabatrin}이 흔히 사용됩니다. 약물 치료에서 효과가 없다면, 케톤 생성 식단이나 뇌 절제술을 고려할 수 있습니다. 이러한 결정은 반드시 전문의와의 상담을 통해 이루어져야 합니다. 치료는 소아청소년과 전문의와 상의 후 진행해야 하며, 치료에 빠르게 반응할수록 예후가 좋습니다.

치료 결과와 예후

영아 연축은 조기에 발견하고 치료할수록 더 좋은 결과를 기대할 수 있습니다. 치료에 잘 반응하면 정상적인 발달 궤도로 돌아갈 가능성이 큽니다. 그러나 치료 결과는 원인과 치료 시작 시점에 따라 달라질 수 있습니다.

- **원인이 명확하지 않다면:** 치료 반응이 좋으며 정상 발달 가능성이 큽니다.
- **기저 질환이 있다면:** 발달 지연이 남을 수 있지만, 조기 치료로 상태를 개선할 수 있습니다.

영아 연축은 정기적인 추적 관찰과 지속적인 관리가 중요하며, 부모와 의료진의 협력이 예후에 큰 영향을 미칩니다. 치료가 지연되면 다음과 같은 문제가 발생할 수 있습니다:

- **발달 지연:** 언어, 운동, 인지 발달에 영향을 미칠 수 있습니다.

- **지속적인 간질로의 전환**: 드물게 레녹스-가스토 증후군 등 다른 난치성 간질로 발전할 수 있습니다.
- **행동 및 사회성 문제**: 일부에서는 자폐 스펙트럼 장애와 유사한 증상이 나타날 수 있습니다.

부모님을 위한 꿀팁! 이럴 땐 이렇게!

영아 연축은 조기 발견과 치료로 예후를 개선할 수 있는 질환입니다. 따라서 부모님의 신속하고 체계적인 대응이 중요합니다!

1. 아기가 이상한 동작을 반복하면, 증상을 동영상으로 촬영하세요.
2. 바로 소아청소년과 전문의에게 찾아가 진료를 받으세요.
3. 치료 중에도 아기의 상태를 주의 깊게 관찰하고 궁금한 점은 전문의와 상의하세요.

영아 연축은 조기에 발견하고 치료하면 좋은 결과를 기대할 수 있습니다. 부모님의 세심한 관찰과 신속한 대응이 아이의 건강한 미래를 만들어 줍니다.

레녹스-가스토 증후군:
부모가 알아야 할 뇌전증 이야기

레녹스-가스토 증후군$^{Lennox-Gastaut\ Syndrome,\ LGS}$(이하 LGS로 표기)은 여러 형태의 발작이 일어나고, 치료가 쉽지 않은 난치성 뇌전증입니다. 따라서 LGS에 관해 잘 알아두시면 자녀의 발작 관찰과 관리에 큰 도움이 됩니다. LGS는 희귀질환으로 분류되며, 약물 치료에 제한적으로 반응하고 인지 기능 저하와 특징적인 뇌파 소견을 동반하는 난치성 간질로 알려져 있습니다.

LGS의 주요 특징과 증상

LGS는 1~8세 사이에 발병하며, 주요 특징은 다음과 같습니다.

주요 특징
- **다양한 발작 형태:** 강직성 발작(몸이 뻣뻣해짐), 무력성 발작(갑자기 힘을 잃고 넘어짐), 비정형 결신 발작(갑자기 멍해지고 움직임이 멈춤) 등.
- **인지와 행동 이상:** 인지 지연, 지적 장애, 과잉 행동, 공격성, 자폐증 등이

포함됩니다.
- **특징적 뇌파:** 깨어 있을 때에는 저속 극서파 복합$^{\text{slow spike-and-wave complex}}$, 수면 중에는 전반성 돌발 속파 활동$^{\text{generalized paroxysmal fast activity}}$이 관찰됩니다.

증상
- 다양한 형태의 뇌전증 발작이 약물로 조절되지 않음
- 극서파 복합과 같은 특징적인 뇌파
- 인지 기능 저하와 행동 이상

발작은 부분 발작이나 전신 강직 간대 발작으로 시작하며, 초기에는 정상 발달을 보이다가 점차 상태가 나빠지기도 합니다.

LGS가 나타나는 원인

LGS가 나타나는 주요 원인은 아래와 같습니다.
- 뇌 발달 이상
- 신생아 시기의 뇌 손상
- 특정 유전자 돌연변이
- 이전의 난치성 간질

LGS 진단법 및 치료법

LGS를 진단하는 법과 치료법을 함께 알아보겠습니다.

진단 기준
MRI와 뇌파 검사를 통해 뇌의 구조적 이상을 확인하고 다른 난치성 뇌전증과 감별 진단을 시행합니다.
- 약물에 반응하지 않는 다양한 발작 유형
- 특징적인 뇌파
- 인지 발달 지연

LGS 치료 방법: 어떻게 도와줄 수 있나요?

LGS는 완치가 어렵지만 적절한 치료를 통해 발작을 잘 관리함으로써, 삶의 질을 높일 수 있습니다.

- **약물 치료:** 오르필$^{valproic\ acid}$, 라믹탈^{lamotrigine}, 토파막스^{topiramate} 등 보통 두 가지 이상의 약물이 사용됩니다.
- **식이 요법:** 케톤 생성 식이, 수정된 앳킨스 식이, 저혈당 지수 식이가 발작 감소에 효과적일 수 있습니다.
- **수술 치료:** 발작을 유발하는 뇌 부위를 제거하거나 뇌량 절제술 시행.
- **신경 자극기:** 미주 신경 자극기, 심부 뇌 자극 사용.

LGS의 경과와 예후

LGS의 발작은 약물 치료에 잘 반응하지 않고 평생 지속되는 경우가 많습니다. 그리고 아이의 인지와 행동 이상은 주위 사람들에게 어려움을 줄 수 있습니다. LGS 아동의 약 80% 이상이 완치되지 않고 어른까지 진행이 됩니다. LGS의 70%가 진단 당시보다 인지 기능의 저하를 보이고, 50%가 과잉 행동 장애, 공격성 또는 자폐 스펙트럼 장애와 같은 행동 이상을 보입니다. 사망률은 5%로 같은 나이의 아동 사망률의 24배입니다. LGS의 높은 사망률은 난치성 뇌전증에 의한 사망률이나 발작과 관련된 외상 등과 관련됩니다.

- **발달 경과:** 정상 발달을 보이던 아이도 시간이 지나면서 인지와 행동 문제가 악화할 수 있습니다.

- **성인기의 삶의 질**: 발작이 지속될 가능성이 크기에 독립적인 생활이 어려울 수 있지만, 적절한 관리로 삶의 질을 유지할 수 있습니다.
- **장기 관리 필요성**: 정기적인 의료 관찰과 다학제적 지원이 중요하며, 새로운 치료 옵션이 발견될 가능성도 있습니다.

부모님을 위한 꿀팁! 이럴 땐 이렇게!

1. 발작 기록을 작성하세요: 발작의 빈도, 유형, 지속 시간을 기록해 의사와 상담하세요.
2. 전문가의 도움을 받으세요: 소아청소년과 또는 신경과에 방문해 진단과 치료를 받으세요.
3. 약물 복용을 철저히 관리하세요: 약물 복용 시간을 지키고 부작용을 관찰하세요.
4. 부모님도 쉬어 가세요: 자신의 건강과 정신적 안정을 유지하세요.
5. 정보를 공유하세요: 지역 내 뇌전증 지원 단체나 인터넷 커뮤니티를 활용하세요.

LGS 개선은 쉽지 않은 여정이지만, 적절한 진단과 치료로 삶의 질을 높일 수 있습니다.

주의력 결핍 과잉 행동 장애

주의력 결핍 과잉 행동 장애^{Attention Deficit Hyperactivity Disorder, ADHD}에 관해 알아보겠습니다. ADHD는 주의 집중과 충동 조절에 어려움을 겪는 신경 발달성 장애입니다. 아이가 수업 시간에 가만히 있지 못하거나 숙제를 잊어버리는 모습으로 나타날 수 있습니다. 이 장애는 주로 어린 시절에 나타나며 성인기까지 이어질 수 있습니다. ADHD의 원인으로는 유전적 요인, 뇌의 기능 이상, 환경적 요인 등이 있습니다. 도파민과 노르에피네프린의 부족과 불균형은 ADHD 증상과 관련이 있을 수 있습니다. 연구에 따르면, 이 두 신경 전달 물질은 주의력과 충동 조절에 중요한 역할을 합니다. 이들의 기능 이상은 ADHD와 연관이 있다는 결과가 보고된 바 있습니다.

ADHD 주요 증상

ADHD는 다음과 같은 세 가지 주요 증상을 보입니다. 이 증상들은 각각 주의력 결핍, 과잉 행동, 그리고 충동성으로 나뉩니다.

주의력 결핍
- 한 가지 일에 집중하기 어렵습니다.
- 숙제를 하다 말고 다른 장난감이나 화면에 관심을 빼앗깁니다.
- 물건을 자주 잃어버립니다(예 연필, 책, 숙제).

과잉 행동
- 가만히 앉아 있지 못하고 몸을 계속 움직입니다.
- 수업 시간에 자주 자리에서 일어나거나 지나치게 활동적입니다.

충동성
- 기다리지 못하고 남의 말을 자르거나 성급히 대답합니다.
- 위험한 행동을 생각 없이 합니다(예 차가 다니는 길로 뛰어들기).

ADHD의 세 가지 유형

ADHD는 다음 세 가지 유형으로 나뉩니다.
- **주의력 결핍 우세형**: 주로 주의력 결핍 증상이 나타납니다.
- **과잉 행동-충동 우세형**: 주로 과잉 행동과 충동성 증상이 나타납니다.
- **복합형**: 주의력 결핍, 과잉 행동, 충동성 증상이 모두 나타납니다.

ADHD는 지능과 직접적인 연관성은 없습니다. 그러나 집중력 부족과 자극에 대한 통제력 부족으로 학업 성취도에 영향을 줄 수 있습니다.

ADHD는 왜 생기나요?

ADHD는 뇌의 특정 부위에서 주의와 행동을 조절하는 기능 이상으로 발생합니다. 주요 원인은 다음과 같습니다.

- 유전적 요인: 가족 중 ADHD가 있는 경우 발생 확률이 높아질 수 있습니다.
- 환경적 요인: 임신 중 흡연, 음주, 환경 독소 노출 등이 영향을 미칠 수 있습니다.

부모의 양육 방식이나 아이의 잘못된 행동이 ADHD의 원인이 되는 것은 아닙니다. ADHD는 뇌의 구조와 기능 변화에서 비롯된 신경학적 문제로, 환경적 요인은 영향을 미칠 수 있지만 주된 원인은 아닙니다. 또한 ADHD는 아래와 같은 비율로 나타납니다.

- 아동 ADHD: 어린이 100명 중 약 5~7명
- 성인 ADHD: 성인 100명 중 약 2.5~4명
- 한국 ADHD 유병률: 세계 평균과 비슷하게 어린이 100명 중 5~8명

ADHD 진단 기준

ADHD 진단은 일반적으로 정신 질환 진단 및 통계 편람 제5판(DSM-5) 기준에 따라 이루어지며, 주요 기준은 다음과 같습니다.

- 주의력 결핍 증상 중 6가지 이상이 6개월 이상 지속
- 과잉 행동 및 충동성 증상 중 6가지 이상이 6개월 이상 지속
- 증상이 만 12세 이전에 나타나야 하며, 두 가지 이상의 환경에서 발생
- 증상이 학업, 사회적, 직업적 기능을 방해해야 함

진단은 부모, 교사, 의사와의 면담 및 다양한 평가 도구를 통해 이루어집니다.

ADHD 치료

ADHD 치료는 약물 치료와 행동 치료로 나뉩니다.

약물 치료
- **자극제:** 도파민과 노르에피네프린 농도를 조절하는 약물로, 대표적으로 메틸페니데이트(리탈린, 콘서타)와 암페타민(애드럴, 바이반스)이 있습니다.
- **비자극제:** 아토목세틴(스트라테라), 구안파신(인투니브) 등이 포함됩니다.

행동 치료
- 긍정적인 보상을 통해 바람직한 행동을 강화합니다.
- 일정표와 할 일 목록을 활용하여 시간 관리를 돕습니다.

ADHD가 의심될 때는 다음과 같이 조처해 보세요.
- **학교 선생님과 상담하기:** 아이가 학교에서 어떤 행동을 보이는지 선생님과 소통하세요. 교실에서의 행동 관찰은 진단에 중요한 정보가 됩니다.
- **전문가와 초기 상담:** 소아정신과나 소아청소년과 전문의를 찾아 정확한 평가를 받으세요. ADHD 관련 검사나 설문지를 통해 초기 상태를 점검합니다.

ADHD 아이와의 소통법

ADHD 아이와는 다음과 같은 방법으로 소통합니다.
- **짧고 명확한 문장 사용하기:** 긴 설명보다 간단하고 명확하게 지시하세요.
- **지시 후 확인하기:** 아이가 이해했는지 다시 물어보며 확인합니다.
- **긍정적인 피드백 주기:** 부정적인 말보다는 "정말 잘했어!"와 같은 격려로 아이의 자신감을 키워 주세요.

ADHD 치료 후 나타나는 변화

치료와 적절한 지원을 통해 많은 아이가 학업과 사회생활에서 긍정적 변화를 경험할 수 있습니다. 초기 단계에서는 약물 치료와 행동 치료를 병행하며, 약물 용량과 치료 방법은 시간이 지나면서 조정될 수 있습니다.

학교가 할 수 있는 ADHD 아동 지원

- **특수 교육 서비스:** ADHD 진단을 받은 아이는 특수 교육 지원을 받을 수 있습니다.
- **학습 조정 계획 세우기:** 학교와 협력하여 개별 학습 계획을 세우고, 시험 시간 연장이나 과제 조정 같은 구체적 도움을 요청하세요.

ADHD 자녀를 둔 부모의 스트레스 줄이기

- **휴식 시간 갖기:** 아이의 문제를 해결하려고만 하지 말고, 자신을 위한 시간을 확보하세요.
- **지원 그룹 참여:** ADHD 부모 모임에 참여해 정보를 공유하고 정서적 지지를 받을 수 있습니다.
- **스트레스 해소법 찾기:** 운동, 취미 생활, 명상 등으로 스트레스를 관리하세요.

부모님을 위한 꿀팁! 이럴 땐 이렇게!

1. 전문가 상담 활용하기: ADHD 증상이 의심된다면 소아청소년과나 소아정신과 전문의와 상담하세요. 정확한 진단과 치료 계획이 중요합니다.
2. 긍정적 피드백 주기: 아이가 목표를 달성하면 구체적으로 칭찬하거나 작은 보상을 제공하세요. "정말 잘했어!"와 같은 격려는 아이의 자신감을 키워 줍니다.
3. 조용한 학습 환경 만들기: TV와 스마트폰은 멀리하고, 조용한 공간에서 학습할 수 있도록 도와주세요.

4. 일정 관리 훈련하기: 타이머를 사용하거나 점검표로 작업을 관리하는 연습을 함께 해 보세요.
5. 구체적인 지시 내리기: "장난감 정리해"보다는 "블록을 상자에 넣자"처럼 구체적으로 알려 주세요.
6. 규칙적이고 예측할 수 있는 환경 조성: 일정한 시간에 식사하고 자는 습관은 아이에게 안정감을 줍니다.
7. 에너지 발산 시간 주기: 야외 활동이나 스포츠를 통해 아이가 에너지를 발산할 기회를 주세요.

부모가 아이의 행동을 이해하고 관리하는 것이 ADHD 극복의 첫걸음입니다. 함께 노력한다면 아이는 잠재력을 발휘할 수 있습니다.

자폐 스펙트럼 장애

자폐 스펙트럼 장애$^{Autism\ Spectrum\ Disorder,\ ASD}$는 아이가 사람들과 소통하거나 관계를 맺는 데 어려움을 겪는 발달 장애입니다. 이런 발달 장애가 있는 아이는 손 흔들기 같은 행동을 반복하거나 특정 관심사에 강하게 몰입하는 특징이 있습니다. '스펙트럼'이라는 단어는 증상이 매우 다양하게 나타날 수 있음을 의미합니다.

우리 아이가 자폐 스펙트럼 장애일 수 있나요?

아이가 다음과 같은 특징을 보인다면 전문가와 상담해 보세요. 이러한 특징은 아이의 발달 상태를 이해하는 데 중요한 단서가 됩니다.

- **언어 발달 지연:** 두 돌까지 간단한 단어나 문장을 말하지 못한다면
- **눈 맞춤 부족:** 다른 사람과 눈을 잘 마주치지 않는다면
- **사회적 상호 작용 어려움:** 또래 아이들과 잘 어울리지 못하거나 혼자 놀기를 선호한다면
- **특정 행동 반복:** 손을 흔들거나 빙글빙글 도는 행동을 반복한다면
- **예민한 감각 반응:** 소리, 빛, 냄새, 옷감 같은 자극에 민감하다면

자폐 스펙트럼 장애의 원인과 주요 증상

정확한 원인은 밝혀지지 않았지만, 유전적 및 환경적 요인이 함께 작용한다고 알려져 있습니다. 특히 양육 방식은 자폐 발생과 무관하다는 점이 과학적으로 증명되었습니다. 주요 증상은 다음과 같습니다.

- **사회적 의사소통의 어려움**: 다른 사람과 눈을 맞추거나 표정을 읽고 감정을 이해하는 데 어려움을 겪습니다. 대화에서 적절한 반응을 보이지 못하거나, 특정 말을 반복적으로 사용할 수 있습니다. 친구를 사귀거나 관계를 유지하는 데도 어려움이 있을 수 있습니다.
- **반복적 행동과 제한된 관심**: 같은 행동을 반복하거나, 일정한 규칙과 루틴을 고집합니다. 특정 장난감이나 활동에 몰두하기도 합니다. 작은 변화에 불안감을 느끼거나, 빛, 소리, 냄새에 민감하게 반응할 수 있습니다. 예를 들어, 소음에 놀라거나 특정 냄새에 거부 반응을 보일 수 있습니다. 반대로, 차가운 물이나 뜨거운 표면에 무감각한 모습을 보이는 때도 있습니다.

자폐 스펙트럼 장애 진단 시기와 진단 도구

자폐 스펙트럼 장애는 보통 생후 18~24개월에 초기 징후를 보입니다. 예를 들어, 이름을 불러도 반응하지 않거나 눈 맞춤을 잘하지 않는 경우가 이에 해당합니다. 또한, 특정 소리에 민감하게 반응하거나 반복적인 행동을 보일 수도 있습니다. 진단은 주로 2~3세에 이루어지며, 초기 증상이 일상에 영향을 준다면 전문가의 도움을 받아야 합니다.

자폐 스펙트럼 장애 진단 도구

- **ADOS-2(Autism Diagnostic Observation Schedule, Second Edition)**: 다양한 상황에서 사회적 상호 작용, 의사소통, 놀이, 제한된 관심사와 반복적 행동을 관찰하는 도구입니다.

- ADI-R(Autism Diagnostic Interview-Revised): 부모나 주요 보호자를 대상으로 한 구조화된 인터뷰로, 과거와 현재의 행동을 평가합니다.
- CARS-2(Childhood Autism Rating Scale, Second Edition): 자폐적 행동의 존재 여부와 심각성을 평가하는 간단한 도구입니다.

이 도구들을 함께 사용하면 더 정확하고 신뢰할 만한 진단 결과를 얻을 수 있습니다.

치료 가능 여부

자폐 스펙트럼 장애는 완치가 어렵지만, 조기에 개입하면 의사소통 능력을 키우고 독립적으로 생활할 가능성이 커집니다. 주요 치료 방법은 다음과 같습니다.
- 언어 치료: 아이가 의사소통을 더 잘할 수 있도록 돕는 치료입니다.
- 행동 치료: 긍정적인 행동을 늘리고 부정적인 행동을 줄이는 데 도움을 줍니다.
- 사회 기술 훈련: 다른 사람과 관계를 맺는 방법을 배우는 훈련입니다.

무발화 또는 비언어적 자폐 스펙트럼 장애 아이들

자폐 스펙트럼 장애가 있는 아이 중 약 25~30%는 말을 거의 하지 않거나 최소한의 언어만 사용하는 무발화 또는 비언어적^{nonverbal} 특징을 보입니다. 하지만 이 아이들은 다음과 같은 대체 의사소통 방법을 활용할 수 있습니다.
- 제스처, 표정
- 그림이나 사진
- 보완 대체 의사소통 기기(AAC)

적절한 지원과 치료는 아이들의 의사소통 능력을 향상시키는 데 중요한 역할을 합니다.

글을 읽지 못하는 자폐 스펙트럼 장애 아이들

자폐 스펙트럼 장애가 있는 아이 중 일부는 성인이 되어서도 글을 읽지 못하기도 합니다. 연구에 따르면 자폐 스펙트럼 장애가 있는 성인의 약 30%가 읽기에 심각한 어려움을 겪습니다. 이는 다음과 같은 이유로 발생할 수 있습니다.

문해력 부족
- 언어 발달의 지연
- 인지적 장애
- 적절한 교육 기회의 부족

문해력 향상을 위한 방법
- 맞춤형 교육 프로그램 제공
- 반복 학습 및 보조 도구 활용
- 개별화된 지도와 지속적인 지원

위 지원들을 통해 아이의 문해력을 향상하고, 아이들이 일상에서 더 독립적이고 자신감 있게 생활할 수 있도록 도울 수 있습니다.

자폐 스펙트럼 장애와 함께 나타날 수 있는 것들

자폐 스펙트럼 장애는 여러 동반 질환이나 장애를 함께 보일 수 있습니다. 아이를 더 잘 이해하고 도울 수 있도록 잘 알아두셨으면 합니다.
- **정신 건강 관련:** 불안 장애, 우울증, 주의력 결핍 과잉 행동 장애(ADHD) 등
- **발달 및 학습 관련:** 지적 장애, 언어 및 의사소통 장애, 학습 장애
- **신체 건강 관련:** 뇌전증, 위장관 문제, 수면 장애 등
- **감각 처리 관련:** 빛, 소리, 냄새에 민감하거나 반대로 둔감한 경우

이러한 동반 질환이나 특성은 아이마다 다르게 나타날 수 있습니다. 전문가와 함께 맞춤형 지원을 받는 것이 중요합니다.

가정에서 할 수 있는 지원 활동

부모가 가정에서 아이를 돕기 위해 할 수 있는 간단한 활동들을 소개합니다.
- **감각 통합 놀이:** 부드러운 공으로 마사지하기, 모래 놀이, 다양한 텍스처를 가진 물건 탐색하기
- **의사소통 훈련:** 그림 카드를 사용해 원하는 것을 표현하게 돕기, 간단한 단어를 반복해서 연습하기
- **사회적 놀이:** 역할극(인형 놀이, 가게 놀이)으로 사회적 상호 작용을 연습하기
- **집중력 강화 활동:** 퍼즐 맞추기, 간단한 미술 활동(색칠하기, 스티커 붙이기)하기

자폐 스펙트럼 장애 아이와 함께하는 외출 및 사회 활동 팁

공공장소에서의 문제 상황을 해결하고 아이의 사회성을 기르기 위한 팁은 다음과 같습니다.
- **사전 준비:** 외출 전에 방문할 장소와 활동을 간단히 설명하고 사진이나 영상을 보여 주어 아이가 익숙해질 수 있도록 돕습니다.

- **짧은 활동부터 시작:** 처음에는 짧고 단순한 활동으로 시작하여 아이가 적응할 수 있는 시간을 줍니다.
- **안심할 수 있는 물건 준비:** 아이가 좋아하는 장난감이나 담요를 준비하여 안정감을 제공합니다.
- **긍정적 강화:** 외출 중에 잘한 행동이 있다면 즉시 칭찬하고 보상하여 긍정적인 경험으로 만들어 줍니다.
- **유연성 유지:** 예상치 못한 상황에 대비하여 일정과 계획을 유연하게 조정합니다.

부모님을 위한 꿀팁! 이럴 땐 이렇게!

1. 초기 징후를 주의 깊게 살펴보세요: 아이가 눈 맞춤을 피하거나, 이름을 불러도 반응하지 않는다면 전문가의 상담을 받아 보세요.
2. 전문가의 도움을 적극 활용하세요: 소아·청소년 정신과 전문의나 언어 치료사, 심리 치료사 등과 협력하여 아이에게 맞는 도움을 찾아 주세요.
3. 일정한 루틴을 만들어 주세요: 예측할 수 있는 일상은 아이에게 안정감을 줍니다. 아침, 저녁 등 규칙적인 일과를 만들어 보세요.
4. 감각에 민감한 아이를 배려하세요: 과도한 자극을 피하고, 아이가 편안함을 느낄 수 있는 환경을 만들어 주세요.
5. 긍정적인 강화로 격려하세요: 작은 성과에도 칭찬하고 격려하며 아이의 자신감을 키워 주세요.

아이에게 자폐 스펙트럼 장애가 있더라도 조기 진단과 지속적인 지원이 뒷받침된다면, 아이들은 자신의 잠재력을 충분히 발휘할 수 있습니다. 그리고 부모님의 따뜻한 관심과 지지는 아이에게 큰 힘이 됩니다.

81
자폐 스펙트럼 장애 아동을 위한 ABA 치료법

자폐 스펙트럼 장애 치료법 중 하나로 잘 알려진 ABA, 즉 응용 행동 분석$^{Applied\ Behavior\ Analysis,\ ABA}$ 치료법을 알아보겠습니다.

ABA 치료란 무엇인가요?

ABA 치료는 아이가 긍정적 행동을 배우고, 바람직하지 않은 행동을 줄이도록 돕는 과학적 방법입니다. 이 치료는 행동 분석 이론과 강화 원리를 바탕으로 하는 체계적인 접근을 통해 아이의 발달을 지원합니다. 이 치료는 아이들이 세상과 더 잘 소통하며, 스스로 독립적인 생활을 할 수 있도록 돕는 데 중점을 둡니다.

- **핵심 원리:** 행동을 작은 단계로 나누어 연습하고, 성공하면 보상을 통해 강화합니다. 예를 들어, 아이가 이름이 불리면, "네!"라고 대답하도록 가르친 뒤, 성공할 때마다 칭찬이나 간식을 주어 긍정적인 반응을 반복하게 합니다.

ABA 치료는 의사소통, 사회성, 학습, 일상생활 기술을 향상시키는 데 도움을 줄 수 있습니다. 예를 들어, 친구와 차례를 지키며 놀이하는 법을 배울 수 있도록 지원합니다.

ABA 치료 시작 시기

ABA 치료는 가능한 한 조기에 시작하는 것이 중요합니다. 연구에 따르면, 조기 개입은 아이의 뇌 발달에 긍정적인 영향을 미칠 가능성이 더 크고, 아이가 중요한 기술을 더 빠르게 습득할 기회를 제공합니다. 특히, 생후 2~6세는 아이의 발달에 있어 결정적인 시기로 간주하며, 이 시기에 ABA 치료를 시작하면 더 좋은 결과를 기대할 수 있습니다.

만약 자녀가 자폐 스펙트럼 장애 진단을 받았다면, 전문가와 상담하여 현재 아이의 발달 수준과 필요에 맞는 개입 계획을 세우는 것이 중요합니다. 늦게 시작할 때도 ABA 치료는 여전히 효과적일 수 있으니, 가능한 한 빨리 시작하는 것을 목표로 하세요.

ABA 치료는 어떤 방식으로 이루어지나요?

ABA 치료는 다음과 같은 단계로 이루어집니다.
- **평가:** 아이의 현재 능력과 필요한 지원 영역을 파악합니다.
- **목표 설정:** '자신의 요구 표현하기' 또는 '또래와 함께 놀이하기' 같은, 구체적이고 측정할 수 있는 목표를 정합니다.
- **개입 계획:** 목표 달성을 위한 전략과 활동을 세부적으로 계획합니다.
- **모니터링:** 진행 상황을 기록하며 효과를 분석하고, 필요에 따라 치료 계획을 수정합니다.

치료는 다양한 장소에서 진행될 수 있습니다.
- **가정:** 부모가 치료사의 지도를 받아 긍정적 강화 방법을 일관되게 적용합니다.
- **지역 사회:** 놀이터나 공원에서 또래 아이들과 상호 작용을 통해 사회적 기술을 연습합니다.

- **일대일 또는 그룹 세션**: 그룹 세션에서는 또래와의 상호 작용을 통해 사회적 기술을 연습할 기회를 제공합니다.

ABA 치료는 아이의 행동 변화를 돕기 위해 데이터를 기반으로 맞춤형으로 설계됩니다. 그중 일대일 치료는 치료사와 아이가 함께하는 집중적인 세션입니다.

ABA 치료에서는 긍정적 강화를 집중적으로 진행합니다. 그래서 아이가 바람직한 행동을 했을 때 즉시 칭찬하거나 보상을 제공합니다. 예를 들면 아이가 장난감을 치우면 "잘했어!"라고 칭찬하거나 스티커를 주는 방식입니다. 반대로 바람직하지 않은 행동은 무시하거나 대체 행동을 가르칩니다.

긍정적 행동 강화 사례

반향어 사용 아동의 긍정적 강화
- **목표**: 적절한 단어나 문장을 스스로 사용하는 것을 목표로 설정
- **강화**: 아이가 올바르게 대답했을 때 칭찬하거나 보상을 즉시 제공

청각 방어 아동의 긍정적 강화
- **평가**: 어떤 소리에 민감한지 관찰
- **점진적 노출**: 낮은 소리부터 점차 강도를 높이며 아이에게 노출
- **강화**: 긍정적 반응을 보일 때 즉각적으로 보상을 제공

학령 전 아동과 학령기 아동의 ABA 치료
- **학령 전 아동**: 주당 25~40시간의 ABA 치료 권장
- **학령기 아동**: 학교 일정과 함께 주당 10~25시간 치료

치료 효과

ABA 치료는 다음과 같은 변화를 불러옵니다.

- **소통 능력 향상:** 요구를 표현하는 법
- **사회적 기술 발달:** 차례를 지키며 놀이
- **문제 행동 감소:** 올바른 방식으로 표현

효과는 조기에 시작하고 꾸준히 진행할수록 더욱 뚜렷합니다. 다만 ABA 치료에도 단점이 있습니다.

- 시간과 비용이 든다.
- 아이가 스트레스를 받을 가능성이 있다.
- 개인차로 모든 아이에게 동일한 방식이 효과적이지 않을 수 있다.

역사와 비판적 시각

ABA는 1960년대 미국의 심리학자 올레 아이바 로바스$^{Ole\ Ivar\ Lovaas}$가 개발했습니다. 이후 다른 연구자들도 ABA 치료의 다양한 기법을 확장하고 발전시켰습니다. 예를 들어, 행동 분석 분야에서 에드워드 카$^{Edward\ Carr}$는 긍정적 행동 지원을 강조하며 ABA를 실생활에 적용하는 방법을 연구했습니다. 로바스는 자폐 아동을 대상으로 한 행동 분석 연구의 선구자로, 초기 연구에서 일대일 치료가 언어와 사회적 기술을 향상할 수 있음을 보여 주었습니다. 그러나 행동 통제 방식이 지나칠 수 있다는 비판도 있었습니다. 따라서 모든 아동에게 동일한 방식을 적용하기보다는, 각 아동의 개별 특성에 맞춘 맞춤형 접근이 필요합니다. 예를 들어, 언어 발달이 느린 아동에게는 비언어적 의사소통 도구를 활용하는 전략이 효과적일 수 있습니다. 반면에 청각 과민이 있는 아동에게는 점진적 소리 노출과 같은 맞춤형 지원이 필요합니다.

대체 치료법

ABA 외에도 다음과 같은 대체 치료법이 제안되고 있습니다.

- **핵심 반응 치료(Pivotal Response Treatment, PRT)**: 부모와 치료사가 일상적 상호 작용을 통해 아이의 발달을 돕습니다. 예를 들어, 일상 대화를 통해 자연스럽게 언어와 사회적 기술을 배울 수 있도록 지원합니다.
- **DIR 플로어 타임(Developmental, Individual-differences, Relationship-based Floortime)**: 감정적 관계와 상호 작용을 통해 아동의 자연스러운 발달을 촉진합니다. 예를 들어, 놀이를 통해 정서적 유대감을 강화하고 새로운 기술을 배울 기회를 제공합니다.

부모님을 위한 꿀팁! 이럴 땐 이렇게!

1. 긍정적 강화를 활용하세요: 아이가 원하는 행동을 했을 때 즉각 칭찬해 줍니다.
2. 일관성 있게 적용하세요: 가족 구성원 모두가 동일한 방식으로 대응합니다.
3. 전문가와 상의하세요: 맞춤형 계획을 수립하세요.
4. 놀이를 통한 학습을 활용하세요: 자연스러운 상황에서 학습을 유도합니다.
5. 지치지 마세요: 꾸준히 노력하며 아이의 작은 진전을 축하해 주세요.

ABA 치료는 자폐 스펙트럼 장애 아동에게 유용한 도구입니다. 아이의 특성을 고려해 맞춤형으로 접근하고, 전문가와 협력하면, 아이의 긍정적 변화를 기대할 수 있습니다.

82
서번트 증후군: 특별한 재능을 가진 사람들

서번트 증후군Savant Syndrome은 주로 자폐 스펙트럼 장애나 지적 장애가 있는 사람들이 특정 분야에서 비범한 능력을 보이는 현상을 말합니다. 이러한 능력은 음악, 예술, 계산, 기억력, 공간 지각력 등에서 두드러지며, 때로는 탁월한 성과를 보이기도 합니다.

서번트 증후군의 특징

서번트 증후군의 특징은 다음과 같습니다.

- **비범한 능력**: 특정 분야에서 비상한 능력을 보이며, 한 번 들은 곡을 피아노로 완벽히 연주하거나 복잡한 수학 문제를 빠르게 해결하는 능력을 지니는 경우가 많습니다.
- **자폐 스펙트럼 장애 및 지적 장애와의 관련성**: 서번트 증후군이 있는 사람 중 다수가 자폐 스펙트럼 장애나 지적 장애를 동반하고 있습니다.
- **우수한 기억력**: 날짜 계산, 전화번호 암기, 긴 텍스트의 암송 등 특정 유형의 기억력이 뛰어날 때가 많습니다.

> **서번트 증후군 사례**
> - 킴 픽(Kim Peek): 영화 「레인 맨」의 실제 모델로, 한 번 읽은 책을 그대로 기억하고 방대한 정보를 암기할 수 있었습니다.
> - 레슬리 렘키(Leslie Lemke): 시각 장애와 뇌성마비를 가지고 있었지만, 한 번 들은 곡을 피아노로 완벽하게 연주할 수 있었습니다.
> - 스티븐 윌트셔(Stephen Wiltshire): 한 번 본 도시의 풍경을 매우 정밀하게 그릴 수 있는 능력을 지닌 자폐 스펙트럼 장애인입니다.

서번트 증후군의 원인과 연구

서번트 증후군의 정확한 원인은 아직 밝혀지지 않았으나, 일부 연구에서는 뇌 손상이 특정 영역의 과도한 발달을 촉진할 가능성을 제기합니다. 예를 들어, 좌뇌의 손상을 우뇌의 기능으로 대체하면서 예술적 능력이나 기억력 관련 능력이 강화될 수 있다는 이론이 있습니다. 현재 서번트 증후군을 치료할 수 있는 방법은 없지만, 이들의 능력을 사회적으로 긍정적인 방향으로 활용할 수 있도록 돕는 것이 중요합니다. 교육적 접근과 심리적 지원이 필수적이며, 그들의 특별한 재능을 계발하고 존중하는 문화가 필요합니다.

서번트 증후군의 역사

'서번트(Savant)'라는 용어는 원래 프랑스어로 '현자'나 '학자'를 뜻합니다. 1887년, 영국의 의사 존 다운(John Langdon Down)이 '이디엇 서번트(idiot savant)'라는 용어를 처음 사용하며 지적 장애가 있는 사람들이 특정 분야에서 비범한 능력을 보일 수 있음을 설명했습니다. 하지만 이 용어는 부정적인 의미를 내포하고 있어 현재는 쓰이지 않으며, 대신 '서번트 증후군'이라는 명칭이 정착되었습니다. 20세기 이후 뇌 과학이 발전하면서 서번트 증후군 연구가 활발해졌으며, 특히 미국 정신과 의사 대롤드 트레퍼트$^{Darold\ Treffert}$가 관련 연구와 사례 분석을 통해 서번트 증후군의 이해를 높이는 데 이바지했습니다.

부모님을 위한 꿀팁! 이럴 땐 이렇게!

1. 자녀의 특별한 재능을 발견하세요! 아이가 특정 분야에서 유난히 관심을 보이거나 뛰어난 능력을 나타낸다면, 이를 적극적으로 관찰하고 격려하세요.
2. 다양한 기회를 제공하세요! 음악, 미술, 퍼즐 등 다양한 활동을 경험하게 하여 아이가 자신의 강점을 발견할 수 있도록 도와주세요.
3. 전문가와 상담하세요! 아이의 발달이 독특하다고 느껴진다면, 전문가의 조언을 받아 적절한 교육적 지원을 계획하는 것이 중요합니다.
4. 자녀의 감정을 존중하세요! 특별한 능력을 갖췄다고 해서 일상생활에서의 어려움이 사라지는 것은 아닙니다. 아이가 편안하게 생활할 수 있도록 정서적 지지를 아끼지 마세요.

특별한 재능도 아이의 소중한 일부입니다. 부모님의 따뜻한 관심과 존중은 아이가 세상과 소통하는 힘이 되어 줄 것입니다.

인터넷 게임 장애:
예방과 치료 가이드

인터넷 게임 장애Internet Gaming Disorder, IGD는 아이들이 게임에 지나치게 몰두하여 일상생활에 큰 영향을 미치는 문제를 말합니다. 이 장애는 스마트폰, 태블릿, 전자 게임 기기를 사용하는 소아·청소년에게 발생할 수 있습니다. 세계보건기구WHO의 국제 질병 분류ICD-11와 정신 질환 진단 및 통계 편람DSM-5에서는 인터넷 게임 장애를 정신 질환으로 분류하고 있습니다.

인터넷 게임 장애는 단순히 게임을 많이 하는 것과 다릅니다. 이 장애는 학업, 사회적 관계, 건강 등 삶의 중요한 부분에 부정적인 영향을 미칩니다. 대표적으로 게임을 멈추기 어려워지고, 게임이 삶의 중심이 되는 모습이 관찰됩니다.

인터넷 게임 장애가 아이에게 미치는 영향

인터넷 게임 장애가 아이에게 미치는 영향은 다음과 같습니다.
- **학업 저하**: 공부 시간이 줄어들고 집중력이 떨어집니다.
- **사회적 고립**: 가족이나 친구와의 관계가 단절됩니다.
- **건강 문제**: 수면 부족, 운동 부족으로 비만과 시력 저하가 나타날 수 있습니다.
- **정서적 문제**: 우울감, 불안감, 낮은 자존감이 생길 수 있습니다.
- **습관적 행동 강화**: 스트레스 상황에서 게임에 의존하려는 경향이 강해질 수 있습니다.

인터넷 게임 장애 판별 기준

다음과 같은 행동이 12개월 이상 지속된다면 전문가에게 상담을 받아 보기를 권합니다.
- 게임 시간을 조절하지 못합니다.
- 게임을 하지 못하면 불안해하고, 짜증이나 화를 냅니다.
- 게임 외 활동에 흥미를 잃습니다.
- 게임 때문에 학업, 가족 관계, 친구 관계가 나빠집니다.
- 게임에 시간을 많이 써야 만족감을 느낍니다.
- 게임 문제를 감추거나 과소 평가를 하는 경향을 보입니다. 이러한 행동은 부모와의 갈등을 피하려는 시도일 수 있습니다.
- 게임 때문에 식사, 수면, 운동 등이 방해받습니다.

인터넷 게임 장애의 진단

DSM-5에서 인터넷 게임 장애의 진단 기준은 다음 9가지 증상 중 5가지 이상이 1년 동안 나타나는지 살펴보는 것입니다.

- **몰두:** 게임 생각에 온종일 사로잡혀 다른 활동에 무관심합니다.
- **금단 증상:** 게임을 하지 않을 때 초조함, 불안, 짜증 등의 변화를 겪습니다.
- **내성:** 더 많은 시간 게임을 해야 만족감을 느낍니다.
- **관심 상실:** 다른 취미나 활동에 흥미를 잃습니다.
- **조절 실패:** 게임 시간을 줄이려는 시도에 실패합니다.
- **지속적 과도 이용:** 게임으로 실생활에 지장이 있어도 계속합니다.
- **기만:** 가족이나 친구에게 게임 시간을 숨기거나 거짓말을 합니다.
- **부정적 기분 회피:** 스트레스나 우울감을 피하려고 게임을 합니다.
- **갈등:** 게임 때문에 가족, 학업, 사회생활에서 문제가 발생합니다.

인터넷 게임 장애의 발생 원인

세계적으로 인터넷 게임 장애의 유병률은 2~3%로 보고되며, 우리나라에서는 고등학생 중 약 9%가 영향을 받는 것으로 나타났습니다. 특히 남학생이 여학생보다 더 자주 영향을 받는 경향이 있습니다. 대체 이런 장애는 어째서 생길까요?

- **즉각적인 보상 체계:** 게임은 빠르게 목표를 달성하는 성취감을 제공하며, 이러한 경험이 지속적인 사용을 유도합니다.
- **사회적 연결:** 게임 속 또래와의 소통으로 현실의 외로움을 잊게 합니다.
- **현실 회피:** 현실의 스트레스를 피하려고 게임에 몰입합니다.
- **뇌의 변화:** 게임의 보상 시스템이 뇌에서 도파민을 과분비시켜 게임을 계속 하고 싶은 욕구를 불러일으킵니다.

인터넷 게임 장애의 위험 인자

- **주의력 결핍 과잉 행동 장애(ADHD):** 이 질환이 있는 소아·청소년은 인터넷

게임 장애로 발전할 가능성이 더 높습니다.
- **부정적 부모 태도:** 게임을 지나치게 부정적으로 인식하는 부모의 자녀는 게임에 의존할 가능성이 큽니다.
- **조기 노출:** 학령기 이전에 디지털 미디어에 노출되면 위험이 증가할 수 있습니다. 24개월 미만의 아동은 특히 디지털 미디어 사용을 피하는 것이 중요합니다.

인터넷 게임 장애의 예방 방법
- **건강한 취미 제공:** 인터넷 게임 외에도 즐길 수 있는 취미와 또래 관계를 마련합니다.
- **컴퓨터 사용 환경 조정:** 컴퓨터를 거실 등 공개된 장소에 두고, 하루 1시간 이상의 신체 활동과 충분한 수면을 유도합니다.
- **시간 관리 지도:** 게임 시간을 주말로 제한하고, 평일에는 하루 2시간을 넘기지 않도록 지도합니다.
- **부모의 관심과 모범:** 부모는 자녀가 인터넷에서 무엇을 하는지 알고, 스스로 모범을 보이는 것이 중요합니다.
- **신체 활동 권장:** 게임 대신 운동이나 신체 활동 시간을 늘립니다.

인터넷 게임 장애 치료

인터넷 게임 장애 또한 치료와 관리가 가능하며, 부모의 적극적인 참여와 전문가의 도움을 통해 아이는 게임 의존에서 벗어날 수 있습니다. 그리고 문제를 인정하고 꾸준히 아이를 돕는 일이 매우 중요합니다.
- **약물 치료:** ADHD나 우울, 불안 장애 등 동반 질환이 있으면 약물 치료를 병행합니다.
- **인지 행동 치료:** 인터넷 게임 장애 치료에 흔히 사용되는 정신 치료 방법입니다.

- **학교 상담 프로그램:** 우리나라에서는 Wee 프로젝트를 통해 학생과 부모, 교사를 대상으로 무료 상담 서비스를 제공합니다. 전문 상담 교사가 학업, 정신 건강, 사회 정서적 지원을 제공합니다.

자녀와 효과적으로 대화하는 방법

인터넷 게임 장애가 있는 자녀와 대화를 효과적으로 할 수 있는 방법은 아래와 같습니다. 아이를 비난하기보다는 열린 마음으로 아이와 대화를 나눠 보셨으면 합니다.

- **공감하기:** 자녀가 게임을 좋아하는 이유를 들어 주고, 그들의 감정을 이해하려 노력하세요. 비난보다는 '왜 그렇게 느끼는지'에 초점을 맞춰 대화하세요.
- **긍정적 언어 사용:** "게임 하지 마"보다는 "게임 말고도 할 수 있는 재미있는 활동을 찾아보자" 같은 긍정적인 제안을 해 보세요.
- **해결책 함께 찾기:** 문제를 지적하기보다는, 함께 해결책을 고민해 보세요. 예를 들어, "게임 시간을 조절하려면 어떤 방법이 좋을까?"라고 물어보세요.
- **규칙 정하기:** 자녀와 함께 게임 시간에 관한 규칙을 정하고, 이를 지키도록 도와주세요. 규칙을 만들 때 자녀의 의견을 반영하면 더욱더 효과적입니다.
- **대화 시간 마련하기:** 매일 시간을 정해, 게임 외의 관심거리를 주제로 삼아 자녀와 자연스럽게 이야기를 나눠 보세요.

부모님을 위한 꿀팁! 이럴 땐 이렇게!

1. 자녀가 게임에 지나치게 몰두한다면 비난보다는 함께 대화를 시도하며 해결 방안을 찾아보세요.
2. 게임 시간 규칙을 정할 때 자녀의 의견을 반영하여 합의점을 찾아 주세요.

3. 게임 대신 몰입할 수 있는 활동을 함께 계획해 보세요. 예를 들어, 스포츠나 미술 활동을 제안해 보세요.
4. 자녀가 사용하는 디지털 기기와 게임 내용을 파악하고, 건전한 콘텐츠를 선택하도록 도와주세요.
5. 가족이 함께 즐길 수 있는 시간을 만들어 게임 외 활동을 제안해 보세요.

인터넷 게임 장애는 예방과 적절한 치료가 가능합니다. 따라서 부모님은 자녀와 열린 마음으로 소통하도록 애써야 함은 물론이고, 자녀가 건전한 디지털 습관을 들일 수 있도록 좋은 가이드 역할을 해 주셔야 합니다.

84

회피적 제한적 음식 섭취 장애: 아이가 음식을 거부하는 이유와 해결책

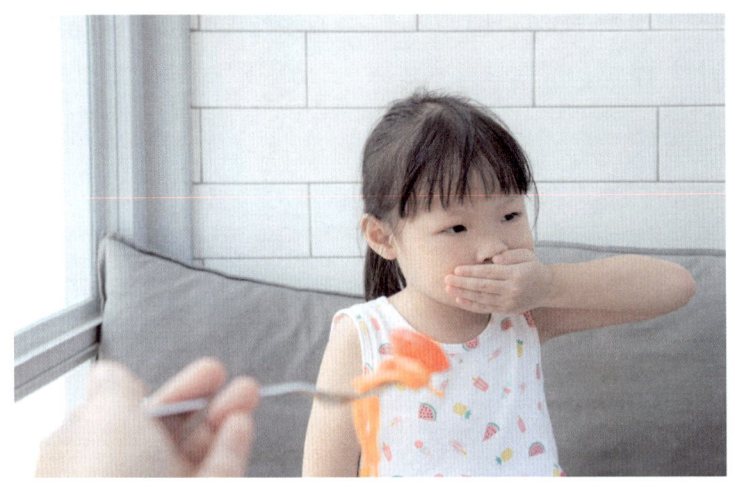

혹시 아이가 특정 음식의 냄새만 맡아도 몸에 소름이 돋거나, 질감 때문에 음식을 먹지 않으려고 하나요? 그렇다면 이것은 특정 음식에 두려움을 느끼거나 심리적 불편함으로 음식을 거부하는 회피적 제한적 음식 섭취 장애Avoidant Restrictive Food Intake Disorder로, 특정 음식에 심리적 불편함을 느끼며 음식을 거부하거나 시도하지 않는 상태를 의미합니다. 이런 상황에서는 전문가와의 상담을 통해 장애 여부를 확인하는 것이 필요합니다.

회피적 제한적 음식 섭취 장애

이 장애는 특정 음식을 향한 강한 거부 반응으로 섭취할 수 있는 음식의 종류가 제한되는 상태를 말합니다. 음식의 맛, 냄새, 질감, 또는 색깔 때문에 불편함을 느껴 음식을 회피할 때가 많고, 시간이 지나면서 필수 영양소가 부족해질 가능성이 커집니다. 이는 체중 감소, 면역력 저하, 성장 지연으로 이어질 수 있습니다. 회피적 제한적 음식 섭취 장애의 증상은 다음과 같습니다.

- 특정 음식만 보면 고개를 돌리거나 거부한다.
- 식사의 다양성이 부족하고, 매일 같은 음식만 먹으려고 한다.
- 음식을 시도조차 하지 않으려고 강하게 고집을 부린다.

예를 들어, 어떤 아이는 브로콜리처럼 질감이 강한 음식을 거부할 수 있습니다. 또 다른 경우로는, 특정 색깔의 음식이나 소리가 나는 음식(예 크래커)을 거부하는 아이도 있습니다. 일부 아이들은 새롭거나 익숙하지 않은 조리법으로 만들어진 음식을 꺼리는 일도 있습니다. 부드러운 음식에서 목이 메는 느낌을 받아 거부하는 예도 있습니다. 이는 단순한 취향의 문제가 아니라 심리적 거부감과 관련이 있습니다. 그리고 발생 원인은 다음과 같이 보고 있습니다.

- **감각 민감성:** 음식의 질감, 맛, 냄새, 색깔에 민감하게 반응합니다.

  예 부드러운 음식(감자 퓨레)만 먹고 단단한 음식은 거부.

- **특정 음식에 지닌 두려움:** 이전에 질식하거나 토한 경험으로 특정 음식을 두려워합니다.

  예 "이 음식을 먹으면 다시 힘들어질 거야."

- **식사에 관한 낮은 관심:** 배고픔을 느끼지 않거나 음식에 흥미를 느끼지 못합니다.

  예 "먹는 게 재미없어."

회피적 제한적 음식 섭취 장애는 아이에게 다음과 같은 영향을 미칠 수 있습니다.
- **영양 부족:** 단백질, 비타민, 미네랄 등이 부족해 성장과 발달에 영향을 줄 수 있습니다.
- **체중 감소 또는 성장 지연:** 나이보다 체중이 적게 나가거나 키가 자라지 않을 수 있습니다.
- **사회적 어려움:** 친구들과의 식사나 가족 식사에서 불편함을 느낍니다.
- **심리적 스트레스:** 부모와의 갈등이나 죄책감 등으로 이어질 수 있습니다.

회피적 제한적 음식 섭취 장애가 의심된다면 다음과 같은 상황을 확인해 보셨으면 합니다.
- 특정 음식을 피하거나 제한된 음식을 먹는 행동이 3개월 이상 지속됩니다.
- 체중 감소, 영양 불균형, 심리적 고통 중 하나 이상의 문제가 발생합니다.
- 다른 정신 질환이나 의학적 상태로 설명되지 않습니다.

이 장애는 주로 6~12세 사이 어린이와 청소년에게서 나타납니다. 연구에 따르면, 6~12세 어린이와 청소년 중 약 3~5%가 이 장애를 겪는 것으로 보고됩니다. 그러나 아이의 음식을 거부하는 이유를 이해하고 전문가와 협력하며 꾸준히 접근하면 증상이 개선될 수 있습니다. 또한, 시간이 지나면서 음식에 품은 두려움이나 거부감이 자연스럽게 줄어들 수 있습니다. 다만 모든 경우가 그렇지는 않으며, 장애가 지속되면 영양 부족과 성장 지연 등 장기적인 문제가 발생할 수 있습니다. 따라서 부모의 꾸준한 관심과 지원 그리고 전문가의 도움을 받는 것이 중요합니다. 물론, 아이가 성장함에 따라 환경 변화와 심리적 안정감이 증상을 완화하는 데 도움이 될 수 있지만, 조기 개입이 가장 효과적입니다.

치료 방법

치료 방법 및 외부 환경에 대처하는 방법도 알아보겠습니다.
- **행동 치료(노출 치료):** 아이가 새로운 음식을 조금씩 시도하도록 돕습니다.
- **심리 치료:** 음식에 품은 두려움이나 스트레스를 줄이고 긍정적인 태도를 형성합니다.
- **영양 상담:** 전문 영양사와 함께 균형 잡힌 식단을 계획합니다.
- **감각 통합 치료 및 놀이 치료:** 아이가 다양한 음식을 시도할 수 있도록 환경을 조성합니다.

학교와 외부 환경에서는 어떻게 대처하면 좋을지 다음 사항들을 잘 살펴보세요.
- **학교와 협력:** 아이의 장애를 학교 선생님과 공유하고 급식 메뉴 조정을 요청하세요. 그게 여의치 않다면, 아이가 편안하게 먹을 수 있는 음식을 제공하거나 대체 음식을 준비해 주세요.
- **또래 친구들과의 상호 작용:** 아이가 다른 친구들과 함께 식사하는 시간을 긍정적으로 느낄 수 있도록 지도해 주세요. 친구들에게 아이의 상황을 적절히 설명하여 이해를 돕는 것도 중요합니다.
- **외부 식사 준비:** 외식을 할 때는 아이가 선호하는 음식을 미리 준비하거나 식당에 요청하여 대체 음식을 제공받을 수 있도록 계획하세요.
- **식사 환경 조정:** 외부에서도 아이가 심리적으로 안정감을 느낄 수 있도록 소음이 적고 편안한 환경을 선택하세요.
- **교사와의 협력:** 아이가 식사 시간에 스트레스를 받지 않도록 교사와 협력해 식사 시간을 조정하거나 개별 지원을 받는 방안을 마련하세요.

부모님을 위한 꿀팁! 이럴 땐 이렇게!

1. 아이가 느끼는 어려움 이해하기: 음식을 어려워하는 이유를 물어보고 공감해 주세요. "이 음식의 어떤 점이 힘들어?"와 같이 질문하며 대화를 시작해 볼 것을 추천합니다.
2. 작은 목표 설정: 한 번에 큰 변화를 기대하기보다 작은 목표를 세우세요.
   예 "오늘 한 입만 맛보자."
3. 긍정적인 환경 조성: 식사 시간을 즐겁게 만들어 주세요. 강요하거나 벌을 주지 않는 것이 중요합니다.
4. 전문가 도움받기: 소아청소년과, 심리 치료 전문가, 소아 영양사와 협력해 맞춤형 치료 계획을 세우세요.
5. 균형 잡힌 영양 보충: 아이가 필요한 영양소를 충분히 섭취하지 못한다면 의사와 상의해 보충제를 고려해 보세요.

회피적 제한적 음식 섭취 장애는 일반적인 편식과는 다릅니다. 편식은 주로 특정 음식 선호도 문제로 발생하지만, 이 장애는 심리적 불편감과 감각 민감성으로 특정 음식을 피하는 특징이 있습니다. 이 문제는 아이의 건강과 성장에 영향을 줄 수 있습니다. 무엇보다도 부모님의 관심과 지지가 아이에게 큰 힘이 됩니다. 전문가와 협력해 건강한 식습관을 만들어 가세요.

85
거식증: 원인, 진단 그리고 해결책

거식증은 극단적인 체중 감량과 음식 섭취 두려움으로 발생하는 심각한 섭식 장애로, 신체적 및 정신적 건강에 중대한 영향을 미칩니다. 이 상태는 심리적, 유전적, 환경적 요인 때문에 복합적으로 나타나며, 조기 진단과 적절한 치료가 회복의 핵심입니다.

거식증(拒食症)

거식증은 의학적으로 신경성 식욕 부진증 Anorexia Nervosa이라고 합니다. 이는 단순한 다이어트 문제가 아니라 체중 감소, 우울증, 불안 등 심리적 문제와 골밀도 감소, 생리 중단 같은 신체적 문제까지 함께 나타나는 섭식 장애입니다. 거식증은 체중 증가의 두려움과 왜곡된 신체 이미지로 음식 섭취를 극도로 제한하는 상태입니다.

거식증의 특징
- 체중이 매우 적게 나가는데도 자신을 뚱뚱하다고 느낍니다.
- 체중 감소를 위해 지나치게 노력합니다.
- 자주 굶거나 소량의 음식만을 먹으며, 지나치게 운동하거나 먹은 사실을 숨기기도 합니다.

거식증 진단 기준

다음과 같은 변화가 보인다면 거식증 가능성을 염두에 두고 주의 깊게 살펴야 합니다.

- **체중 감소:** 또래보다 체중이 적거나 지속적으로 체중을 줄이려는 시도가 보입니다.
- **음식 회피:** 식사 시간에 음식을 먹지 않거나 음식을 거부합니다.
- **신체 이미지 왜곡:** 자기가 뚱뚱하다고 생각하며 체중이 늘어날까 봐 두려워합니다.
- **극단적 행동:** 음식을 먹은 뒤 토하려 하거나 지나치게 운동합니다.
- **정서적 변화:** 우울감, 불안감, 짜증 등의 감정 변화를 자주 보입니다.

거식증이 아이에게 미치는 영향

거식증은 신체적, 정신적, 사회적으로 아이에게 큰 영향을 미칠 수 있습니다.

- **신체적 문제:** 영양 결핍, 면역력 약화, 생리 중단, 탈모, 심혈관 문제.
- **정신적 문제:** 우울증, 불안, 강박증, 자살 충동.
- **사회적 문제:** 가족이나 친구와의 관계 단절, 학교생활의 어려움.

거식증의 원인

거식증은 여러 요인이 복합적으로 작용해 발생합니다. 예를 들어, 낮은 자존감은 완벽주의 성향과 결합해 체중 집착을 강화할 수 있습니다. 또한, 사회적 압박이 심리적 스트레스를 유발하며, 가족력이나 환경적 요인이 이러한 영향을 증폭시킬 수 있습니다.

- **사회적 요인:** 날씬함을 미덕으로 여기는 사회적 압박.
- **심리적 요인:** 낮은 자존감, 완벽주의 성향, 스트레스.

- **유전적 요인:** 가족력이나 유전적 취약성.
- **환경적 요인:** 가족, 친구, 주변 사람들의 비판적인 태도.

> **거식증은 얼마나 흔한가요?**
> 거식증은 전체 인구의 약 0.5~1%에서 나타나는 질환으로, 청소년기와 20대 초반 여성에게 주로 나타납니다. 하지만 남성도 영향을 받을 수 있으며, 보통 13~19세 사이에 발병하는 경우가 많습니다.

거식증 초기 발견의 중요성

초기 발견은 거식증 치료와 회복에 결정적인 역할을 합니다. 초기 단계에서 거식증을 발견하면 심각한 신체적, 정신적 합병증이 발생하기 전에 치료를 시작할 수 있습니다.

만약 발견이 늦어져 거식증이 길게 이어지면, 신체적 손상이 회복 불가능한 수준에 이를 수 있으며, 우울증과 같은 정신적 문제나 심혈관계 합병증 발생 위험이 커질 수 있습니다. 또한, 아이가 느끼는 삶의 질과 가족 관계에도 심각한 영향을 미칠 수 있습니다. 따라서 아이의 체중과 신체 상태를 정기적으로 점검하고, 식사 습관이나 감정 상태의 변화를 주의 깊게 관찰해야 합니다. 필요시 전문가의 도움을 받아 심리 평가나 건강 검진을 시행하세요.

거식증 진단법

거식증은 다음 세 가지 주요 특징을 통해 진단됩니다.
- 체중이 표준보다 15% 이상 낮음.
- 체중 증가에 관한 강한 두려움: 과도한 운동이나 이뇨제 사용.
- 왜곡된 신체 이미지: 자신이 비만이라고 믿음.

거식증 치료

거식증은 전문적인 치료와 가족의 지원을 통해 극복할 수 있습니다. 주요 치료 방법은 다음과 같습니다.

- **심리 치료:** 인지 행동 치료(CBT)를 통해 왜곡된 신체 이미지와 행동을 바로잡습니다.
- **영양 상담:** 적절한 영양 섭취를 도와 체중을 회복하도록 지도합니다.
- **약물 치료:** 필요시 우울증이나 불안을 완화하기 위한 약물 치료를 병행합니다.

거식증 아이를 위한 가족의 역할

거식증 치료 과정에서 가족의 역할은 매우 중요합니다. 아이가 치료에 성공적으로 참여하고 회복할 수 있도록 다음과 같은 방법으로 지원할 수 있습니다.

- **지지적 환경 조성:** 아이가 자신이 사랑받고 이해받고 있다는 느낌을 받을 수 있도록 따뜻하고 지지적인 환경을 제공합니다.
- **감정적 공감:** 아이가 느끼는 두려움과 좌절감을 인정하고 공감하는 자세를 유지하세요.
- **정기적인 대화:** 아이와 정기적으로 대화하며 아이의 생각과 감정을 들어주세요. 비판이나 판단 대신 경청하는 태도가 중요합니다.
- **전문가와 협력:** 치료팀과 긴밀히 협력하여 아이에게 가장 적합한 치료 방법을 지원합니다. 치료 과정 정보를 공유하고 치료사의 조언을 따르세요.
- **가족 내 건강한 습관 실천:** 가족이 함께 건강한 식습관과 생활 방식을 실천하여 긍정적인 모델이 되어 주세요.

> 거식증의 심각성을 알리기 위해 카렌 카펜터^{Karen Carpenter}의 사례가 자주 언급됩니다. 1970년대 듀오 「카펜터스^{The Carpenters}」의 멤버였던 그녀는 거식증으로 건강이 나빠졌고, 1983년 심장 마비로 세상을 떠났습니다. 그녀의 죽음은 거식증에 관한 사회적 관심을 높이는 계기가 되었습니다.

프로아나

프로아나는 거식증^{Anorexia}을 옹호한다는 의미로, '프로^{Pro}'와 '아나^{Anorexia}'의 합성어입니다. 이들은 마른 몸매를 이상으로 여기며 극단적인 다이어트를 지향합니다. 예를 들어, 하루에 500kcal 이하로 음식을 제한하거나 과도한 운동을 통해 체중 증가를 막으려는 행동을 보이기도 합니다. 이러한 행동은 '뼈말라족'이라는 별칭으로 불리며, 국내에서도 거식증과 관련된 문제로 사회적 관심을 끌고 있습니다.

부모님을 위한 꿀팁! 이럴 땐 이렇게!

1. 관심과 대화: 아이의 행동 변화를 민감하게 살피고 비판하지 않아야 합니다. 아이와 열린 대화를 나누세요.
   예 "요즘 네가 식사하는 모습을 보면, 조금 걱정이 돼. 괜찮아?"
2. 전문가에게 도움을 요청: 아이에게 거식증 증상이 나타난다면 소아청소년과, 심리 상담사, 영양사 등 전문가의 도움을 받으세요.
3. 음식과 체중에 관해 비판 자제: 외모나 체중 관련 비판을 피하고 긍정적인 메시지를 전달하세요.
   예 "너의 건강과 행복이 가장 중요해."
4. 건강한 식습관 모델링: 가족 전체가 건강하고 균형 잡힌 식습관을 실천하며 긍정적인 식사 문화를 형성하세요.
5. 지지와 사랑 표현: 아이가 자신의 가치를 느낄 수 있도록 사랑과 지지를 꾸준히 표현하세요.

거식증은 조기 발견과 따뜻한 지원이 회복의 열쇠입니다. 부모님의 세심한 관심과 사랑이 아이에게 다시 건강한 삶을 선물할 수 있습니다.

86

폭식증:
신경성 폭식증과 폭식 장애

폭식증은 섭식 장애 중 하나로, 주로 짧은 시간 동안 많은 양의 음식을 섭취하며 통제력을 잃는 것이 특징입니다. 이는 자녀의 신체적, 정서적 건강에 영향을 미칠 수 있어 부모의 관심이 필요합니다.

폭식증

폭식증은 짧은 시간 동안 많은 양의 음식을 먹고 나서 자책감이나 통제력 상실을 느끼는 섭식 장애입니다. 주로 배가 부른 상태에서도 음식을 멈추지 못하며, 폭식 후에는 죄책감, 우울감, 부끄러움을 느끼는 경우가 많습니다. 예를 들어, '오늘은 더 이상 먹지 말아야지'라고 결심했음에도 지나치게 음식을 많이 섭취한 뒤 후회하는 경우를 들 수 있습니다.

유명인들의 사례

- **다이애나 왕세자비**: 결혼 생활의 스트레스와 압박감으로 신경성 폭식증을 겪었습니다. 그녀는 치료와 가족의 지지가 큰 도움이 되었다고 밝힌 적 있습니다.
- **엘튼 존(Elton John)**: 1970~1980년대에 그는 신경성 폭식증과 싸웠습니다.
- **제인 폰다(Jane Fonda)**: 20대부터 40대까지 신경성 폭식증을 경험하였으며, 이를 공개했습니다.

신경성 폭식증과 폭식 장애

폭식증은 크게 신경성 폭식증과 폭식 장애로 나눌 수 있습니다. 증상은 다음과 같습니다.

- **신경성 폭식증(Bulimia Nervosa)**: 짧은 시간 동안 많은 음식을 섭취한 후 체중 증가를 막으려는 극단적 행동을 반복하는 섭식 장애입니다. 폭식 후 구토, 과도한 운동, 설사제를 사용하는 등의 보상 행동을 보입니다. 체중 집착이 강하고 신체 이미지가 왜곡되어 있습니다. 전체 인구의 약 1~2%에서 발생하며, 주로 여성에게 흔합니다. 주로 15~25세 사이, 특히 18~19세 청소년과 젊은 성인 여성에게 많이 나타납니다.

- **폭식 장애(Binge Eating Disorder)**: 짧은 시간에 지나치게 많은 음식을 먹는 행동이 반복되지만, 체중 증가를 막으려는 행동은 나타나지 않습니다. 폭식 후 죄책감, 부끄러움, 우울감 같은 부정적인 감정을 자주 경험합니다. 전체 인구의 약 2~3.5%에서 발생하며, 남녀 모두에게 영향을 줍니다. 청소년기 후반부터 성인기까지 발생하며, 30~40대에도 자주 나타납니다.

신경성 폭식증	폭식 장애
구토, 설사제 사용, 과도한 운동	없음
정상 체중 또는 저체중 가능	과체중 또는 비만 가능
심한 편	상대적으로 덜 심함
폭식 후 두려움, 죄책감	폭식 후 죄책감, 우울감

우리 아이가 폭식증 판별법

다음과 같은 행동이 반복적으로 나타난다면 폭식증을 의심해 볼 수 있습니다.

- 음식을 숨기거나 몰래 먹습니다.

- 짧은 시간에 많은 음식을 섭취합니다.
- 폭식 후 죄책감이나 우울감이 나타납니다.
- 체중 증가 또는 요요 현상이 나타납니다.
- 온종일 음식을 생각하거나 식사 후에도 또 먹으려 합니다.

폭식증의 원인

폭식증의 원인은 단일하지 않고 다양한 요인이 복합적으로 작용합니다.

- **사회적 요인:** 날씬함을 강조하는 사회적 압박과 외모에 집중된 지나친 관심
- **생리적 요인:** 배고픔을 느끼는 호르몬(렙틴, 그렐린)의 불균형
- **환경적 요인:** 가정 내 음식 문화와 주변 사람들의 영향
- **심리적 요인:** 스트레스, 불안, 우울감 등 감정적 문제

폭식증이 아이에게 미치는 영향
- 신체적 문제: 체중 증가, 비만, 고혈압, 당뇨병
- 정신적 문제: 낮은 자존감, 우울증, 불안증
- 사회적 문제: 친구, 가족과의 관계 단절, 사회적 고립
- 식습관 악화: 규칙적인 식사 패턴의 붕괴와 음식 집착 심화

폭식증 치료

폭식증은 전문적인 치료와 부모님의 따뜻한 지원으로 극복할 수 있습니다. 다음은 치료 방법들입니다.

- **인지 행동 치료:** 아이가 음식을 대하는 생각과 행동을 바꾸는 데 도움을 주는 심리 치료입니다. 전문가와의 상담을 통해 아이가 자기 감정을 이해하고 폭식을 멈추는 방법을 배웁니다.

- **약물 치료:** 필요시 항우울제나 항불안제와 같은 약물을 사용하여 정서적 안정을 돕습니다. 이는 반드시 의사의 처방 하에 이루어져야 합니다.
- **영양 상담:** 균형 잡힌 식습관을 배울 수 있도록 전문가의 도움을 받습니다. 아이가 건강한 방식으로 음식을 대하도록 돕는 중요한 과정입니다.
- **가족 치료:** 가족이 함께 참여하여 폭식증 치료에 협력하는 방법입니다. 아이가 안전하고 지지받는 환경에서 회복할 수 있도록 돕습니다.

아이를 대하는 부모님의 대화법과 태도도 중요합니다. 아이와 효과적인 대화를 하기 위해 다음을 실천해 보세요.

- **비난하지 않고 공감하는 언어:** 예를 들어, "네가 힘들어하는 걸 알고 있어. 우리가 함께 해결 방법을 찾아보자." 같은 말을 해 보세요. 이러한 과정을 통해 아이는 부모에게 더 마음을 열게 됩니다.
- **아이가 안전하다고 느낄 수 있는 환경 조성:** 아이의 감정을 존중하고 편안한 대화를 나눌 수 있는 분위기를 만들어 주세요.
- **긍정적인 변화를 격려:** 아이가 작은 변화를 이루었을 때 이를 칭찬하며 자신감을 북돋아 주세요.

부모님을 위한 꿀팁! 이럴 땐 이렇게!

1. 가족의 따뜻한 지지가 중요합니다. 아이의 이야기를 부정하지 말고 열린 마음으로 들어 주세요.
2. 섭식 장애의 징후를 빠르게 알아차리세요. 자주 구토하거나 음식을 숨기는 행동을 발견하면 전문가의 도움을 받으세요.
3. 소아청소년과, 정신건강의학과, 심리 상담 센터에서 상담을 받아 보세요.
4. 건강한 식사 환경을 만들어 주세요. 가족 모두 균형 잡힌 식사를 함께 하고, 음식을 둘러싼 스트레스를 줄이세요.
5. 아이의 작은 변화를 긍정적으로 격려하세요. 작은 진전이 쌓여 큰 변화로 이어질 수 있

습니다.
6. 함께 운동하거나 놀이를 통해 스트레스를 해소하고 긍정적인 감정을 나누세요.

폭식증은 해결할 수 있는 문제입니다. 부모님의 사랑과 관심, 그리고 전문가의 도움으로 아이는 건강을 회복하고 긍정적인 삶을 살아갈 수 있습니다.

87 뇌성마비

뇌성마비는 주로 태아기나 영유아기에 뇌 손상으로 발생하는 신경학적 장애로, 운동 기능과 근육 조절에 영향을 미칩니다. 조기 진단과 적절한 재활 치료는 아동이 최대한 독립적이고 건강한 삶을 살 수 있도록 돕는 데 핵심적인 역할을 합니다.

뇌성마비

뇌성마비는 태아 또는 유아의 뇌에서 발생하는 비진행성 병변으로 발생합니다. 그 결과, 운동과 자세에 이상이 생길 수 있으며, 이는 활동에 제약을 줄 수 있는 영구적 상태입니다.

주요 증상

- **운동 능력의 문제:** 아이가 몸을 뒤집거나 걷는 데 어려움을 겪을 수 있습니다.
- **근육 긴장도 변화:** 근육이 너무 뻣뻣하거나 지나치게 느슨하게 느껴질 수

있습니다.
- **균형 및 자세 문제:** 서거나 걸을 때 몸의 균형을 잡기 어려울 수 있습니다.
- **언어 또는 학습 장애:** 말을 배우거나 소통하는 데 어려움을 겪을 수 있습니다.
- **발달 지연:** 예상보다 늦게 앉거나 걷는 경우가 흔합니다.
- **근력 약화와 협응 능력 저하:** 작은 물체를 잡거나 세밀한 동작을 수행하는 데 어려움이 있을 수 있습니다.

발생 원인
- **출생 전 원인:** 모체 감염, 약물 또는 알코올 중독, 유전적 요인, 태아의 뇌 허혈 및 뇌출혈 등이 원인이 될 수 있습니다.
- **출생 과정 원인:** 난산, 제대 탈출, 자궁 파열 등이 주요 원인으로 작용할 수 있습니다.
- **출생 후 원인:** 뇌염, 외상, 잦은 경련, 심한 황달 등이 있습니다. 출생 이후 원인은 전체의 약 10%를 차지합니다.

주요 위험 인자
- 조산이나 저체중(1,500g 미만)
- 32~34주 이전 출생
- 뇌출혈(3~4기) 또는 뇌실 주위 백질 연화증

뇌성마비의 진단
- **진단 시점:** 대개 24개월 이전에 운동 발달 지연과 자세 이상이 관찰되면 뇌성마비를 의심해 보아야 합니다.
- **주요 검사:** 뇌 초음파, CT, MRI로 비진행성 뇌 병변을 확인합니다. 뇌 MRI가 정상일 경우 대사 질환 또는 유전성 질환 여부를 검사합니다.

뇌성마비 치료

뇌성마비를 완전히 치료할 수는 없습니다. 그러나 다양한 방법을 통해 증상을 완화하고 삶의 질을 높이는 다양한 방법이 있습니다.

- **물리 치료:** 근육과 관절의 움직임 개선
- **작업 치료:** 일상생활 동작 능력 향상
- **언어 치료:** 의사소통 능력 개선
- **의학적 치료:** 약물이나 수술로 경련 또는 근육 긴장도 조절
- **치료 목표:** 병변 완치보다는 일상생활 능력 향상

발달 단계별 훈련 방법은 다음과 같습니다.

- 목을 가누기, 뒤집기, 앉기, 서기와 걷기 등 발달 단계에 맞는 훈련
- 기립기, 보행기, 지팡이 등 안전한 보조 도구 활용
- 관절 경직 방지를 위한 보조기 사용

가정 내 관리 방법도 점검하세요.

- 아이의 자세와 운동 습관 점검 및 교정
- 적절한 놀이 활동으로 자극 제공(예) 블록 쌓기, 공놀이, 그림 그리기, 퍼즐 맞추기)
- 균형 잡기 놀이나 협응 능력을 키울 수 있는 활동 함께 하기

뇌성마비의 완치 가능성과 예후

뇌성마비를 완전히 치료하기는 어렵습니다. 그러나 일부 가벼운 경우는 성장하면서 증상이 호전될 수 있습니다. 2020년 연구에 따르면, 가벼운 뇌성마비 아동 중 약 2~3%는 성장하며 더 이상 뇌성마비로 진단되지 않는 경우가 있었습니다. 뇌성마비의 예후는 다음과 같습니다.

- **가벼운 경우:** 약 2~3%의 아동이 정상 기능 회복 가능

- **중증의 경우:** 지속적 치료와 관리 필요, 독립적 생활 어려울 수 있음

뇌성마비의 역사적 고찰

뇌성마비는 1861년 영국의 정형외과 의사 윌리엄 존 리틀[William John Little]이 처음 보고했습니다. 그는 난산으로 인한 뇌 손상이 주요 원인이라고 생각했습니다. 그러나 이후 연구를 통해 출생 전 요인이 더 크다는 사실이 밝혀졌습니다.

부모님을 위한 꿀팁! 이럴 땐 이렇게!

1. 조기 진단 놓치지 않기: 아이의 발달이 또래보다 느리다면 소아청소년과 전문의를 찾아가 상담하세요.
2. 가정 내 꾸준한 훈련: 간단한 균형 잡기 놀이나 협응 능력을 기를 수 있는 활동을 함께 해 보세요.
3. 보조 도구 활용: 아이에게 맞는 도구를 사용하면 훈련 효과를 높이는 데 도움이 됩니다.
4. 전문가 도움받기: 재활 치료와 운동 치료는 아이의 기능 개선에 중요합니다.

부모님의 사랑과 꾸준한 관심은 뇌성마비 아동이 자신의 잠재력을 발휘하고 삶의 질을 높이는 데 중요한 기반이 됩니다.

88

뇌실 주위 백질 연화증: 조산아 부모가 알아야 할 사항

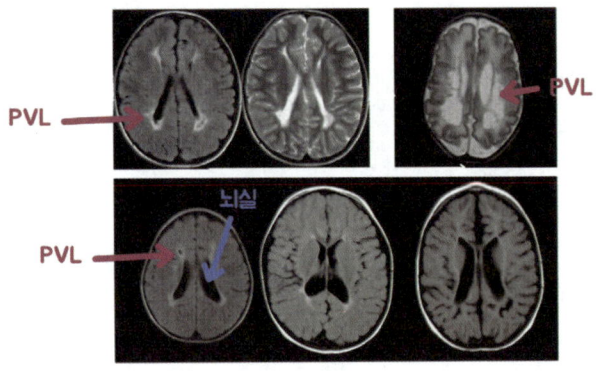

뇌실 주위 백질 연화증$^{\text{Periventricular Leukomalacia, PVL}}$은 조산아에게 나타나는 질환으로, 뇌성마비 발생 가능성과 연관이 있습니다. 이번에는 뇌실 주위 백질 연화증이 무엇인지 알아보겠습니다.

뇌의 백질

뇌는 회백질과 백질로 나뉘며, 뇌의 바깥쪽에 있는 회백질에는 신경 세포체가 밀집되어 있습니다. 반면, 뇌의 안쪽에 있는 백질은 신경 세포의 축삭 돌기가 모여 있는 부분입니다. 이 축삭 돌기는 지방질인 수초로 덮여 있어 하얗게 보이기에 '백질'이라 부릅니다. 이러한 백질은 신경 신호를 빠르고 효율적으로 전달하는 중요한 역할을 합니다.

뇌실 주위 백질 연화증

뇌실 주위 백질 연화증은 아기의 뇌에서 뇌실 주변에 있는 백질이 손상된 상태를 말합니다. 백질은 신경 신호를 전달하는 중요한 역할을 하므로, 이 손상은 운동 및 발달에 영향을 줄 수 있습니다. 뇌실 주위 백질 연화증은 주로 32주 이전에 태어난 조산아나 1,500g 미만의 저출생아에게서 발생합니다.

발생 원인

뇌실 주위 백질 연화증의 주요 원인은 다음과 같습니다.

- **산소 부족**: 조산아의 폐 발달이 미숙할 경우 문제가 발생할 수 있습니다. 또한, 출산 중 태반 기능 저하나 출생 직후 산소 공급 지연도 영향을 미칠 수 있습니다.
- **미숙아 출산**: 32주 이전에 태어난 아기는 뇌가 발달 중이라 손상에 민감합니다.
- **혈류 부족**: 뇌로 가는 혈류가 약해지거나 멈출 때 발생할 수 있습니다.
- **감염**: 태아기나 신생아기의 감염이 뇌에 영향을 줄 수 있습니다.
- **활성 산소 증가**: 산소 부족이나 혈액 공급 감소로 활성 산소가 증가해 신경 세포를 손상할 수 있습니다.

조산아는 활성 산소를 제거하는 효소의 활성도가 낮아 손상 위험이 커질 가능성이 있습니다. 따라서, 산소 공급과 혈압 관리를 통해 손상을 예방하는 것이 중요합니다.

증상

뇌실 주위 백질 연화증의 증상은 아이마다 다르지만, 주로 다음과 같은 영향을 미칠 수 있습니다.

- **운동 발달 지연:** 근육을 움직이거나 조절하는 데 어려움을 겪을 수 있습니다.
- **뇌성마비:** 특히 팔다리의 근육이 뻣뻣해지는 경직형 뇌성마비와 관련이 깊습니다.
- **인지 및 학습 문제:** 학습이나 집중력 유지에 어려움을 겪을 수 있습니다.
- **시력 또는 청력 문제:** 감각 기관에도 영향을 줄 수 있습니다.

진단법
- **MRI 검사:** 뇌 손상의 위치와 정도를 확인하는 데 사용됩니다.
- **발달 평가:** 신체 운동, 언어, 인지 발달 상태를 지속적으로 관찰합니다.

치료 가능성
뇌실 주위 백질 연화증 자체를 완전히 치료하기는 어렵지만, 증상을 관리하고 발달을 지원할 수 있는 다양한 접근법이 있습니다.
- **조기 중재 프로그램:** 운동, 언어, 인지 발달을 자극하는 활동을 포함합니다.
- **물리 치료 및 작업 치료:** 근육과 운동 기능을 개선합니다.
- **약물 치료:** 필요에 따라 경련 조절 등을 위해 약물을 사용합니다.

부모님을 위한 꿀팁! 이럴 땐 이렇게!

1. 조산아의 경우, 집에서도 체온, 호흡, 활동 상태를 꼼꼼히 관찰하며 이상 징후가 있으면 소아청소년과에 즉시 방문하세요.
2. 정기적인 발달 평가를 통해 아이의 운동, 인지 발달을 점검하고 필요시 전문가와 상담하세요.
3. 감염 예방을 위해 아이의 위생 관리에 신경 쓰고, 주변 환경을 청결하게 유지하세요.
4. 아이의 발달을 자극할 수 있는 놀이와 상호 작용을 꾸준히 시도하여, 긍정적인 환경을 만들어 주세요.

조기 발견과 적절한 관리가 동반된다면, 아이가 뇌실 주위 백질 연화증을 가지고 있어도 운동 능력과 인지 발달 향상을 도모할 수 있습니다. 그러니 부모님의 세심한 관심과 사랑이 무엇보다 중요합니다!

89  보바스 치료법

보바스 치료법은 뇌성마비, 뇌 손상 또는 신경계 문제로 움직임과 자세에 어려움을 겪는 아이들을 돕는 재활 치료법입니다. 이 치료법은 아이가 자연스럽고 효율적인 움직임을 배우고 자세를 개선하도록 돕습니다. 신경 발달 치료법Neurodevelopmental Treatment, NDT으로도 알려져 있습니다.

보바스 치료법의 원리

이 치료법은 뇌 가소성neuroplasticity, 즉 뇌가 자신을 재구성하는 능력을 기반으로 합니다. 치료 과정에서 치료사는 잘못된 움직임 패턴을 줄이고, 적절한 움직임을 반복적으로 연습하도록 돕습니다. 이를 통해 뇌는 새로운 움직임 패턴을 학습하고, 서서히 더 나은 운동 능력을 갖추게 됩니다. 이 치료는 아이의 상태와 발달 단계에 맞춰 진행하며, 치료사가 도와주는 주요 활동은 다음과 같습니다.

- **근육 조절 및 균형 잡기:** 뻣뻣하거나 느슨한 근육의 긴장을 줄이고 자연스러운 움직임과 균형을 유도합니다. 예를 들어, 경직된 다리를 부드럽게 움직이거나 의자에서 일어나기 연습을 할 수 있습니다.
- **일상생활 활동 지원:** 먹기, 손 씻기 등 기본적인 동작을 개선합니다. 예를 들어, 숟가락 사용을 연습하여 독립성을 높일 수 있습니다.

보바스 치료는 조기에 시작할수록 더 효과적입니다. 뇌 가소성이 높은 영유아 시기에 치료를 시작하면, 잘못된 움직임 패턴이 굳기 전에 개선할 가능성이 커지기 때문입니다. 따라서 아이가 뇌성마비나 신경계 문제로 진단받았다면, 가능한 한 빨리 전문가의 평가를 받아 적합한 치료를 시작하는 것이 좋습니다.

치료 원칙
- **발달 단계에 따른 접근:** 아이의 현재 발달 수준에 맞춰 계획을 세웁니다.
- **비정상적인 움직임 수정:** 근육 긴장도와 운동 패턴을 조정해 효과적인 움직임을 도모합니다.
- **자세와 균형 향상:** 올바른 자세와 균형 유지에 초점을 맞춥니다.
- **기능적 활동 중심:** 일상생활에서 필요한 기본 기능을 향상합니다.
- **감각 자극 활용:** 촉각 및 감각 자극을 통해 신경계 발달을 돕습니다.
  - 예) 부드러운 공으로 몸 만지기 연습

보바스 치료의 효과와 역사

보바스 치료법은 아이의 걷기와 움직임을 자연스럽게 하고 근육 긴장도를 조절하며, 스스로 활동할 수 있는 능력을 키우는 데 도움을 줍니다. 효과는 아이마다 다를 수 있으며, 꾸준한 치료와 가정 연습이 필수적입니다. 특히 치료사의 가이드라인을 잘 따라야 성공적인 결과를 얻을 가능성이 큽니다.

보바스 치료법은 독일 출신의 물리 치료사 베르타 보바스와 의사인 남편 칼 보바스가 개발했습니다. 그리고 나치 정권을 피해 영국으로 이주한 후로 그 치료법을 한층 더 발전시켰습니다. 초기에는 반사 억제를 중심으로 접근했으나, 이후 아이들의 능동적 참여와 실생활에 바로 적용 가능한 훈련을 강조하는 방향으로 발전했습니다. 이러한 변화는 아동의 자율성과 기능적 능력을 우선시하는 데 이바지했습니다.

부모님을 위한 꿀팁! 이럴 땐 이렇게!

1. 아동의 상태에 맞춘 선택: 다양한 치료법 중 아동의 상태와 필요에 가장 적합한 것을 선택하세요.
2. 치료사의 전문성을 신뢰: 믿을 수 있는 치료사와 함께 꾸준히 계획을 실행하세요.
3. 가정에서의 연습: 치료사의 조언에 따라 일상에서 치료를 이어 가세요. 예를 들어, 손 움직임 연습을 식사 전에 반복하거나, 장난감을 이용해 균형 잡기 연습을 해 보는 것도 좋습니다.
4. 긍정적인 마음가짐: 작은 변화도 격려하고 응원하세요. 아이가 새로운 동작에 성공하면 "잘했어!"라고 칭찬해 주는 습관을 들이세요.

보바스 치료는 꾸준함과 협력을 통해 효과를 높일 수 있습니다. 아이와 함께하는 시간을 소중히 여기며, 긍정적 변화를 만들어 가세요!

성인 뇌성마비 환자의 건강 관리

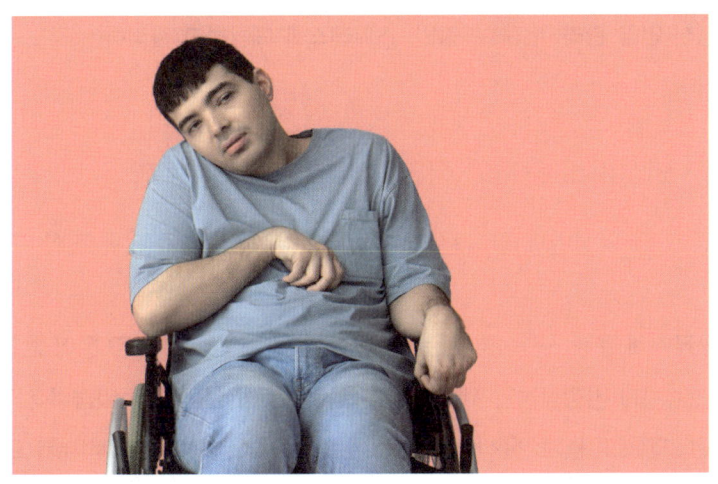

뇌성마비는 운동과 자세에 영향을 미치는 신경학적 장애로, 출생 전후의 뇌 손상이 원인입니다. 조산, 저산소 혈증, 뇌출혈 같은 문제가 주요 원인으로 꼽힙니다. 초기 증상으로는 근육의 긴장도 이상, 비정상적인 움직임 패턴, 발달 지연 등이 있습니다. 기대했던 시기에 앉거나 걷지 못하는 경우가 이에 해당합니다. 성인 뇌성마비 환자들은 건강 문제와 생활상의 도전에 직면합니다. 그러니 이 문제를 이해하고 적절히 관리하는 방법을 찾는 것이 중요합니다. 약 1,000명 중 1.5~2명이 뇌성마비를 가지고 태어나며, 이 중 약 80~90%는 성인이 됩니다. 이는 의료 기술 발전과 적절한 관리로 생존율이 향상된 결과입니다.

성인이 된 뇌성마비 환자에게 중요한 건강 관리 요소

성인이 된 뇌성마비 환자는 다음과 같은 관리를 지속적으로 해 주어야 합니다.

- **운동 기능 유지:** 성인 뇌성마비 환자는 근육과 관절이 약해지기 쉽습니다. 그 때문에 꾸준한 운동과 물리 치료가 필요합니다.
- **만성 질환 예방:** 심혈관 질환, 비만, 당뇨병 같은 만성 질환이 발생할 가능성이 있으므로, 식단 관리와 정기적인 건강 검진이 중요합니다.
- **정신 건강 관리:** 우울증, 불안, 스트레스를 예방하고 관리하는 것도 필수입니다.

성인 뇌성마비 환자가 직면할 수 있는 건강 문제

성인이 된 뇌성마비 환자는 아래와 같은 건강상의 문제를 접할 수 있습니다.

- **근골격계 문제:** 근육 경직, 관절 통증, 관절염, 척추 측만증 등이 흔합니다. 오랜 시간 비정상적인 자세를 유지하면 통증이 심해질 수 있습니다.
- **에너지 소모 증가:** 움직임에 더 많은 에너지가 필요해 쉽게 피로를 느낄 수 있습니다.
- **소화 및 배뇨 문제:** 변비와 배뇨 문제는 성인 뇌성마비 환자에게 흔히 나타납니다. 이를 완화하려면 섬유질이 풍부한 음식과 충분한 수분 섭취가 중요합니다. 또한, 규칙적인 운동이 소화기 기능을 개선하는 데 도움을 줄 수 있습니다. 배뇨 문제는 전문의 상담을 통해 적절한 약물 치료나 재활 치료를 받을 수 있습니다.
- **심리적 어려움:** 독립성 부족, 사회적 고립, 불안, 우울증 등이 생길 수 있습니다. 이를 해결하기 위해 정기적인 심리 상담을 받거나 명상 같은 스트레스 관리 활동을 실천할 수 있습니다. 지역 커뮤니티 활동이나 자조 모임에 참여하면 사회적 고립을 완화하는 데도 큰 도움이 됩니다. 장애인 지원 단

체에서 제공하는 워크숍이나 행사에 참석하면 새로운 관계를 맺을 기회를 가질 수 있습니다.

자주 받는 질문과 답변

Q: 나이가 들수록 뇌성마비 증상이 악화하나요?

A: 뇌성마비 자체는 진행성 질환이 아니지만, 시간이 지나면서 근육과 관절 문제로 증상이 심해질 수 있습니다. 규칙적인 스트레칭과 근력 운동은 관절과 근육의 유연성을 유지하고, 물리 치료는 자세를 교정하며 통증을 완화하는 데 유용합니다.

Q: 독립적으로 생활할 수 있을까요?

A: 적절한 지원과 훈련을 통해 많은 성인 뇌성마비 환자들이 독립적으로 생활하거나 직업을 가질 수 있습니다. 예를 들어, 맞춤형 직업 재활 프로그램을 통해 컴퓨터 작업을 배우거나, 지역 사회에서 제공하는 워크숍에 참여해 공예 기술을 익히는 사례가 있습니다.

Q: 사회적으로 고립되지 않도록 하려면 어떻게 해야 하나요?

A: 지역 커뮤니티 활동, 동호회, 자원봉사 등의 참여를 장려하세요. 온라인 커뮤니티에서도 도움을 받을 수 있습니다.

환자와 가족이 알아야 할 관리법

환자와 가족이 알아야 할 관리법은 다음과 같습니다.
- **운동과 재활 치료:** 유연성을 유지하고 근력을 강화하며, 관절의 통증을 줄이는 데 도움이 되는 규칙적인 운동이 필수입니다. 걷기, 수영, 스트레칭 같

은 저충격 운동을 추천합니다. 물리 치료와 작업 치료를 통해 자세를 바르게 교정하고, 균형을 잡는 기능이 떨어지지 않도록 해야 합니다. 또한 근육이 경직되지 않도록 꾸준히 관리해 주어야 합니다.

- **건강한 식습관:** 균형 잡힌 식단은 비만과 영양 불균형을 예방합니다. 예를 들어, 아침에는 오트밀과 과일, 점심에는 닭가슴살 샐러드, 저녁에는 통곡물 밥과 생선을 곁들인 식사를 추천합니다. 삼키는 데 어려움이 있다면 부드러운 음식이나 영양 보조제를 사용하세요.
- **정기적인 건강 검진:** 골밀도 검사로 뼈 건강을 확인하세요. 심혈관 건강을 점검하며 혈압, 콜레스테롤, 심장 건강을 모니터링하세요. 소화기 건강 검사를 통해 변비나 위장 문제도 예방하세요.
- **정신 건강 지원:** 우울감이나 스트레스가 있다면 심리 상담을 받는 것이 좋습니다. 지역 사회 지원 그룹이나 자조 모임에 참여하면 사회적 관계를 형성하는 데 도움이 됩니다.
- **적절한 보조 기구 활용:** 휠체어나 보조 기구는 독립성과 이동성을 높여 줍니다. 또한 집 안을 장애 친화적으로 개조하면 생활 편의성이 크게 향상됩니다. 지역 복지관에서 제공하는 주거 개선 프로그램이나 정부 지원 보조금을 활용하면 개조 비용을 줄일 수 있으니 참고하세요. 문턱 낮추기, 미닫이문 설치, 욕실 안전 손잡이 추가, 주방 조리대 낮추기 등이 효과적입니다.

의료 관리 및 지원

성인 뇌성마비 환자의 건강 관리에는 다학문적 접근이 필요합니다. 주요 관리 방법은 다음과 같습니다.

- **정기적인 의료 검진:** 재활의학과를 포함한 여러 진료과의 협력을 통해 신체 상태를 주기적으로 확인합니다.
- **물리 치료:** 근력을 강화하고 유연성을 향상하며 통증을 줄이는 데 도움을

줍니다.
- **작업 치료**: 생활 환경을 개선하여 독립성을 키우고 삶의 질을 높이는 데 이바지합니다.
- **통증 관리**: 약물 치료, 물리 치료를 진행합니다. 때에 따라 외과적 개입이 필요할 수 있습니다.

부모님을 위한 꿀팁! 이럴 땐 이렇게!

1. 정기적인 건강 검진은 중요합니다. 전문의와 상의하며 꾸준히 관리하는 습관을 지니세요. 작은 통증이라도 적절한 치료를 받으면 삶의 질을 개선할 수 있습니다.
2. 가족이나 친구와 함께 운동 계획을 세워 건강을 유지하세요.
3. 지역 사회의 지원 그룹이나 상담 프로그램을 활용하여 도움을 받는 것도 좋습니다.
4. 장애인 복지 관련 정보를 꾸준히 업데이트하고, 필요한 지원을 놓치지 마세요. 정보는 지역 사회 복지관, 정부의 장애인 복지 포털, 또는 보건복지부 웹사이트에서 확인할 수 있습니다.

성인이 된 뇌성마비 환자는 가족의 지지와 격려가 필요합니다. 그러나 지나치게 의존적이지 않도록 독립성을 키워 주는 것이 중요합니다. 작은 성취도 칭찬하며 긍정적인 태도를 유지하세요.

91 다운 증후군

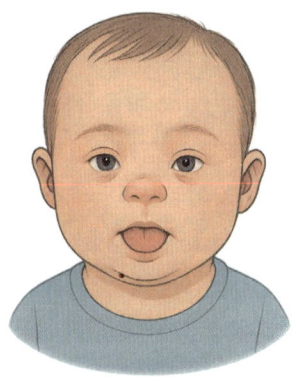

다운 증후군^{Down syndrome}은 21번 염색체가 추가로 존재하는 유전적 상태로, 신체적 특징과 지적 발달에 영향을 미치는 가장 흔한 염색체 이상 중 하나입니다. 이 상태는 개인마다 다양하게 나타나며, 적절한 의료적 관리와 조기 중재를 통해 건강하고 만족스러운 삶을 영위할 수 있습니다.

다운 증후군

다운 증후군은 유전자 돌연변이로 발생하는 상태로, 대부분 21번 염색체가 하나 더 있는 상태입니다. 이에 따라 총 47개의 염색체를 갖게 되며, 신체적 및 지적 발달에 영향을 미칠 수 있습니다. 하지만 아이마다 고유한 특성이 있습니다.

1866년, 영국 의사 존 다운^{John Langdon Down}은 지적 장애 아동들의 얼굴 특징을 관찰하며 이를 '몽골형'으로 묘사했습니다. 동양인과는 무관한 외모적 특징을 동양인에게 결부시킨 인종 차별적 표현이기 때문에 현재는 쓰이지 않습니다. 대신 '다운 증후군'이라는 명칭이 널리 사용되고 있습니다.

발생 원인

다운 증후군은 유전적 요인으로 발생하며, 부모의 행동이나 환경이 직접적인 원인은 아닙니다. 35세 이상 산모는 약 350분의 1로, 45세 이상 산모는 약 20분의 1 확률로 다운 증후군이 발생할 수 있습니다.

35세 이상 산모가 다운 증후군을 가진 아이를 출산할 가능성이 더 커지는 이유는 고령 산모 난자에서 염색체 비분리 현상이 발생할 확률이 높아지기 때문입니다. 난자의 분열 과정에서 염색체가 올바르게 분리되지 않으면, 21번 염색체가 하나 더 포함된 난자가 형성될 수 있습니다. 이러한 비분리 현상은 나이가 많아질수록 증가하는 경향이 있습니다. 그래서 고령 산모가 다운 증후군 아이를 출산할 가능성 또한 커지는 것입니다. 그렇지만 다운 증후군은 젊은 부모에게도 발생할 가능성이 있습니다. 이는 염색체 비분리가 반드시 나이와만 연관된 것이 아니라, 유전적 또는 환경적 요인도 영향을 미칠 수 있기 때문입니다. 전체 다운 증후군 사례 중 대부분은 젊은 산모에게서 발생하는데, 이는 젊은 산모가 출산하는 전체 출생아 수가 더 많기 때문입니다.

다운 증후군 진단 과정과 방법

- **산전 진단 검사**: 비침습적 산전 검사(Non-Invasive Prenatal Testing, NIPT)는 임산부의 혈액을 채취해 태아의 DNA를 분석하여 다운 증후군을 포함한 염색체 이상을 선별합니다. 이 방법은 안전하고 간단하며 침습적 절차가 필요하지 않습니다.
- **양수 검사**: 임신 중 양수를 채취하여 태아의 염색체를 직접 분석하는 방법으로 정확도가 높습니다.
- **융모막 검사**: 태반의 융모 조직을 채취하여 염색체 이상 여부를 확인하는 방법으로, 임신 초기(10~13주)에 시행됩니다.

앞서 언급한 검사 외 출산 후에 진행할 수 있는 검사도 있습니다.

- **신체적 징후:** 납작한 얼굴, 작은 코, 짧은 손가락 등 다운 증후군의 특징적인 신체적 징후를 바탕으로 의사가 초기 진단을 할 수 있습니다.
- **염색체 검사:** 아이의 혈액을 채취하여 염색체 분석을 통해 다운 증후군 여부를 최종적으로 확인합니다.

유형별 다운 증후군

다운 증후군의 유형을 이해하면 아이들에게 적합한 지원과 치료 계획을 세우는 데 도움이 됩니다.

- **삼염색체성 다운 증후군:** 전체 다운 증후군의 약 95%를 차지하며, 21번 염색체가 3개 존재합니다. 주로 감수 분열 오류로 발생합니다. 이는 가장 흔한 유형으로, 조기 검진을 통해 확인할 필요성이 있습니다.
- **전위형 다운 증후군:** 21번 염색체가 다른 염색체와 결합하여 발생하며, 약 4%를 차지합니다. 부모 중 한 명이 전위형 염색체(균형 전위)를 보유하고 있는 경우, 자녀에게 유전될 가능성이 있으므로 부모의 염색체 검사가 중요합니다.
- **모자이크형 다운 증후군:** 일부 세포만 21번 염색체가 3개인 상태로, 약 1~2%를 차지하며 증상이 비교적 가벼울 수 있습니다. 초기 진단이 어려울 수 있으므로 세심한 관찰이 필요합니다.

> **왜 다운 증후군은 흔할까요?**
> 21번 염색체는 인간 염색체 중 가장 작아 생존 가능성이 큽니다. 크기가 작아 필수적인 유전자 정보의 중복으로 나타나는 치명적 영향을 상대적으로 덜 받기 때문입니다. 이는 다른 큰 염색체의 삼염색체증보다 생존 가능성이 커지는 요인이 됩니다.

다운 증후군에서 지적 장애가 생기는 원인

지적 장애는 특정 유전자들의 과잉 발현이 뇌 발달에 영향을 미치기 때문에 발생합니다.

- **DYRK1A 유전자:** 신경 발달에 중요한 역할을 하며, 과잉 발현 시 뇌세포의 신호 전달이 비효율적이거나 방해를 받을 수 있습니다.
- **DSCAM 유전자:** 신경 세포 간의 연결을 조절하며, 지나치게 발현되면 신경망의 형성 및 작동이 비정상적으로 이루어질 수 있습니다.
- **APP 유전자(Amyloid Precursor Protein gene):** 알츠하이머병과 연관된 단백질을 생성하며, 다운 증후군 환자에게서 조기 치매와 관련된 신경학적 문제를 일으킬 수 있습니다. 이에 따라 다운 증후군 환자는 30대 초반부터 치매 증상이 나타날 수 있습니다.

증상

신체적 특징

- 납작한 얼굴과 작은 코
- 작은 손발과 짧은 손가락
- 한쪽 손바닥에 한 줄 주름

발달적 특징

- **지적 발달 지연:** 학습 능력이 느립니다.
- **언어 발달 지연:** 말하기와 표현 능력이 늦게 발달합니다.
- **운동 발달 지연:** 앉거나 걷는 기본 동작을 배우는 데 더 긴 시간이 걸립니다.

건강 문제

- **심장 문제:** 선천성 심장병이 흔하며, 수술로 치료할 수 있습니다.
- **호흡기와 면역 체계 약화:** 감염에 취약할 수 있습니다.

- 소화 문제: 장 폐쇄증, 변비 등이 나타날 수 있습니다.
- 갑상샘 문제: 갑상샘 기능 저하증이 발생할 수 있습니다.
- 시력과 청력 문제: 정기 검진이 필요합니다.

다운 증후군 아이의 미래

다운 증후군이 있는 많은 사람이 학교에 다니고, 일하며, 독립적으로 생활하고 있습니다. 또한 조기 개입 프로그램과 적절한 지원을 통해 삶의 질을 향상할 수 있습니다. 예술, 스포츠 등 다양한 분야에서 재능을 발휘하는 사례도 종종 있습니다.

부모님을 위한 꿀팁! 이럴 땐 이렇게!

1. 임신 중 염색체 검사: 산모의 나이가 많을수록 뱃속 아기에게 다운 증후군이 발생할 위험이 커지므로, 염색체 검사(NIPT, 양수 검사 등)를 통해 조기에 확인하세요.
2. 조기 개입 프로그램 활용: 언어, 운동, 사회적 기술 발달을 지원하기 위해 물리 치료, 언어 치료, 작업 치료 등을 활용하세요.
3. 가족 지원 네트워크 만들기: 다른 부모들과 정보와 경험을 공유하세요. 지역 커뮤니티나 온라인 그룹도 좋은 선택입니다.

다운 증후군 아이는 세상과 함께 아름답게 성장할 수 있습니다. 부모님의 따뜻한 관심과 응원이 아이의 가능성을 크게 키워 줄 것입니다.

92
터너 증후군

혹시 딸아이의 키가 또래보다 작고 사춘기가 늦게 시작된다면, 터너 증후군Turner syndrome을 의심해 볼 필요가 있습니다. 이런 경우, 반드시 전문의에게 상담을 받아 보세요.

터너 증후군

터너 증후군은 X 염색체 하나가 부족하여 키가 작고 사춘기 발달이 늦는 질환입니다. 그리고 여성에서만 발생하는 희귀 질환입니다. 1938년, 미국의 의사 헨리 터너Henry Hubert Turner가 터너 증후군을 처음 보고했으며, 이후 1959년에 X 염색체 결손이 원인임이 밝혀졌습니다. 터너 증후군은 대부분 임신 초기에 유산됩니다. 생존하여 출생하는 경우는 약 2,500명 중 1명으로 드물게 나타납니다.

원인

터너 증후군은 X 염색체가 결손되어 발생합니다. 우리 몸의 유전 정보는 23개의 긴 DNA 가닥, 즉 염색체에 저장되어 있습니다. 염색체는 쌍으로 존재하며 부모에게 하나씩 받습니다. 23개의 염색체 중 22개는 쌍으로 존재하지만, 성염색체(X와 Y)는 다릅니다. 남성은 XY, 여성은 XX 염색체를 가지며, X 염색체는 약 800개의 유전자를 포함하는 중요한 염색체입니다.

정상 여성은 두 개의 X 염색체를 가지지만, 태아기 동안 한 개의 X 염색체는 비활성화됩니다. 그러나 터너 증후군에서는 2개 있어야 할 X 염색체가 하나만 존재합니다.

비활성화된 X 염색체에도 100여 개의 유전자는 활성 상태로 남아 기능합니다. 그러나 터너 증후군에서는 이러한 100여 개의 유전자가 하나만 존재하여 다양한 증상이 나타납니다.

특히 SHOX$^{short\ stature\ homeobox}$ 유전자는 성장과 뼈 발달에 중요한 역할을 합니다. 이 유전자는 비활성화되지 않는 100여 개의 유전자 중 하나로, 정상적으로 두 개가 작동해야 합니다. 그러나 터너 증후군 여성은 이 유전자를 하나만 가지고 있어 성장 및 뼈 발달에 문제가 생깁니다. 해당 질환을 앓는 여성의 평균 키는 약 143cm로 단신에 속합니다.

터너 증후군 진단 시기의 중요성

터너 증후군은 가능한 한 빨리 진단하는 것이 중요합니다. 그래야 적절한 치료를 통해 아이의 키 성장을 최대화하고, 사춘기 발달을 돕는 호르몬 치료를 제때 시작할 수 있습니다. 또한, 심장, 신장, 내분비 질환과 같은 동반 질환을 조기에 발견하여 예방하거나 관리함으로써 전반적인 건강 상태를 개선해 주어야 합니다. 조기 치료를 시작하면, 아이와 가족이 터너 증후군과 관련된 정보와 지원을 더 일찍 받을 수 있는 것도 큰 장점입니다.

증상

아이마다 증상이 다를 수 있지만, 대표적으로 다음과 같은 특징이 있습니다.

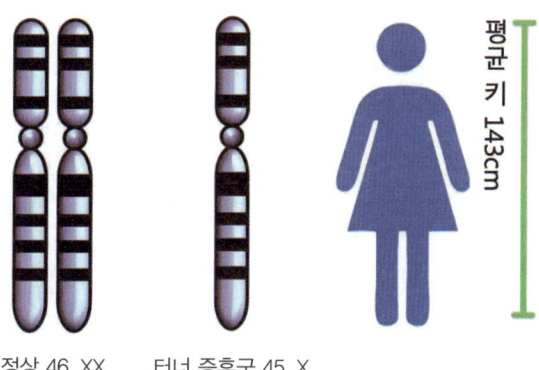

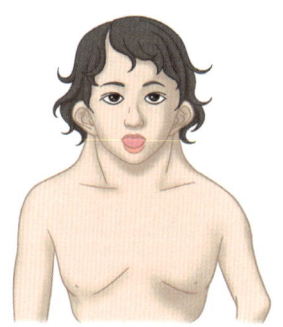
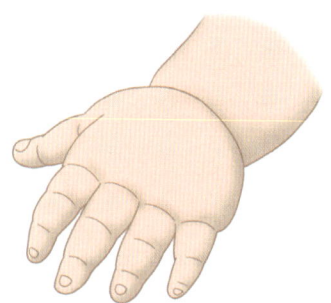

정상 46, XX   터너 증후군 45, X

신체적 특징

- 또래보다 작은 키(성인 평균 키 약 143cm)
- 목덜미 쪽의 날개 모양 피부 주름
- 손과 발의 부종(특히 신생아 시기에 흔함)
- 가슴이 넓고 젖꼭지 간격이 넓음
- 림프계 이상으로 신생아의 손, 발등, 목덜미에 부종 발생
- 목이 두껍고 짧으며, 갈퀴 모양 피부 주름이 나타남
- 팔이 'L' 자 형태로 꺾임

발달적 특징

- 난소 기능 저하로 사춘기가 지연되거나 나타나지 않을 수 있습니다.
- 생리 시작이 늦거나 없을 수 있으며, 자연 임신이 어렵습니다.
- 거의 모든 환자에게 성선 기능 저하증이 나타납니다.
- 조기 난소 부전증으로 무월경 및 불임이 발생합니다.
- 자연 임신 비율 2% 미만, 유산 및 기형 발생 위험성이 커집니다.

건강 문제

- **심장:** 대동맥 협착, 2엽성 대동맥판, 대동맥 박리 등
- **신장:** 다양한 형태의 콩팥 기형
- **내분비:** 당뇨병, 갑상샘 기능 이상, 골다공증
- **심혈관:** 부정맥, 고혈압, 뇌졸중 등 위험 증가
- **피부:** 점이 많음
- **간:** 간 기능 이상
- **청력:** 난청 또는 잦은 중이염

진단법

- **염색체 검사:** 혈액 샘플을 채취해 X 염색체의 이상 여부를 확인합니다. 이를 통해 X 염색체의 완전 결손, 부분적 결손 또는 형태 이상을 확인할 수 있습니다. 모든 세포의 X 염색체가 하나일 수도 있고, 일부 세포만 X 염색체가 하나인 섞임증^{mosaicism} 터너 증후군도 있습니다.
- **마이크로 어레이 검사:** 염색체 이상이 미세하거나, 보다 정밀한 유전자 분석이 필요한 경우에 시행합니다.

치료 가능 여부

터너 증후군의 원인은 염색체 이상입니다. 따라서 이를 근본적으로 치료하는 방법은 현재 존재하지 않습니다. 그러나 증상 관리와 합병증 예방을 통해 삶의 질을 개선할 수 있습니다.

- **성장 호르몬 치료:** 평균 4~6세에 시작하며, 성장판이 닫힐 때까지 진행됩니다. 이 치료는 키 성장을 돕는 데 효과적이지만, 주사 치료로 아이가 불편함을 느낄 수 있습니다.
- **에스트로겐 치료:** 사춘기 발달을 돕기 위해 12~14세경에 시작합니다. 이는 이차 성징 발달과 생리 유도에 도움을 주지만, 정기적인 모니터링을 장기적으로 진행해야 합니다.
- **심장 및 기타 건강 관리:** 심장, 신장, 갑상샘 등 동반 질환의 정기 점검과 관리가 필요합니다.

자주 받는 질문과 답변

Q: 아이가 또래보다 키가 작으면 터너 증후군일까요?
A: 키가 작은 것만으로 터너 증후군이라고 단정할 수 없습니다. 성장 속도와 기타 특징(예: 사춘기 지연, 외형적 특징 등)을 종합적으로 고려해야 합니다.

Q: 터너 증후군 아이도 직업을 가질 수 있나요?
A: 터너 증후군이 있는 많은 여성이 학교를 졸업하고 직업을 가지며 의미 있는 삶을 살고 있습니다. 예를 들어, 한 여성은 예술 분야에서 그림 전시회를 열며 창의성을 발휘했고, 또 다른 여성은 의료계에서 간호사로 일하며 환자를 돌보고 있습니다. 이러한 다양한 사례들은 터너 증후군이 있는 여성들도 각자의 역량을 발휘하며 의미 있는 삶을 살 수 있음을 보여 줍니다.

Q: 터너 증후군은 유전됩니까?

A: 대부분은 유전되지 않습니다. 터너 증후군은 자연 발생적인 염색체 이상에서 비롯됩니다.

Q: 터너 증후군 아이의 미래는 어떨까요?

A: 터너 증후군이 있는 아이들은 적절한 치료와 지원을 통해 건강하고 만족스러운 삶을 살 수 있습니다. 대부분의 여성은 임신이 어렵지만, 난자 기증과 같은 보조 생식 기술을 통해 출산이 가능합니다. 이러한 방법은 의료 기술의 발전으로 점점 더 많은 사례에서 성공을 거두고 있습니다. 예를 들어, 의료 기술의 발전으로 보조 생식 기술을 통해 성공적으로 임신과 출산을 한 사례도 보고되고 있습니다. 또한 의료 기술과 조기 개입을 통해 건강한 성인으로 성장할 수 있도록 다양한 지원을 받을 수 있습니다.

부모님을 위한 꿀팁! 이럴 땐 이렇게!

1. 딸의 키가 또래보다 3~4cm 이상 작거나 사춘기가 지연된다면 소아청소년과에 방문하세요. 성장 기록, 가족력, 과거 병력을 미리 준비하면 진단에 도움이 됩니다. 예를 들어, 아이의 키와 몸무게 변화를 기록한 성장 차트, 부모와 형제의 키 정보, 그리고 아이의 병력이나 수술 경험을 정리하면 의료진이 더 정확한 진단을 내리는 데 큰 도움이 됩니다.
2. 염색체 검사가 필요할 수 있으니, 전문의와 상담하세요. 성장 호르몬 치료나 여성 호르몬 치료는 적절한 시기에 시작해야 효과가 큽니다.

터너 증후군이 있는 아이들은 적절한 지원을 통해 건강하고 행복한 삶을 살 수 있습니다. 부모님의 따뜻한 관심과 격려는 아이의 성장과 발달에 가장 큰 힘이 됩니다!

클라인펠터 증후군: 키가 크고 마른 아들에게 여성형 유방이 나타난다면?

정상 남성 XY

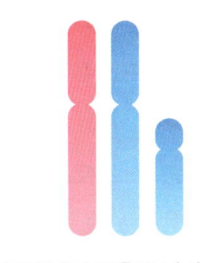
클라인펠터 증후군 남성 XXY

클라인펠터 증후군Klinefelter syndrome은 남성이 추가적인 X 염색체(47, XXY)를 가지는 성염색체 이상 질환입니다. 남성 성선 기능 저하증의 가장 흔한 원인 중 하나로, 남아 650명당 1명꼴로 발생합니다.

발생 원인

클라인펠터 증후군의 주요 원인은 성염색체 비분리 현상입니다. 이는 정자 또는 난자 형성 시 발생하며, 대부분(80~90%)은 47, XXY 핵형을 가집니다. 또한 일부(10~20%)는 46, XY/ 47, XXY와 같은 모자이크형을 보일 수도 있습니다. 고령 산모의 아이일 때 클라인펠터 증후군 발생 위험이 커지며, 이는 난자 형성 과정에서 염색체 비분리가 늘어나기 때문입니다.

증상

클라인펠터 증후군의 주요 증상은 다음과 같습니다.

- **성선 기능 저하:** 고환에서 정자가 거의 생성되지 않습니다. 그 때문에 테스토스테론 생성이 감소합니다. 추가적인 X 염색체가 성선 자극 호르몬(FSH, LH)의 과분비를 초래해 고환 기능 저하를 유발하기 때문입니다.
- **이차 성징 지연:** 테스토스테론 부족으로 이차 성징(근육 발달, 체모 성장, 목소리 변화 등)이 미약하게 나타날 수 있습니다.
- **고환 크기 감소:** 고환 위축이 발생하며, 정자가 거의 생성되지 않습니다. 그 때문에 대부분 불임으로 이어집니다. 이는 FSH 및 LH 증가에 따른 반응성 고환 기능 저하 때문입니다.
- **여성형 유방:** 테스토스테론 수치 감소와 에스트로겐 수치 상대적 증가로 유방 발달이 촉진됩니다.
- **키가 크고 마른 체형:** SHOX 유전자는 성장과 뼈 발달을 조절하는 유전자이며, X 염색체와 Y 염색체 모두에서 작동합니다. 클라인펠터 증후군에서는 X 염색체가 하나 추가되면서 SHOX 유전자의 발현량이 증가하여 키가 정상보다 커지게 됩니다. 또한, 테스토스테론 부족으로 성장판이 늦게 닫히는 경향이 있어 더 큰 키로 성장할 가능성이 높습니다.
- **근육량 감소 및 체지방 증가:** 테스토스테론은 근육 형성에 중요한 역할을 하지만, 클라인펠터 증후군에서는 테스토스테론 부족으로 근육량이 줄고 체지방 비율이 증가합니다.
- **인지 및 학습 문제:** X 염색체가 증가하면서 특정 유전자의 과발현이 일어나 언어 및 학습 장애가 동반될 수 있습니다. 평균 IQ는 정상 범위이지만, 언어 발달 지연이나 사회적 상호 작용에서 어려움을 겪을 때가 많습니다.
- **기타:** 골다공증, 당뇨병, 정자 생성 장애, 유방암 및 생식 세포 종양 위험 증가

진단법

클라인펠터 증후군은 일반적으로 사춘기 이후 관찰되는 신체적 이상을 통해 발병을 의심해 볼 수 있습니다.

- **유전자 검사**: 핵형 분석을 통해 47, XXY 여부를 확인합니다.
- **호르몬 검사**: 테스토스테론 수치는 낮고, 성선 자극 호르몬(FSH, LH) 및 에스트라디올 수치는 늘어나는 경향이 있습니다.
- **정액 검사**: 대부분 무정자증이 확인됩니다.

치료법

클라인펠터 증후군의 치료는 다음과 같이 할 수 있습니다.

- **테스토스테론 대체 요법**: 남성화 촉진, 근육량 증가, 골밀도 개선, 성기능 향상 및 전반적인 삶의 질을 개선하는 효과가 있습니다. 주사, 피부 젤, 패치, 구강 정제 등의 형태로 제공됩니다. 정기적인 호르몬 수치 모니터링이 필요합니다.
- **불임 치료**: 정자 추출 후 보조 생식 기술을 활용할 수 있습니다.
- **심리적 지원**: 학습 및 사회적 적응을 위한 심리 상담이 도움이 될 수 있습니다.

자주 받는 질문과 답변

Q: 우리 아이가 클라인펠터 증후군인지 어떻게 알 수 있나요?

A: 사춘기가 시작된 이후 고환이 작고, 키가 크면서도 근육량이 적다면 의심해 볼 수 있습니다. 여성형 유방이 나타날 수도 있으며, 확진을 위해서는 유전자 검사가 필요합니다.

Q: 클라인펠터 증후군이 있는 아이도 정상적인 삶을 살 수 있을까요?

A: 조기 진단과 적절한 치료를 받으면 학업, 직장 생활, 사회 활동 등을 정상적으로 할 수 있습니다. 테스토스테론 요법과 심리적 지원이 중요한 역할을 합니다.

Q: 테스토스테론 치료는 언제 시작하는 것이 좋나요?
A: 일반적으로 사춘기 전후에 시작하는 것이 좋습니다. 그러나 정확한 시점은 전문가의 평가를 통해 결정하는 것이 바람직합니다.

Q: 클라인펠터 증후군이 있는 남성도 아이를 가질 수 있나요?
A: 대부분 자연 임신이 어렵지만, 정자 추출 후 보조 생식 기술을 이용하면 가능성이 있습니다. 이를 위해 조기에 전문가 상담을 받는 것이 좋습니다.

Q: 클라인펠터 증후군이 있는 아이에게 어떤 지원이 필요할까요?
A: 학습 및 사회적 적응을 위한 교육적 지원이 필요할 수 있으며, 호르몬 치료와 심리 상담도 도움이 됩니다. 무엇보다도 부모의 따뜻한 이해와 지원이 가장 중요합니다.

부모님을 위한 꿀팁! 이럴 땐 이렇게!

1. 사춘기 전후 아이의 변화 관찰하기: 키가 크고 마른 체형이면서 고환이 작거나 여성형 유방이 나타난다면 전문의의 상담을 받아 보세요.
2. 학습 지원 제공하기: 언어 및 학습 장애가 있을 수 있으므로, 조기 개입이 중요합니다.
3. 정기적인 건강 검진 받기: 골밀도, 호르몬 수치, 갑상샘 기능 등을 꾸준히 점검하세요.
4. 심리적 지원과 상담 병행하기: 아이가 자신의 상태를 긍정적으로 받아들이고 사회적 자신감을 가질 수 있도록 도와주세요.
5. 치료 계획 세우기: 테스토스테론 치료는 사춘기 이후 필요에 따라 시작하되, 전문가와 충분히 상담한 후 결정하세요.

94

신경섬유종증 1형:
부모가 꼭 알아야 할 정보

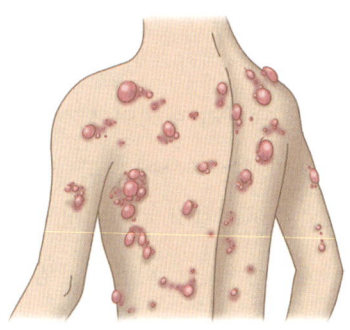

신경섬유종증 1형^{Neurofibromatosis Type 1, NF1}은 유전적 돌연변이로 발생하는 질환으로, 피부에 나타나는 특징적인 커피색 반점(카페오레 반점, Café-au-lait spots)과 신경계 종양을 포함한 다양한 증상을 동반합니다. 이 질환은 증상이 가벼울 수도 있지만, 일부 경우에는 성장, 학습, 신체 건강에 영향을 미칠 수 있으므로 부모가 질환의 특징과 관리 방법을 잘 이해하는 것이 중요합니다.

신경섬유종증

신경섬유종증은 신경계 주변의 세포가 비정상적으로 자라 종양을 형성하는 유전 질환입니다. 이에 따라 피부에 밀크커피색 반점이 생기거나, 신경섬유종이 나타날 수 있으며, 뼈의 이상이나 신경계 종양 등 다양한 증상이 발생할 수 있습니다. 예를 들어, 피부에 생기는 반점, 학습 장애, 그리고 뼈의 이상 등이 대표적입니다. 신경섬유종증은 1형, 2형, 슈반종증^{Schwannomatosis}으로 나뉘며, 이 중 신경섬유종증 1형이 가장 흔합니다.

신경섬유종증 1형

신경섬유종증 1형은 신경과 피부에 영향을 미치는 질환으로, 신경 피부 증후군에 속합니다. 이는 신경계와 피부가 동시에 영향을 받는 여러 질환을 포함합니다. 대표적으로 결절성 경화증과 스터지-웨버 증후군이 이에 해당합니다.

이 질환은 피부 아래 작은 덩어리 형태의 신경섬유종이 나타납니다. 보통 사춘기 이후 발견되며, 초기에는 피부에 나타나는 밀크커피색 반점과 같은 증상으로 시작됩니다. 이러한 증상이 관찰되면 정밀 검사를 통해 확진이 필요합니다. 신경섬유종증 1형은 약 3,000명 중 1명꼴로 발생하며, 폰 레클링하우젠 박사의 이름을 따서 폰 레클링하우젠병$^{Von\ Recklinghausen\ disease}$으로도 불립니다. 우리나라에서는 약 3,000명 중 1명이 신경섬유종증 1형을 가지고 태어납니다. 예를 들어, 2021년에 태어난 신생아 260,500명을 기준으로 약 80~90명이 이 질환을 가졌을 것으로 추정됩니다.

발생 원인

신경섬유종증은 NF1 유전자의 돌연변이로 발생합니다. 약 절반은 부모로부터 유전되며, 나머지 절반은 가족력이 없는 상태에서 새롭게 발생한 돌연변이입니다. NF1 유전자는 17번 염색체에 있으며, 뉴로파이브로민이라는 단백질을 생성해 세포 성장과 증식을 조절합니다. 이 유전자가 손상되면 세포 증식이 비정상적으로 증가해 신경섬유종이 형성됩니다.

증상

- **커피색 반점**: 피부에 밝은 갈색의 반점이 나타납니다. 생후 몇 달 이내에 발견되며, 주로 몸통, 팔, 다리 등 신체의 여러 부위에서 관찰됩니다. 반점은 사춘기 이전에는 지름이 5mm 이상, 사춘기 이후에는 1.5cm 이상일 경우 주목해야 합니다.
- **피부 신경섬유종**: 피부 아래에서 느껴지는 작은 혹으로, 나이가 들수록 늘어날 수 있습니다.
- **홍채의 리시 결절**(Iris Lisch Nodules): 눈의 홍채에 생기는 작은 갈색 점으로, 시력에는 영향을 주지 않습니다.
- **학습 장애**: 학습이나 집중력에 어려움을 겪을 수 있습니다.
- **뼈 이상**: 척추 측만증이나 다리뼈 이상 등이 나타날 수 있습니다.
- **신경계 종양**: 신경섬유종증 1형에서는 시신경 종양으로 인해 시력 문제가 발생할 수 있습니다.이 외에도 말초 신경이나 척추 주변에 발생하는 신경섬유종, 또는 깊은 부위에 생기는 총상 신경섬유종이 동반됩니다. 통증, 감각 이상, 신경 압박 증상이나 기형을 유발할 수 있습니다.

진단법

다음 중 두 가지 이상의 증상이 있으면 신경섬유종증 1형으로 진단할 수 있습니다.

- 6개 이상의 밀크커피색 반점
- 겨드랑이나 사타구니의 주근깨
- 신경섬유종 2개 이상
- 시신경 교종(Optic Glioma)
- 홍채의 리시 결절
- 골 이형성증(Bone Dysplasia)
- NF1 유전자 변이 확인

가족력이 있다면, 위의 증상 중 하나만 있어도 진단이 가능합니다. 신경섬유종증은 완치는 어렵습니다. 그러나 증상 관리와 합병증 예방을 통해 삶의 질을 유지할 수 있습니다. 관리법은 아래와 같습니다.

- **증상 및 합병증 관리:** 피부 신경섬유종은 미용적 문제나 통증이 있으면 수술로 제거합니다. 시신경 교종은 정기적인 시력 검사와 필요시 항암 치료를 통해 관리합니다. 척추 측만증은 물리 치료, 보조기 착용을 고려할 수 있으며, 심할 경우 수술로 교정합니다. 학습 장애는 특수 교육 프로그램과 인지 행동 치료를 통해 지원합니다.
- **정기적인 모니터링:** 피부, 시력, 청력 검사와 함께 MRI나 CT 스캔으로 신경계 종양의 성장을 추적합니다.
- **약물 치료:** 셀루메티닙^{Selumetinib}과 같은 약물이 종양 크기를 줄이는 데 사용됩니다.
- **심리적 지원:** 심리 상담과 지원 그룹 참여로 스트레스와 낮은 자존감을 관리합니다.
- **유전자 상담:** 가족 계획과 관련된 정보를 제공받을 수 있습니다.

생활에서 주의해야 할 점

신경섬유종증 1형을 가진 아이들은 신체적으로 무리가 가지 않는 활동을 선택하는 것이 중요합니다. 격렬한 스포츠보다는 안전한 신체 활동을 추천하며, 학업 스트레스가 심하지 않도록 환경을 조성하세요. 충분한 휴식과 균형 잡힌 식사가 도움이 됩니다.

성장과 발달 과정에서의 문제

청소년기와 성인기로 넘어가면서 호르몬 변화나 성장과 관련된 합병증이 나타날 수 있습니다. 이 시기에 정기적인 검진으로 종양이나 골격 이상 여부를 확인하세요. 또한, 정서적 지원이 필요할 수 있습니다.

신경섬유종증 아이의 미래는 어떨까요?

신경섬유종증은 완치할 수는 없지만, 정기적인 관리와 치료로 건강한 삶을 유지할 수 있습니다. 대부분은, 양성 종양이며, 약 70~80%의 환자에게서 심각한 문제를 일으키지 않는 것으로 보고됩니다. 교육, 사회 활동, 직업 훈련 등에서 지원을 받으면 자립적인 삶을 살 수 있습니다.

임신과 출산 관련 정보

신경섬유종증 1형을 가진 부모가 임신을 계획할 때는 유전 상담이 필수입니다. 아이에게 유전될 확률이 50%이므로, 임신 전 준비 단계에서 의료 전문가와 상의하세요. 또한, 임신 중에도 정기적인 검진과 관리가 필요합니다.

자주 받는 질문과 답변

Q: 신경섬유종증이 유전될 가능성은 얼마나 되나요?
A: 부모 중 한 사람에게라도 신경섬유종증 1형이 있으면 아이에게 50%의 확률로 유전됩니다.

Q: 아이의 신경섬유종증이 심각할까요?
A: 증상의 심각도는 사람마다 다릅니다. 정기적으로 의사의 상담을 받고 증상을 모니터링하는 것이 중요합니다.

Q: 아이가 정상적인 삶을 살 수 있을까요?
A: 적절한 치료와 관리를 통해 학교생활, 직업, 가족생활을 성공적으로 할 수 있습니다.

부모님을 위한 꿀팁! 이럴 땐 이렇게!

1. 아이의 피부에 밀크커피색 반점이 여러 개 보이면 자세히 관찰하세요. 반점 크기와 개수가 늘어나거나 겨드랑이, 사타구니에 주근깨가 생기면 전문가의 상담이 필요합니다.
2. 신경섬유종증이 의심되면 소아청소년과나 유전학 전문의에게 유전자 검사를 받아 보세요. 조기 진단은 아이의 건강 관리에 큰 도움이 됩니다.

신경섬유종증은 조기 발견과 적절한 관리를 통해 증상을 완화할 수 있습니다. 그리고 이를 통해 아이는 삶의 질을 얼마든지 높일 수 있습니다. 부모님의 작은 관심이 아이의 미래를 바꿀 수 있음을 기억하셨으면 합니다.

95

틱 장애

틱 장애$^{\text{Tic disorders}}$는 갑작스럽고 반복적인 움직임이나 소리를 특징으로 하는 신경 발달 장애로, 어린이와 청소년에게 주로 나타납니다. 이 장애는 증상이 가벼울 수 있지만, 적절한 이해와 관리가 이루어지지 않으면 일상생활과 사회적 상호 작용에 영향을 미칠 수 있습니다.

틱 장애

틱 장애는 반복적이고 빠른, 비자발적인 움직임이나 소리를 내는 증상을 말합니다. 예를 들어, 아이가 갑작스러운 눈 깜빡임이나 기침 소리를 반복적으로 낸다면, 이에 해당합니다. 어린이의 약 5~10%가 이러한 일시적인 틱 증상을 경험합니다.

증상

틱 장애의 증상은 일시적일 수도 있고 만성적일 수도 있습니다. 주의 깊게 살펴볼 증상은 크게 두 가지로 나뉩니다.

운동 틱

눈 깜빡임, 얼굴 찡그리기, 어깨 들썩임, 목 돌리기, 손 흔들기 등이 이에 해당합니다.

　예) 학교 수업 중 아이가 의도치 않게 계속 눈을 깜빡이거나 친구들과 이야기할 때 어깨를 들썩이는 행동.

음성 틱

킁킁거리는 소리, 기침 소리, 반복적인 음성이나 단어, 동물 소리 흉내 내기 등이 있습니다.

> **예** 아이가 대화 중에 "음" 하는 소리를 반복적으로 내거나 동물 울음 소리를 흉내 내는 경우.

운동 틱과 음성 틱이 동시에 나타나는 경우를 투레트 증후군이라고 합니다. 예를 들어, 어깨를 들썩이며 코를 킁킁거리는 행동이 이에 포함됩니다.

틱 증상은 자기도 모르게 나타나며, 스트레스나 피로로 악화할 수 있습니다. 학업 부담이나 가정 내 갈등과 같은 스트레스는 틱 증상을 더 빈번하게 나타나게 할 수 있습니다. 잠이 부족하거나, 생활 습관이 불규칙할 때도 증상이 더 나빠질 가능성이 큽니다. 이러한 증상은 휴식하거나 집중할 때 일시적으로 줄어드는 경향이 있는데요, 집중하는 동안 뇌의 특정 부위가 활성화되면서 틱 증상을 유발하는 충동이 억제되기 때문입니다. 또한, 안정적인 환경이 틱 증상을 줄이는 데 도움이 될 수 있습니다. 단어 '틱^{Tic}'은 프랑스어에서 유래했으며, 안면 경련을 의미합니다. 의학적으로는 얼굴뿐만 아니라 몸 전체에서 나타나는 비자발적인 움직임과 소리를 포함합니다.

진단법

틱 장애는 증상의 지속 기간에 따라 다음과 같이 나뉩니다.

일시적 틱 장애

운동 틱 또는 음성 틱이 1년 미만 지속되는 경우로, 일시적으로 나타났다 사라지는 경향이 있습니다.

예 시험 기간 중 스트레스를 받으면, 눈을 깜빡이는 증상이 몇 달 동안 지속되었다가 사라질 수 있습니다.

만성 틱 장애

운동 틱 또는 음성 틱이 1년 이상 지속되며, 증상이 없는 기간이 3개월 미만인 경우를 말합니다. 이럴 때 증상이 주기적으로 나타날 수 있으며, 일상생활에 영향을 줄 가능성이 큽니다.

투레트 증후군

여러 개의 운동 틱과 최소 하나의 음성 틱이 1년 이상 지속되는 경우를 말합니다. 증상이 복합적이고 다양한 형태로 나타날 수 있으며, 예를 들어 어깨를 들썩이며 소리를 내는 행동이 반복적으로 나타날 수 있습니다.

발생 원인

틱의 원인은 완전히 밝혀지지 않았지만, 다음과 같은 요인들이 영향을 미칠 수 있습니다.

유전적 요인

틱 장애는 가족력과 관련이 있으며, 특정 유전자 변이가 관련될 가능성이 있습니다. SLITRK1과 같은 특정 유전자는 뇌의 신경 연결 형성과 관련이 있으며, 틱 장애의 발병 소지를 높이는 것으로 연구되고 있습니다.

부모나 형제에게 틱 장애가 있다면, 발병 위험이 커질 수 있습니다.

신경 전달 물질의 불균형

도파민과 같은 신경 전달 물질의 과잉 활동이 틱 증상을 유발할 수 있습니다. 도파민은 뇌에서 움직임을 조절하는 데 중요한 역할을 하며, 이 균형이 깨지면 비자발적인 움직임이 나타날 수 있습니다.

환경적 요인

출생 전후의 환경, 스트레스, 감염 등이 틱 증상의 발생에 영향을 줄 수 있습니다. 특히 스트레스는 뇌의 신경 회로에 영향을 주어 증상을 악화시키는 역할을 할 수 있습니다.

치료 가능 여부

틱 장애는 시간이 지나면서 증상이 완화되거나 사라질 수 있습니다. 이는 뇌의 발달과 신경 회로의 성숙 과정에서 증상을 유발하는 경로가 약화하기 때문일 수 있습니다. 또한, 아이가 나이가 들면서 환경 변화와 스트레스 관리 능력이 향상되는 것도 증상 완화의 주요 요인으로 작용할 수 있습니다. 그러나 증상이 지속될 때는 적절한 관리와 치료가 필요할 수 있습니다. 연구에 따르면, 5~10세 사이에 틱 증상이 시작된 아이의 약 50~70%가 청소년기에 들어서면 해당 증상이 감소하거나 사라지는 경향이 있습니다. 이러한 결과는 틱 증상이 자연적으로 완화될 수 있음을 시사하며, 가정 내 긍정적 환경 조성이 중요한 역할을 할 수 있음을 보여 줍니다. 하지만 증상이 심하거나, 일상생활에 지장이 생긴다면, 치료가 필요할 수 있습니다. 주요 치료법은 다음과 같습니다.

약물 치료

- 클로니딘(Clonidine): 중추 신경계에 작용하여 신경 전달 물질 방출을 억제
- 구안파신(Guanfacine): ADHD 증상을 동반한 틱 장애에 유용
- 도파민 차단제: 리스페리돈^{Risperidone}, 아리피프라졸^{Aripiprazole} 등

행동 치료

- **습관 반전 훈련(Habit Reversal Training, HRT)**: 틱 행동을 인식하고 이를 대체할 새로운 행동 학습
- **노출 및 반응 예방(Exposure and Response Prevention, ERP)**: 틱을 유발하는 상황에 점진적으로 노출하여 반응 억제 방법 학습
- **스트레스 관리**: 긴장을 줄이는 방법 배우기

부모님에게 많이 받는 질문

Q: 틱 증상이 사라지는 데 얼마나 걸리나요?

A: 틱 장애는 대부분 시간이 지나면서 증상이 완화되거나 사라질 수 있습니다. 하지만 이는 개인차가 있으며, 약 50~70%의 아이들에게서 청소년기 이후 증상이 감소하거나 사라지는 경향이 나타났습니다.

Q: 틱 장애와 ADHD, 강박증 같은 다른 장애와의 연관성은 무엇인가요?

A: 틱 장애는 ADHD(주의력 결핍 과다 행동 장애)나 강박증과 함께 나타나는 경우가 많습니다. 이러한 장애는 뇌의 신경 회로 및 신경 전달 물질 불균형과 연관이 있으며, 복합적인 관리가 필요할 수 있습니다.

Q: 학교에서 아이가 틱 장애 때문에 문제를 일으키면 어떻게 하나요?

A: 학교 교사와 상담하여 아이의 틱 증상을 이해시키고, 학업 및 사회 활동에서 생길 수 있는 지장을 최소화할 수 있는 지원 방안을 마련해야 합니다. 예를 들어, 아이가 필요할 때 잠시 쉴 수 있는 시간을 주거나, 증상이 심할 경우 학습 환경을 조정할 수 있습니다.

Q: 틱 증상이 아이의 자존감에 미치는 영향은 어떻게 관리하나요?

A: 틱 증상이 아이의 자존감에 영향을 줄 수 있습니다. 따라서 부모와 교사는 아이를 지지하고, 긍정적인 피드백을 통해 자신감을 키울 수 있도록 도와야 합니다. 다른 사람들과 비교하거나 비난하는 것을 피하고, 아이가 자신의 특성을 긍정적으로 받아들일 수 있도록 격려하는 일도 매우 중요합니다.

Q: 집에서 틱 증상을 완화할 수 있는 간단한 방법은 무엇인가요?

A: 긴장을 풀 수 있는 활동(예 명상, 심호흡, 요가), 규칙적인 수면, 건강한 식단, 그리고 스트레스 관리가 도움이 될 수 있습니다. 또한, 아이가 좋아하는 취미나 놀이 활동에 참여하도록 권장하는 것도 효과적입니다.

Q: 틱 장애에 관한 오해를 바로잡는 방법은 무엇인가요?

A: 틱 장애는 단순한 습관이나 주의를 끌기 위한 행동이 아니라, 신경학적 원인으로 발생하는 질환이라는 점을 주변 사람들에게 교육하는 것이 중요합니다.

부모님을 위한 꿀팁! 이럴 땐 이렇게!

1. 아이가 틱 증상을 보일 때 이를 지나치게 지적하지 마세요. 자연스럽게 넘기는 것이 아이의 정서에 도움이 됩니다.
2. 스트레스와 피로가 틱을 악화시킬 수 있으니, 아이에게 충분한 휴식과 규칙적인 생활 습관이 몸에 배도록 아이를 도와주세요.
3. 틱 증상이 1년 이상 지속되거나 일상생활에 지장을 준다면 소아청소년과 전문의와 상담하세요.

틱 장애는 적절한 관리와 치료를 통해 증상이 완화될 수 있습니다. 무엇보다 부모님의 관심과 이해가 아이의 건강한 성장과 정서적 안정에 중요한 역할을 합니다.

96  투레트 증후군

투레트 증후군^{Tourette syndrome}은 여러 가지 운동 틱과 하나 이상의 음성 틱이 1년 이상 지속되는 신경 발달 장애로, 주로 어린 시기에 발병합니다. 이 증후군은 틱의 강도와 빈도가 사람마다 다르게 나타나며, 적절한 치료와 지지가 증상 관리와 삶의 질 향상에 중요한 역할을 합니다.

투레트 증후군

투레트 증후군은 운동 틱(움직임)과 음성 틱(소리)이 모두 나타나는 신경 발달성 장애입니다. 이는 뇌 발달 과정에서 신경 회로가 불균형을 이룰 때 발생하며, 주로 어린 시기에 특징적으로 나타납니다. 틱은 갑작스럽고 반복적인 행동이나 소리라서 의도적으로 조절하기 어렵습니다. 예를 들어, 운동 틱으로는 갑자기 눈을 깜빡이거나 어깨를 들썩이는 행동이 나타날 수 있고, 음성 틱으로는 갑작스러운 기침이 나오거나, 단어 반복이 발생할 수 있습니다. 이러한 틱은 스트레스나 피로 같은 외부 요인 때문에 더욱 나빠질 수 있습니다.

원인

투레트 증후군의 정확한 원인은 밝혀지지 않았지만, 다음 요인들이 관련될 수 있습니다.

- **유전적 요인:** 가족력이 있을 때 발병 소지가 큽니다.
- **뇌의 신경 전달 물질 이상:** 특히 도파민의 과활성, 세로토닌의 불균형이 주요 기전으로 제시됩니다.
- **환경적 요인:** 스트레스, 감염, 피로 등이 증상을 악화시킬 수 있습니다.

증상

틱 증상은 강도와 빈도가 변화하며, 스트레스나 피로 때문에 악화되기도 합니다. ADHD, 강박 장애, 불안 장애 등이 함께 나타날 가능성도 있으니 주의를 요합니다.

- **운동 틱:** 눈 깜빡임, 얼굴 찡그림, 어깨 들썩임 등
- **음성 틱:** 기침 소리, 코 킁킁거리기, 고함, 드물게 욕설

진단 기준

투레트 증후군의 진단 기준은 다음과 같습니다.

- 복합 운동 틱과 하나 이상의 음성 틱이 1년 이상 지속
- 증상이 18세 이전에 시작
- 다른 의학적 상태나 약물 남용 때문이 아님

투레트 증후군은 전체 인구의 0.3~1%에서 나타나며, 남성이 여성보다 3~4배 더 흔하게 발생합니다. 대개 5~7세에 처음 증상이 나타나며, 10~12세에 가장 심해졌다가 사춘기 이후 감소하거나 사라질 수 있습니다.

치료 가능 여부

투레트 증후군을 완전히 없애는 치료법은 없지만, 증상을 효과적으로 관리할 수는 있습니다.

- **행동 치료:** 틱을 줄이는 데 도움을 줍니다.

- **약물 치료:** 증상이 심한 경우 사용하며, 대표적으로 클로니딘, 아리피프라졸 등이 있습니다.
- **심리 치료:** 틱으로 생기는 스트레스를 줄이고 자신감을 높입니다.

부모님에게 많이 받는 질문

Q: 틱이 갑자기 생기면 투렛 증후군인가요?

A: 아닙니다. 틱은 스트레스나 피로와 같은 외부 요인 탓에 일시적으로 나타날 수 있습니다. 반면, 투렛 증후군은 증상이 1년 이상 지속되고, 운동 틱과 음성 틱이 모두 나타납니다.

Q: 약물 치료는 꼭 해야 하나요?

A: 증상이 심하지 않다면 약물 없이 관리할 수도 있습니다. 전문가와 상담이 중요합니다.

Q: 투렛 증후군이 아이의 미래에 영향을 줄까요?

A: 증상이 잘 관리되면 대부분의 아이는 정상적인 삶을 살아갈 수 있습니다.

부모님을 위한 꿀팁! 이럴 땐 이렇게!

1. 초기 관찰이 중요합니다: 아이가 틱 증상을 보인다면 증상의 빈도와 강도를 기록하세요.
2. 스트레스를 줄여 주세요: 조용한 환경과 규칙적인 일상이 도움이 됩니다.
3. 전문가 상담을 받으세요: 증상이 1년 이상 지속되거나 일상에 지장을 준다면 소아청소년과 전문의와 상담하세요.
4. 긍정적으로 접근하세요: 틱을 지적하기보다는 아이의 장점을 칭찬하고 자신감을 북돋아 주세요.

5. 학교와 협력하세요: 교사가 아이의 상태를 이해하고 적절히 지원할 수 있도록 정보를 공유하세요.

투레트 증후군이 있는 아이라도 부모님의 따뜻한 이해와 지지가 있다면, 건강하게 성장할 수 있습니다. 함께하는 걸음이 아이에게 큰 힘이 됩니다.

Part 13

건강한 임산부와
태아 발달

알코올이 아기의 발달에 미치는 영향

알코올은 임신 중 태아의 발달에 심각한 영향을 미칠 수 있는 주요 위험 요인 중 하나입니다. 특히 태아기 알코올 노출은 뇌 발달을 포함한 신체 및 정신 발달에 돌이킬 수 없는 손상을 초래할 수 있습니다.

알코올이 태아의 발달에 미치는 위험

임신 중 알코올 섭취는 태아의 뇌와 신체 발달에 심각한 영향을 미칠 수 있습니다. 이는 태반을 통해 알코올이 태아에게 전달되며, 태아의 미성숙한 간이 알코올을 처리하지 못하기 때문입니다. 그 결과, 뇌와 신경계에 직접적인 손상이 생기고 발달 장애 또는 영구적인 뇌 손상을 초래할 수 있습니다.

태아 알코올 스펙트럼 장애

태아 알코올 스펙트럼 장애fetal Alcohol Spectrum Disorders, FASD는 임신 중 어머니의 알코올 섭취로 발생하는 의학적 증후군입니다. 주요 유형은 다음과 같습니다.

- **태아 알코올 증후군**: 성장 지연, 작은 눈구멍, 얇은 윗입술, 평평한 인중 등의 얼굴 특징과 중추 신경계 이상이 나타남.
- **부분적 태아 알코올 증후군**: 태아 알코올 증후군의 일부 증상만 나타남.

- **알코올 관련 신경 발달 장애:** 지능 저하, 학습 및 행동 문제가 포함되며 얼굴 기형은 없음.
- **알코올 관련 선천성 기형:** 심장, 신장, 골격 등의 선천적 기형이 나타남.

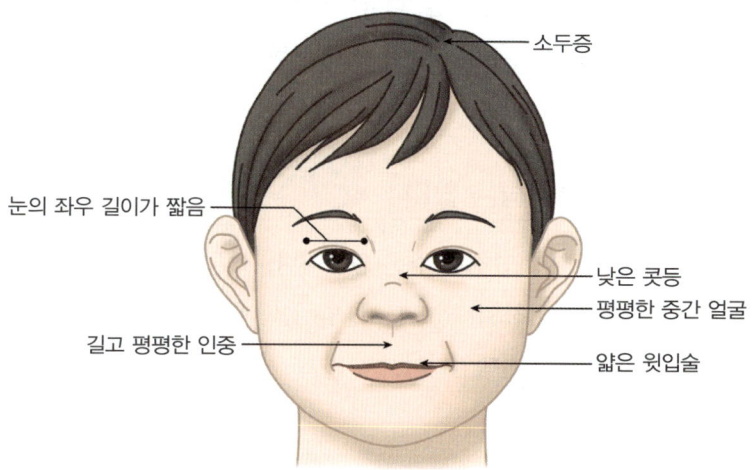

알코올이 뇌 발달에 미치는 영향

알코올이 뇌 발달에 미치는 영향은 아래와 같습니다.

태아 뇌의 민감성

태아의 뇌는 임신 초기부터 빠르게 발달하며 외부 요인의 영향을 받기 쉽습니다. 따라서 임신 중 알코올 섭취는 뇌 발달에 다양한 문제를 초래할 수 있습니다.

- **뇌세포 손상:** 소두증, 뇌량 무형성 등 구조적 이상
- **신경 전달 물질 불균형:** 학습과 기억에 중요한 글루타메이트 수용체 억제 및 GABA 시스템을 지나치게 활성화
- **뇌 구조 변화:** 해마, 전두엽, 소뇌 등의 변화로 나타나는 인지 및 운동 문제

비타민 A와 레티노산의 중요성

알코올은 태아 발달에 필수적인 비타민 A의 대사를 방해합니다. 특히 레티노산 농도 감소로 다음과 같은 문제가 발생할 수 있습니다.

- **얼굴 기형:** 작은 눈, 얇은 윗입술, 평평한 코
- **중추 신경계 발달 이상:** 소뇌 저형성, 미세 운동 장애

안전한 알코올 섭취량은 없다

임신 중 알코올 섭취에 안전한 양은 없습니다. 소량의 음주도 태아의 발달에 부정적인 영향을 미칠 수 있으므로, 임신을 계획 중이거나 임신 중이라면 금주가 가장 안전한 선택입니다.

부모님에게 많이 받는 질문

Q: 임신 사실을 모르고 초기에 음주했다면 무엇을 해야 하나요?

A: 임신 초기 알코올 섭취는 태아에게 영향을 미칠 수 있습니다. 그러나 섭취량과 시기에 따라 영향이 달라질 수 있으므로, 먼저 산부인과 전문의에게 상담을 받으세요. 필요시 태아의 발달 상태를 확인하기 위한 초음파 검사나 기타 진단 검사를 진행할 수 있습니다. 조기 개입과 모니터링이 중요합니다.

Q: 태아기 알코올 노출이 출생 후 아기 성장에 어떤 영향을 미치나요?

A: 태아기 알코올 노출은 출생 후 유아기 및 어린이기의 인지 발달, 학습 능력, 행동 조절 등에 장기적인 영향을 미칠 수 있습니다. 집중력 부족, 학습 장애, 감정 조절 문제 등이 나타날 수 있으므로, 전문의와 협력해 지속적인 발달 관찰과 조기 치료를 진행하는 것이 중요합니다.

Q: 발달 문제를 발견하면 구체적으로 어떤 검사를 해야 하나요?

A: 발달 문제가 의심될 경우, 소아청소년과 또는 발달 전문가의 상담을 받아야 합니다.

부모님을 위한 꿀팁! 이럴 땐 이렇게!

1. 임신을 계획 중이라면 금주를 시작하세요! 알코올은 태아의 정상 발달을 방해할 수 있습니다.
2. 임신 초기에 알코올 섭취가 있었다면, 전문의에게 상담을 받으세요. 조기 진단과 개입이 중요합니다.
3. 아기가 학습이나 행동 문제를 보인다면 조기 치료를 시작하세요. 발달 전문가의 도움을 받는 것이 효과적입니다.
4. 가족과 함께 금주 환경을 조성하세요. 금주는 건강한 임신과 아기를 위한 첫걸음입니다.

알코올 없는 임신이야말로 건강한 아기를 위한 첫걸음입니다. 태아의 발달에 알코올이 미치는 심각한 영향을 이해하고, 올바른 선택을 통해 건강한 미래를 준비하세요.

98

담배가 태아에 미치는 위험

담배 연기는 태아가 숨 쉬고 자라는 데 필요한 신선한 공기를 빼앗습니다. 따라서 담배를 끊으면 태아가 건강하게 성장할 기회를 줄 수 있습니다.

미국에서는 매년 약 370만~390만 명의 신생아가 태어나며, 그중 약 32만 명이 저체중(출생 시 체중이 2.5kg 미만)으로 태어납니다. 그리고 약 1만 3천~2만 명의 아기가 임신 중 흡연 때문에 저체중으로 태어난다고 보고되었습니다. 이는 임신 중 흡연이 태아 성장과 건강에 부정적인 영향을 미친다는 사실을 보여 줍니다.

담배가 태아에게 미치는 영향

담배 연기에 있는 니코틴과 독성 물질은 태반을 통해 태아에게 전달됩니다. 이는 태아의 산소와 영양 공급을 방해합니다. 그 결과, 저체중아 출산, 조산 또는 발달 문제가 발생할 수 있습니다.

- **저체중 출생**: 흡연은 태아의 성장 속도를 늦춰 출생 시 체중이 낮아질 수 있습니다. 저체중 아기는 면역력 저하, 발달 지연, 호흡기 감염 등 다양한 건강 문제를 겪을 가능성이 큽니다.
- **조산**: 흡연은 조산 위험을 높이며, 조산아는 주요 장기가 충분히 발달하지 않아 신생아 집중 치료가 필요할 수 있습니다.
- **뇌 발달 문제**: 담배의 독성 물질은 태아의 뇌 발달을 방해할 수 있습니다. 이

는 학습 장애나 행동 문제를 초래할 수 있으며, 산소 부족이 주요 원인입니다.
- **유산 및 사산:** 흡연은 유산과 사산의 위험을 증가시킵니다. 담배의 독성 물질이 태반에 손상을 주어 태아가 자라지 못하거나, 조기 태반 박리를 일으킬 수 있습니다.
- **선천적 기형:** 흡연은 구순구개열, 심장 기형 등 선천적 기형 발생 가능성을 높입니다.
- **호흡기 문제:** 흡연은 태아의 폐 발달에 영향을 미쳐 천식이나 호흡 곤란과 같은 문제를 유발할 수 있습니다.

간접흡연

간접흡연은 당연히 위험합니다. 어머니가 직접 흡연하지 않더라도 주변 흡연자의 연기를 흡입하면 태아가 비슷한 영향을 받을 수 있습니다. 특히 폐와 뇌 발달에 악영향을 줄 수 있습니다. 간접흡연에서 자신과 태아를 보호하려면 가족과 주변 사람들에게 금연을 요청하거나 흡연 구역을 분리하도록 조치하세요. 실내에서는 흡연을 완전히 금지하고, 공기가 잘 통하는 환경을 유지하는 것도 중요합니다.

앞서 말씀드린 것처럼 흡연은 각종 문제를 일으키므로, 임신 중이라도 담배를 끊으면 태아의 건강에 긍정적인 영향을 줄 수 있습니다. 금연을 통해 산소 공급이 회복되고, 태아의 성장과 발달에 유리한 환경을 제공하기 때문입니다. 따라서 금연은 언제 시작해도 효과가 있습니다. 또한, 흡연은 출산 후에도 영향을 미칠 수 있습니다. 담배 연기는 아기의 호흡기 질환, 영아 돌연사 증후군의 위험을 높이고, 장기적으로는 학습 및 행동 문제를 유발할 수 있습니다.

담배에 포함된 유해 물질

담배 연기에는 7,000개 이상의 화학 물질이 포함되어 있습니다. 이 중 수백 가지 이상이 유해 물질로 확인되었습니다. 니코틴, 일산화탄소, 타르 등은 태아의 산소 공급과 장기 발달에 심각한 영향을 미칠 수 있습니다. 이 중 70개 이상은 발암 물질로 알려져 있습니다. 대표적인 유해 물질이 태아에게 미치는 영향은 다음과 같습니다.

- **니코틴(Nicotine):** 혈관을 수축시켜 태아가 산소와 영양분을 충분히 받지 못하게 합니다. 이는 주의력 결핍 과잉 행동 장애(ADHD)와 같은 발달 문제를 유발할 수 있습니다.
- **일산화탄소(Carbon Monoxide):** 산소 운반 능력을 떨어뜨려 태아의 성장 저하와 저체중 출생을 초래합니다.
- **타르(Tar):** 발암 물질이 포함된 끈적한 물질로, 태아의 심장, 뇌, 폐 등의 발달에 악영향을 미칩니다.
- **벤젠(Benzene):** 유전적 이상과 발달 문제를 일으킬 수 있는 발암 물질입니다.
- **폼알데하이드(Formaldehyde):** 세포 손상을 유발하며, 암 발생 가능성을 높이는 독성 물질입니다.
- **납(Lead):** 신경계 발달을 방해하며, 인지 능력 저하와 행동 문제를 초래할 수 있습니다.

부모님을 위한 꿀팁! 이럴 땐 이렇게!

1. 금연 시작하기: 임신을 계획하거나 임신 사실을 알게 된 즉시 금연을 시작하세요. 금연 보조제, 금연 앱, 금연 목표 기록 등을 활용해 도움을 받을 수 있습니다. 보건소의 금연 클리닉이나 '금연 길라잡이' 웹사이트에서 도움을 받을 수 있습니다.
2. 간접흡연 주의: 주변의 흡연에서 자신과 태아를 보호하세요. 가족들에게 금연을 권하거나 흡연 구역을 분리하도록 요청하세요.

3. 전문가와 상담하기: 금연이 어렵거나 흡연으로 인한 태아 건강이 걱정된다면 소아청소년과 전문의나 산부인과 의사와 상담하세요. 필요한 경우 추가 검사를 통해 태아의 상태를 확인할 수 있습니다.

한 번의 결심이 아기에게 평생을 선물합니다. 함께하는 금연은 아기의 건강한 미래를 위한 최고의 선택입니다.

99

카페인이 태아에 미치는 영향

커피와 같은 카페인 음료는 현대인의 일상에서 중요한 역할을 하지만, 임산부에게는 신중한 접근이 필요합니다. 카페인이 임산부와 태아에게 어떤 영향을 미치는지 알아보고 안전한 섭취 방법을 확인해 보겠습니다.

임신 중 카페인을 조심해야 하는 이유

임산부가 섭취한 카페인은 태반을 통해 태아에게 전달됩니다. 그러나 태아는 카페인을 분해하거나 처리할 능력이 부족해 다음과 같은 위험이 증가할 수 있습니다.

- 태아 성장 저하
- 유산, 조산
- 저체중 출산

카페인이 산모와 태아에 미치는 안 좋은 영향은 다음과 같습니다.
- **태아에게 부담이 돼요:** 태아의 간은 카페인을 분해할 효소가 부족합니다.
- **엄마의 심장과 혈압에 영향을 줘요:** 카페인은 심박수와 혈압을 높여 태아에게 산소와 영양분 공급에 영향을 줄 수 있습니다.
- **카페인이 몸에 오래 남아요:** 임신 후반기로 갈수록 카페인의 대사 시간이 길어져 장기적인 영향을 미칠 수 있습니다.

물론 카페인에는 좋은 점도 있습니다. 소량의 카페인은 피로를 줄이고 기분을 좋게 하는 등의 긍정적 효과를 제공할 수 있으나, 과도한 섭취는 피해야 합니다. 그렇다면 하루에 카페인을 얼마나 마셔도 될까요? 전문가들은 임산부의 카페인 섭취량을 하루 200mg 이하로 제한할 것을 권장합니다. 예를 들어, 아래의 음식에는 다음과 같이 카페인이 포함되어 있습니다.

- **드립 커피(8온스):** 약 95mg
- **에스프레소(1온스):** 약 63mg
- **차(8온스):** 약 47mg
- **다크 초콜릿(1온스):** 약 24mg

드립 커피 한 잔과 에스프레소 한 잔 정도가 하루 적정량이며, 초콜릿이나 에너지 음료에 포함된 카페인도 계산에 포함해야 합니다.

임신 중 카페인을 몸에서 처리하기 어려운 이유
- **호르몬 변화:** 에스트로겐과 프로게스테론이 간 대사 효소 활동을 억제합니다.
- **간 혈류 감소:** 임신 중 간으로 가는 혈류가 줄어듭니다.
- **신장 기능:** 카페인 배출 속도가 느려집니다.

디카페인 커피

디카페인 커피는 원두에서 대부분의 카페인을 제거한 커피로, 한 잔에는 약 1~10mg의 카페인이 남아 있습니다. 일반 커피보다 카페인 함량이 훨씬 적기 때문에 임산부에게 적합한 선택이 될 수 있습니다. 그렇다면 안전성은 어떨까요? 하루에 1~2잔 정도의 디카페인 커피는 임산부의 카페인 권장량을 초과하지 않으므로 안전합니다. 특히 '스위스 워터 방식'으로 처리된 디카페인 커피는 화학 물질 걱정 없이 마실 수 있습니다. 하지만 카페인이 완전히 제거되지 않았으므로 과도한 섭취는 피해야 합니다.

디카페인 커피의 좋은 점
- **카페인이 거의 없어요:** 일반 커피보다 훨씬 안전합니다.
- **맛과 향이 좋아요:** 아몬드, 헤이즐넛, 딸기류 등의 풍미를 즐길 수 있습니다.
- **환경에도 좋아요:** 스위스 워터 방식은 환경에 친화적이며 화학 물질이 없습니다.

카페인 대신 마실 수 있는 음료는?
카페인이 없는 다른 음료도 좋은 선택이 될 수 있습니다.
- **보리차:** 무카페인 음료로 속을 편안하게 해 줍니다.
- **루이보스차:** 항산화 성분이 풍부합니다.
- **허브차:** 카페인이 없는 허브차(캐머마일, 페퍼민트 등)를 선택하세요.

카페인을 다소 많이 섭취했더라도 지나치게 걱정하실 필요는 없습니다. 이후에는 섭취량을 조절해 나가면 됩니다. 다만, 태아의 건강에 대한 우려가 있으시다면 의료진과 상담하시는 것이 좋습니다.

부모님을 위한 꿀팁! 이럴 땐 이렇게!

1. 하루 섭취량 체크: 드립 커피 한 잔과 에스프레소 한 잔 정도가 적절합니다.
2. 대체 음료 활용: 디카페인 커피, 루이보스차, 보리차 등으로 음료를 마시는 즐거움을 누리세요.
3. 라벨 확인: 음료와 간식의 라벨에 적힌 카페인 함유량을 꼭 확인하세요.
4. 임신 전부터 준비: 임신을 계획 중이라면 카페인 섭취를 줄이세요.

임신 중에도 카페인을 완전히 끊을 필요는 없습니다. 적절한 섭취량을 유지하며, 디카페인 음료나 허브차로 대체하면 건강한 임신 기간을 보낼 수 있습니다!

100

임산부 엽산 섭취 가이드

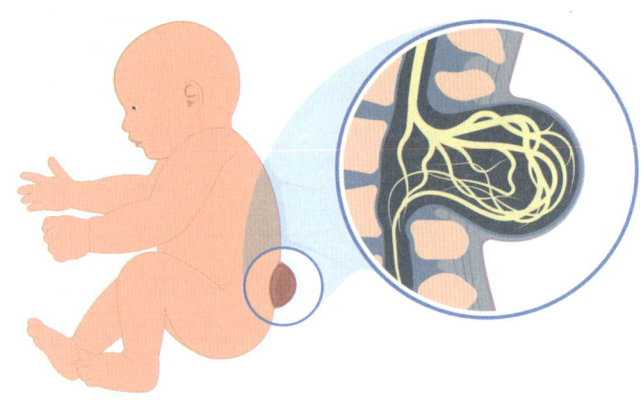

엽산은 임신 초기 태아의 신경관 결손을 예방하고 건강한 발달을 지원하는 데 필수적인 비타민입니다. 따라서 임산부는 임신 전부터 충분한 엽산을 섭취하는 것이 중요하며, 올바른 복용량과 시기를 지키는 것이 건강한 임신 유지에 큰 도움이 됩니다.

엽산

엽산은 비타민 B9로, 몸에서 생성되지 않는 필수 수용성 비타민입니다. 세포 분열과 적혈구 생성에 도움을 주며, 특히 임신 초기 태아의 뇌와 척수 발달에 필수적입니다.

신경관이 정상적으로 형성되지 않으면 척수와 뇌에 결손이 생길 수 있습니다. 따라서 엽산은 태아의 건강에 중요한 영양소입니다. folate는 음식에 자연적으로 존재하는 형태, folic acid는 합성 형태를 의미합니다. 한국어로는 두 가지 모두 '엽산'이라고 부르지만, 이를 구분할 필요가 있을 때는 자연 엽산과 합성 엽산이라고 표현하기도 합니다.

임신 중 엽산 섭취가 중요한 이유

임신 초기 4~6주는 태아의 신경관이 형성되는 시기입니다. 이 시기에 엽산이 부족하면 척추 갈림증$^{Spina\ Bifida}$이나 무뇌증^{Anencephaly} 같은 선천적 결손이 발생할 가능성이 큽니다. 이를 예방하기 위해 가임기 여성과 임신 계획이 있는 여성은 엽산 섭취를 시작하는 것이 좋습니다.

엽산의 신경관 결손증 예방 기능

1991년 「랜싯^{lancet}」 저널에 따르면, 엽산 복용으로 신경관 결손증 발생이 72% 줄어들었습니다. 이는 엽산의 중요성을 보여 주는 연구 결과입니다. 특히 임신 초기에는 임신 사실을 알기 어려운 경우가 많으므로, 가임기 여성은 꾸준히 엽산을 섭취해야 합니다.

엽산의 섭취 권장량은 다음과 같습니다.

- 임신 전 및 초기(1~3개월): 하루 400~800mcg
- 임신 중기와 후기: 하루 600mcg
- 모유 수유 중: 하루 500mcg

엽산 부족은 신경관 결손증 외에도 저체중아, 조산, 태아 성장 지연을 유발할 수 있으니, 주의가 필요합니다.

엽산 복용 시 주의할 점
- 정기적으로 복용하세요. 반드시 같은 시간에 복용해야 하는 것은 아니지만, 매일 같은 시간에 복용하면 잊지 않고 꾸준히 복용할 수 있어 권장됩니다.
- 균형 잡힌 식단을 유지하며 다양한 영양소를 섭취하세요.
- 개인 건강 상태에 따라 의사와 상담하여 복용량을 조절하세요.
- 엽산을 과다 섭취하면 비타민 B12 결핍 증상을 일으킬 수 있으니 하루 1,000mcg 이하로 섭취해야 합니다.

엽산은 음식을 통해서나 영양제로 섭취할 수 있습니다. 엽산이 풍부한 음식은 다음과 같습니다.
- 시금치, 브로콜리 같은 잎채소
- 오렌지, 레몬 같은 과일
- 통곡물, 콩류
- 달걀, 간(적당량)
- 음식으로 충분히 섭취하기 어려운 경우에는 합성 엽산 영양제를 복용하는 것이 좋습니다. 합성 엽산은 흡수율이 높아 몸에서 잘 활용할 수 있습니다.

현실적인 섭취 방법: 간단한 식단과 레시피
엽산이 풍부한 음식을 활용한 간단한 식단과 레시피를 소개합니다.
- **아침:** 통밀 토스트 위에 아보카도와 삶은 달걀 슬라이스를 올려 드세요. 시금치와 브로콜리 스무디를 함께 곁들입니다.
- **점심:** 퀴노아 샐러드에 병아리콩, 브로콜리, 오렌지 조각을 넣어 섭취하세요. 드레싱은 올리브유와 레몬즙으로 간단히 준비합니다.
- **저녁:** 스팀으로 조리한 생선과 찐 시금치를 곁들여 드세요. 통곡물 현미밥을 추가해 영양소 균형을 맞춥니다.
- **간식:** 간단히 당근 스틱에 후무스 같은 콩 요리를 곁들이거나, 오렌지 한

개와 함께 건강한 간식을 즐기세요.
- **음료:** 녹차나 허브차 대신 엽산이 함유된 신선한 오렌지 주스를 한 잔 마셔 보세요.

이와 같은 식단은 엽산 섭취를 극대화하는 데 도움이 됩니다.

특별한 상황에서의 엽산 섭취 방법
- **쌍둥이 임신:** 쌍둥이를 임신한 경우, 태아가 두 명 이상이므로 엽산 필요량이 증가할 수 있습니다. 의사와 상의하여 권장량보다 더 높은 섭취량을 설정하는 것이 중요합니다. 일반적으로 하루 1,000mcg까지 복용할 수 있습니다.
- **과거 유산 경험:** 과거 유산 경험이 있는 여성은 태아의 건강에 더욱 신경 써야 합니다. 엽산은 태아의 신경관 발달과 세포 분열에 필수적이므로, 임신 계획 단계에서부터 하루 400~800mcg의 엽산 섭취를 시작하는 것이 권장됩니다. 의사에게 상담을 받아서 양을 더 늘려야 할 수도 있습니다.
- **엽산 대사 관련 유전자 변이:** MTHFR 유전자 변이와 같은 엽산 대사에 영향을 미치는 유전적 요인이 있는 경우, 일반 엽산보다 활성형 엽산(메틸폴산)을 복용하는 것이 더 효과적일 수 있습니다. 이는 대사 효율이 낮은 사람들에게 적합하며, 개인별 복용량은 전문가와 상의하여 결정해야 합니다.

활성형 엽산: 메틸폴산
합성 엽산은 천연 엽산보다 흡수율이 높습니다. 같은 양을 섭취해도 더 많은 활성형 엽산을 얻을 수 있습니다. 천연 엽산과 합성 엽산은 모두 활성형 엽산으로 전환되어야 효과를 발휘합니다. 이 과정은 효소에 의해 이루어지며, 효소의 기능은 개인마다 다를 수 있습니다. 최근에는 활성형 엽산인 메틸폴산이 개발되었습니다. 이는 대사 효율이 낮은 사람들에게 유용할 수 있습니다. 하지만 복용 여부는 전문가와 상의하는 것이 좋습니다. 또한 특정 약물(예 항발작제, 메토트렉세이트 등)은 엽산 대사에 영향을 줄 수 있으므로, 약물 복용 시 전문가와 상담이 필요합니다.

엽산 강화 프로그램

엽산 강화 프로그램은 곡물류 식품에 엽산을 첨가하여 신경관 결손증 발생을 줄이는 데 목적이 있습니다. 이는 연구 결과를 바탕으로 신경관 결손증 예방에 기여하고 있습니다.

- **미국**: 1998년부터 빵, 시리얼, 밀가루에 엽산을 의무적으로 첨가하여 신경관 결손증 발생률을 35% 감소시켰습니다.
- **캐나다**: 미국과 같은 해 프로그램을 도입하여 46% 감소 효과를 보았습니다.
- **호주**: 2009년부터 밀가루 강화 정책을 시행 중입니다.
- **뉴질랜드와 영국**: 자발적 강화 프로그램을 권장하고 있습니다.

우리나라에서는 의무적으로 시행되지는 않습니다. 그러나 임신 가능 여성에게는 임신 4주 전부터 임신 12주까지 매일 400mcg의 엽산 복용이 권장됩니다. 2016~2018년에 시행한 영양 조사에 따르면, 많은 여성이 권장 섭취량 이하로 먹고 있어 인식 개선과 지원이 필요합니다.

부모님을 위한 꿀팁! 이럴 땐 이렇게!

1. 임신 계획 중이거나 가임기라면 매일 400mcg의 엽산 보충제를 섭취하세요.
2. 엽산이 풍부한 음식을 다양하게 섭취하세요. 짙은 녹색 채소, 통곡물, 콩류를 식단에 포함해 보세요.
3. 약물을 복용 중이라면 엽산 대사에 영향을 미칠 수 있으니, 의사와 상담하세요.
4. 생채소로 샐러드를 만들어 드시거나, 스팀 조리로 영양소 손실을 최소화하세요.
5. 과거 신경관 결손증 아이를 출산한 경험이 있다면, 의사와 상담해 적절한 엽산 보충량을 결정하세요.

작은 준비가 아기의 건강을 지키는 큰 힘이 됩니다. 오늘의 한 알 엽산은 내일의 건강한 웃음을 위한 약속입니다.

톡톡! 우리 아이 발달 센터

초판 1쇄 발행일	2025년 8월 4일
초판 2쇄 발행일	2025년 10월 1일

지은이	임신영
펴낸이	유성권
편집장	이재선
책임편집	윤희영

기 획	노예련
마케팅	김호철, 최성규, 정명한, 김진형, 김모란, 노예련, 한태수, 임예설, 김지현, 윤정아
판 형	153*225 mm

펴낸곳	범문에듀케이션
주소	서울시 양천구 목동서로 211 범문빌딩 (우) 07995
전화	02) 2654-5131 팩스 02) 2652-1500
웹사이트	www.medicalplus.co.kr
출판등록	2011년 1월 3일 제 2011-000001호

ISBN 979-11-5943-505-8(13510)

Copyright © 임신영 2025

*잘못된 책은 교환하여 드립니다.
*책값은 뒤표지에 있습니다.
*이 책은 저작권법에 의해 보호를 받는 저작물이므로 무단 전재와 복제를 금합니다.

아침사과는 ㈜범문에듀케이션의 건강 실용서 브랜드입니다.